文化吉林

德惠卷

弘揚長白山文化
打響吉林特色地域文化品牌

王儒林

　　吉林有文化，而且吉林文化有底蘊、有潛力、有特色、有希望。從前郭縣王府屯距今約一百萬年的石製工具到距今十六萬年的樺甸仙人洞和距今三萬年的榆樹人，從燕趙文化東進到漢武帝設四郡，從扶餘、高句麗、渤海文明的興衰更替到遼金、清朝問鼎中原，從抗日烽火、解放硝煙到新中國老工業基地的紅色記憶，從二人轉、吉劇、長影到吉林期刊、吉林歌舞和吉林電視劇現象，勤勞智慧、淳樸善良、勇於開拓的吉林人民在白山松水間創造出絢麗多彩的地域文化，成為中國文化版圖上一道獨特風景。

　　文化與山素來結緣，正如泰山之於魯，嵩山之於豫，黃山之於皖，長白山是吉林的象徵、吉林的品牌。吉林文化始終與長白山難捨難分、血脈相連，集中體現於長白山文化之中。長白山文化發源和根植於吉林沃土，是包容吉林各民族文化、蘊含吉林發展歷史、反映吉林人性格特質、凸顯吉林氣派的「大文化」，是中華民族「多元一體」文化的重要組成部分，源遠流長、博大精深，構成了吉林文化的骨骼和脊梁。在地域文化越來越受到人們關注、文化軟實力越來越成為衡量一個地區核心競爭力的重要指標的當今時代，大力弘揚作為吉林文化標誌性符號的長白山文化，把這份寶貴的文化資源保護好、挖掘好、利用好、開發好，對於打響吉林特色地域文化品牌，鑄造極具時代內涵的吉林精神，提升吉林文化軟實力，凝聚吉林改革發展正能量，無疑具有十分重要的現實意義。

近年來，我省大力推進以優秀吉林地域文化為主要內容的長白山文化建設，出台了《長白山文化建設規劃綱要》，啟動實施了長白山文化建設工程，在長白山文化資源保護研究、挖掘整理、開發利用等方面做了大量工作，取得了顯著成績。我們要進一步加強長白山文化理論研究，豐富長白山文化內核和外延，進一步加強長白山文化遺產的發掘、保護和展示推介力度，擴大長白山文化的影響力，進一步加強對長白山文化內涵的拓展和提升，把長白山文化資源更好地轉化為文化產品、文化事業和文化產業，推動長白山文化建設躍上新台階，推動吉林文化大發展大繁榮，為實現富民強省目標、中華民族偉大復興、中國夢做出貢獻。深入挖掘、研究、整理長白山歷史文化，既是一項宏大浩繁的系統工程，又是一項功在當代、利在千秋的基礎工程。希望有更多有識、有志之士投身長白山文化建設事業，讓這份寶貴的文化資源更好地服務於當代，惠澤於未來。

　　由省委宣傳部組織編撰的《長白山文化書庫》系列叢書，是長白山文化建設工程的重要標誌性成果。叢書從基礎研究、地方特色、主要藝術門類三部分，對長白山文化的歷史資源進行了全面細緻的挖掘和整理，堪稱長白山文化研究與普及的鴻篇巨製，不僅對研究和宣傳長白山文化大有裨益，而且對培育吉林文化品牌、樹立吉林文化形象也將產生積極的促進作用。在叢書即將付梓之際，謹表祝賀並向全體工作人員致以問候。

主編寄語

莊嚴

　　長白奇迤蘊靈秀，松江悠長毓文傑。千百年來，雄渾壯美的白山松水賦予
了肥沃豐饒的吉林大地以生機和活力，滋養了吉林人民勤勞睿智、堅韌進取、
寬容開放的精神品格，積澱了多元融合、底蘊深厚、色彩斑斕的地域文化。這
獨具魅力的吉林特色地域文化猶如一株馥鬱芳香的花朵，在中華民族文化百花
園中爭妍綻放。

　　文化是經濟發展之根，是社會發展之源。省委、省政府高度重視文化建
設，制定出臺了《長白山文化建設規劃綱要》，把吉林省歷史文化資源工程列
入宣傳思想文化工作「六大工程」之一。省委宣傳部深入貫徹落實省委、省政
府的要求，開展《長白山文化書庫》建設，啟動實施了《文化吉林》叢書編撰
工作，將其作為全省宣傳思想文化工作的重要舉措，周密部署，精心組織，強
力推進，取得了預期成果，為全省人民奉獻了一份珍貴的精神食糧。

　　《文化吉林》叢書是《長白山文化書庫》中全景展現特色地域文化的重要
組成部分。年初以來，我省廣大宣傳文化工作者以對家鄉、對歷史、對文化事
業的高度責任感和使命感，不畏繁難，勤勉執著，嚴謹認真，精益求精，在資
料收集、遺產挖掘、書稿撰寫等方面付出了大量艱辛的努力，進行了許多開創
性的探索和實踐，圓滿完成了這次編撰任務。叢書編撰秉承傳播和弘揚吉林文
化的理念，梳理總結吉林文化資源，提煉昇華吉林文化精髓，激發增強吉林人
的文化自覺、文化自信，使優秀文化更好地服務於吉林的發展振興。

《文化吉林》內涵豐富，圖文並茂，辭美情摯，引人入勝，是人們認識吉林、瞭解吉林、研究吉林的概覽長卷，是吉林文化走向全國，面向國際的真誠心聲。叢書真實勾勒了吉林文化歲月滄桑的歷史縱深，生動展現了吉林文化多姿多彩的時代律動，帶我們走進吉林地域文化演進的舞臺，親身感受風雲激盪的文化事件，出類拔萃的文化人物，領略淵深源遠的文化景觀，妙趣橫生的文化傳說，體驗琳瑯紛呈的文化產品，淳樸濃郁的文化民俗。叢書將吉林文化的發展脈絡、現狀和未來，客觀詳盡地展現給廣大讀者，是一部能夠讀得進去、傳播開來、傳承下去的佳作精品。

　　鑑往以勵志，展卷當奮發。《文化吉林》這套融史料性、知識性、可讀性於一體的叢書，為我們進一步保護、研究、開發吉林地域特色文化提供了重要史料資源。作為後繼者，當代吉林人有責任、有義務肩負起將吉林文化充分融入社會主義核心價值觀，推動吉林文化發展進步的歷史使命，讓優秀傳統文化在繼承中創新，在創新中前行，在全國文化發展大格局中唱響吉林「聲音」，打造吉林文化品牌，樹立文化吉林形象。

第四章・文化景址

第五章・文化產品

第六章‧文化風俗

第一章 ——

文化發展概述

中國版圖，恰似屹立於東方引吭高歌的雄雞，這才有了炎黃子孫引以為榮的——「一唱雄雞天下白」的千古絕唱。而德惠位置所在，恰是靈光四射的雞眼，每當晨曦初上，迎來的便是東方巨龍的第一縷霞光。

德惠——是松花江畔上一顆璀璨閃亮的明珠。在德惠幾代人不懈地努力下，而今的德惠已成為「中國食品名城」「中國肉雞之鄉」「中國肉牛之鄉」「全國糧食生產先進市」「全國菜籃子工程先進市」。並獲得「東北十強縣」「中國食品名城」「全國中小城市綜合實力百強」「全國綠色小康縣」等殊榮。而德惠的文化事業，也在經濟的振興和崛起中，不斷地得到繁榮和發展。

有這樣一條河，她穿越亙古的洪荒、歲月的峽谷，沐浴著如洗的月華，披著金亮的霞光，有如揚鬃的駿馬，一路奔騰而來。這條河的名字——飲馬河。

飲馬河是一條母親河，慈祥的母親用甘甜的乳汁，哺育著大河兩岸的生靈。她採天地之靈氣，集日月之精華，孕育出一顆璀璨耀眼的明珠，這顆明珠有一個恩澤相濟的名字——德惠。

德惠地處吉林省中北部松遼平原腹地，市境西起東經 125° 14′，東止東經 126° 24′；南起北緯 44° 02′，北止北緯 44° 53′。全市轄區面積三四三五平方公里。

德惠市地理位置優越，東與哈爾濱翹首，北與前郭爾羅斯相望，西與長春市毗鄰，南與吉林市連江。京哈鐵路、京哈高速公路、哈大高速鐵路、一○二國道等貫通南北的大動脈平行穿越市區，交通十分便捷。東北面積最大的物流總部坐落於此。

德惠是京哈線上重要的節點城市。從德惠乘高鐵出發，到長春僅需二十幾分鐘，抵哈市不逾一個小時。以往赴京列車需晝夜兼程，而今奔馳的「長龍」朝發夕至，準確點兒說也就半天時間。

按中國自然區劃，德惠屬季風區溫帶半濕潤地區。大陸性季風氣候特徵明顯，春來繁花似錦，秋去瑞雪呈祥。德惠晝夜溫差較大，即便在「赤日炎炎似火燒」的盛夏，入夜清晨，清風徐來，暑氣驟減，格外涼爽宜人。充足的陽光，豐沛的雨水，服務於一年一季的莊稼。金風送爽之時，呈現給人們的自然是「稻花香裡說豐年，聽取蛙聲一片」的歡愉景象。

德惠地處世界罕見的黑土帶，用老百姓的話說，這兒的黑土能攥出油來。此話雖說有些誇張，但黝黑的土地年年成熟著金色的莊稼，卻不屬於誇張。德惠黑土分布範圍較廣，八個土類中黑土、草甸土占總耕地面積的 80% 以上。其成土母質分別為第四紀黃土狀沉積物和遠河靜水沉積物或近代沖積淤積物。土質肥沃，土壤有機質含量以及各種養分含量均較高。恰如豐腴的乳汁，茁壯起那滿山遍野的大豆高粱，養育了百萬德惠兒女，形成了德惠這一方沃土特有

的文化。

德惠地勢平坦，江河匯聚。有這樣一首相傳多年的歌謠：「德惠是個好地方，平川好地千萬垧，飲馬河，貫中央……」這首歌謠或許不被遠方的人們所熟知，但「我的家在東北松花江上……」卻唱響大江南北、長城內外。舉世聞名的松花江流經德惠，由南向北，奔騰不息。飲馬河、伊通河、沐石河、霧開河流經全境，水澤八方。

鳥瞰德惠，大河上下：春來江帆萬點，兩岸新綠盈曠野，柳煙中，聽鶯歌燕語，怎不教人心曠神怡。冬臨雪地冰天，一馬平川舒望眼，晴日裡，看紅裝素裹，真的是分外妖嬈！得天獨厚的自然條件，勤勞、智慧、富於開拓精神的百萬德惠人民，漢回滿朝蒙等十五個民族融為一體，戮力同心，終於將德惠拓展成為黑土地上著名的魚米之鄉。

▲ 一望無垠的黑土地

▲ 紀念德惠建縣百年雕塑——豐收女神

據史籍記載，自上古以來，德惠境域便先後有肅慎族、扶餘族、東胡族等民族在這裡生活勞作，繁衍生息。

周秦以前為古肅慎之地；戰國時，燕將「秦開東拓」以後，穢貊族遷於此；兩漢時期為穢貊族建立的扶餘國屬境（已正式臣屬漢朝）；魏晉南北朝時期，這裡又成為勿吉族（女真族的前身）繁衍生息之地；隋代勿吉改稱靺鞨，唐玄宗開元元年（713年）封粟末靺鞨部大祚榮為渤海郡王，加授忽汗州都督。從此，這裡為渤海國扶餘府的仙州所轄。契丹人（原東胡族）滅掉渤海國後建立遼國，這裡為東京道黃龍府的通州管轄。金滅遼後，黃龍府改屬上京路，先後為濟州和隆安州轄境。遼金兩代，這裡經濟發達，城鎮繁多，人口稠密。

元代，這裡屬遼陽中書行省開元路管轄，成為蒙古游牧區。明初為遼東都指揮使司和奴爾干都部指揮使司所轄；明代中期為蒙古兀良哈三衛和科爾沁部屬地。清康熙年間築「柳條邊」，這裡被劃為「邊外」，成為郭爾羅斯前旗領主管轄的牧場。嘉慶五年（1800年）於新立城設理事通判，管理漢族刑名（司法）、錢糧事項，名曰長春廳。當時德惠境域是長春廳屬的沐德鄉的多半部分和懷惠鄉全部及東夾荒地（亦稱木石鄉）。清光緒十五年（1889年），長春廳升為府，德惠境域亦是長春府轄境。光緒十六年（1890年），朱家城子設分防照磨，管轄沐德、懷惠（還有撫安鄉在內之說）兩鄉的緝捕等事宜。

隨著蒙古地區的社會發展，各項財政支出日趨龐大，為開闢新的「財源」，蒙古貴族於是把目光投向了自己的領地，也就是「柳條邊」外的廣闊牧場，決定招募漢民前來居住墾荒。他們把「柳條邊」外的土地包給一些漢人，再由這些漢人作為「中間商」出面招墾，把大塊土地分成小塊包給漢族農民。這些承攬土地的中間人，俗稱「攬頭」，即「包攬土地的頭兒」。而當年「攬頭」所居住的地方則被稱為「攬頭窩棚」或「攬頭房子」等，德惠境內現在還有類似的地名，就是這一時期的歷史遺存。

當時，關內土地兼並日益嚴重，對於失地農民來說，關外廣袤肥沃的土地

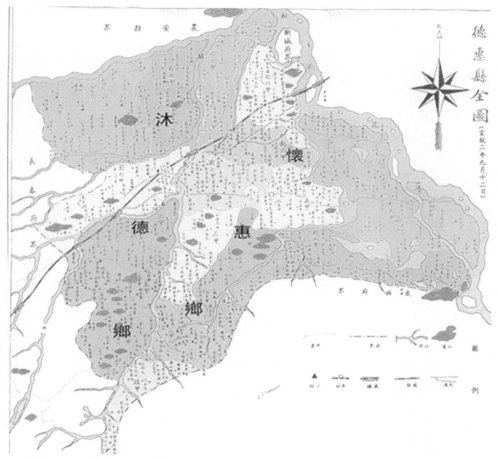

▲ 清宣統二年德惠全圖（仿 1910 年圖）

自然是極大的誘惑。於是關內河北、山東等地的農民紛紛「闖關東」，來到這片片處女地。關外地廣人稀，土地資源相當豐富，所以農民從「攬頭」處承包土地的條件還算比較「優厚」的。他們可以承包的土地面積「驚人」，有「跑馬占荒」一說，即農民騎馬跑過所圈占的土地便都歸其承包，且租金低廉。為耕種所需的馬匹可從蒙古牧場購買，價格也很便宜。

　　清宣統二年四月十六日（1910 年 5 月 24 日），劃出長春府沐德鄉的多半

▲ 德惠縣公署

部分和懷惠鄉全部及東夾荒地設縣，以沐德、懷惠兩鄉名的尾字命名為德惠縣，縣城設於大房身，隸屬西南路道。

　　中華民國建立後，一九一二年縣衙改稱縣公署。一九三六年四月一日，縣城從大房身遷至張家灣。張家灣是現在城區南下坎的一個小屯子，原名叫前灣子。該地在清朝咸豐年間即已有人煙，當時村中住著張、蔡、韓三大姓。這個屯子隨河就彎，德惠處在飲馬河左岸，人們都住在北崗坡下，因張姓居多，故名張家灣。

　　東清鐵路建成後，俄國人把建在張家灣的車站命名為窯門站，故德惠又名窯門。東清鐵路的修建及通車，使大量的人員、物資湧入，促進了張家灣的開發。有些山東等地來的移民，在鐵路修築中因承攬包工而發家，置買地產，開辦百貨店等買賣。原在太平莊的「老當鋪」和其他雜貨鋪等也都遷移到張家灣，一時商號雲集。

　　一九〇五年，東清鐵路建成正式通車。德惠地區境內的東清鐵路仍由俄國把持。車站所在地張家灣地區當時尚無地方行政機構，歸屬朱城子分防照磨廳

管轄。俄國人在東清鐵路兩側占據了大片的「附屬地」，把整個張家灣一分為二。現五道街以南稱為「道裡」，以北稱為「道外」。為處理同俄國人之間的交涉事宜及管理地方行政事務，設立了交涉局（清朝光緒三十四年裁並交涉局，民國二年改為外事部吉林省交涉公署）。

一九四五年十一月十七日，東北民主聯軍第一次解放德惠後建立縣人民自治政府，仍是吉林省轄縣。一九四六年五月二十八日至一九四七年十月二十日，國民黨統治時期仍稱縣政府，屬國民黨吉林省政府統轄。

一九四七年一月五日至十七日，我方集中十二個師的兵力，南下松花江出擊作戰，是為「一下江南」。「一下江南」戰役後，國民黨方面繼續推行其「先南後北，南攻北守」戰略，於一九四七年一月三十日接連向臨江根據地發起進攻，不久便以失敗而告終。為了策應南滿保衛臨江根據地作戰，我方北滿軍隊於二月二十一日又展開「二下江南」作戰。

「二下江南」戰役的主戰場在德惠縣內，其中對德惠縣城的爭奪是戰役重點。蔣介石對德惠戰役非常重視，曾手諭駐守德惠國民黨部隊：「德惠一戰，事關國際信譽和黨國命運，只許勝利不許失敗。」當時德惠縣城為國民黨軍在北滿的前沿陣地。一九四六年十月，守城的國民黨軍隊就徵調民夫，將德惠城

▲ 東清鐵路時的德惠火車站——窯門

原有的城牆和碉堡加固，將城牆外的戰壕挖深。在「一下江南」戰役後，國民黨守軍進一步加強戰備，將城牆工事等再次進行加固整修。時值隆冬季節，土地結凍，取土困難，便將德惠車站內堆積如山的大豆袋子運到壕邊、街口做掩體。國民黨守軍自以為固若金湯，然而在我軍的強大攻勢下，不到一天便土崩瓦解，以徹底的失敗而告終。

一九四七年十月二十日，德惠第二次解放後，重建縣政府，屬吉林省直轄。中華人民共和國成立後，縣政府改稱縣人民政府。

一九九四年七月六日，經吉林省人民政府報請國務院批准，德惠縣撤縣設市。根據吉林省人民政府《關於撤銷德惠縣設立德惠市（縣級市）的通知》精神，縣人民政府更名為市人民政府，由省直轄，長春市代管。

▲ 德惠戰役要圖

現在德惠市有十五個民族。總人口九十五萬，其中農業人口七十五萬。轄十二個鎮、四個鄉、四個街道辦事處。

文化場所及其發展　德惠評劇院。俗稱「戲園子」，原址在德惠鎮西七道街，是當時德惠人民一個重要的文化娛樂場所。「戲園子」於一九五四年重建。劇場坐北朝南，樓身長三十五米，寬十九米，磚木結構，鐵皮蓋。樓上樓下均為木製長條靠背座椅，可容納九百多人。舞台距地面高一點二米，寬十米，兩邊各有化妝室一間。

當時主要演出傳統劇目，為了配合黨的中心工作，也曾自編自演了一批現代劇目，如評劇《母女爭模範》《小女婿》等。一九五六年，劇院改稱縣評劇團，演出的主要有《十五貫》《楊八姐遊春》《打金枝》《茶瓶計》《小姑不賢》《唐知縣審誥命》《包公三探蝴蝶夢》《半把剪刀》《春草闖堂》《花為媒》《桃李梅》等傳統劇目。在後來的發展中，還演出了許多現代戲，如《野火春風鬥古城》《楊三姐告狀》《江姐》《焦裕祿》等。

當時「戲園子」的主要演員有：姜麗娟、莜月舫、王玉梅等。她們在德惠甚至東北地區都產生了較大影響，成為市民極為關注的對象。著名演員如莜月舫等，後來都成為國家一級演員。「戲園子」成為當時人們茶余飯後最主要的話題。誰演得好、誰唱得好、又拍了什麼新戲、戲的內容、誰是主角等等，市民們都會談得津津樂道。每逢「戲園子」排出了新戲，劇團人員就趕上一輛披紅戴綠的馬車，車後掛上新戲的廣告牌，坐在車上的人邊走邊敲鑼打鼓吹嗩吶，在大街小巷中穿行，招來無數看熱鬧的人們。小孩子們沒事跟在馬車後面跑，也是一大樂趣。這種宣傳方式

▲《兄妹開荒》劇本

當時叫作「撞牌子」。在文化生活單調枯燥的新中國成立之初，「撞牌子」也是小城一道有聲有色的文化景觀。

地方戲隊。經縣政府批准地方戲隊於一九五七年成立，劇場為縣電影院舊址。原建築為磚牆，鐵皮蓋，座席為木製長條靠椅，可容納五百人。一九六三年翻修台口，可放置簡單布景，添置燈光設備，改稱戲曲劇場。一九六七年十月地方戲隊撤銷，該劇場由縣革命委員會撥給縣電機廠做倉庫。一九七八年重建地方戲隊後收回。一九八〇年進行翻修。劇場主體局部變為三層樓。一、二層為觀眾廳，設六六三個座席。三樓為電影放映室、廣播室、配電室和辦公室，並擴大了舞台。翻新後地方戲隊更名為「和平劇場」。那時經常演出的傳統劇目有《大西廂》《包公賠情》《小王打鳥》等三十多個。特別是二人轉老藝人王春山演出的拉場戲《二大媽探病》，久演不衰，堪稱一絕，唱響東北三省，深受觀眾的喜愛。

一九六五年十月，長春地區舉辦現代生活戲劇會演，縣地方戲隊參加演出的單出頭《葵花向陽》和二人轉《三下降龍橋》，受到與會人員好評。

▲ 劇場演出的二人轉

一九七八年，地方戲隊重建後，改稱為縣民間藝術團。藝術團成立後，進行了體制改革，曾分為三個演出隊，在當地和外地流動演出。每到一處，既活躍了當地群眾的文化生活，又為團隊實現了創收。吉林人民廣播電台曾對此進行了專訪並予以報道。民間藝術團成立後，除演出一些傳統劇目外，還多次排演了參加長春地區會演的劇目，如一九八一年藝術團排演的由李文斌創作的拉場戲《一家人》《賒豬記》分別獲長春戲劇「百花獎」創作、表演綜合一等獎和創作三等獎。一九八五年

▲ 舞臺上的風采

民間藝術團撤銷後，這裡變為舞廳，名為「遊樂宮」。

　　畫廊、板報。一九四九年，德惠縣文化館門前設有四塊黑板報，用來宣傳時事和黨的中心工作，表揚一些好人好事、先進英模事跡等，同時還針對當時社會上存在的不良風氣，刊登一些諷刺漫畫，用以教育人民。後來，縣城各機關、學校、企事業單位、街道和農村各區、村都相繼辦起了板報。一九五〇年全縣辦有黑板報七〇四塊。一九七一年縣文教局和達家溝公社六家子三隊編輯的《板報文選》，一九七二年和一九七三年曾兩次由吉林人民出版社出版。

　　一九五五年，縣文化館在中央街修建大畫廊兩棟，長二十米，每月一刊。內容更為豐富，讀者越來越多。每到畫廊出刊日，人們都會早早地來到畫廊前閱讀、觀看。此後，各文化站也相繼建起畫廊。

▲ 《一家人》獲獎獎盃

電影與放映。一九四九年，德惠縣設置縣電影院。該影院是從解放前接收過來的老式電影院，設施簡陋，能容納四五百人的座席都是長條板凳。屋小人多，每逢夏季，影院裡就像灶火上的蒸籠一樣。然而，即便這樣，那也是一票難求。每當新片到來，買票的人便蜂擁而至，裡三層外三層擠得水洩不通，丟鞋少帽，汗出如漿。有的人竟爬到人頭上面，直撲那只能伸進一只小手的售票窗口。沒有一點兒誇張，這裡記錄的都是當時真實的場面。

二十世紀六〇年代初，在老電影院的對面新建了一座較為先進的電影院，可以對號入座了。座椅為折疊式，共三十三排，每排三十三個座位，可容納九百多名觀眾。影院為水泥地面，兩側有觀眾休息廳、吸菸室。

新電影院每月放映故事片、紀錄片十部左右，三天一換，基本上是兩場連放。特別受歡迎的新電影，有時會放映三場。票價是成人兩角、學生一角五分、兒童一角。機關學校包場的票價相對便宜。在中央街三道街口設有預告牌，同時還在大街小巷張貼海報，是一道很受市民喜愛的風景。

一九五三年八月，吉林省文化教育工作隊第十四放映隊下派到德惠縣，調撥蘇聯進口十六毫米烏克蘭電影放映機一部。一九五四年一月，省文化局將放映隊下放到縣管理，稱「第一放映隊」。

同年，縣裡又成立第二放映隊。一九五六年又組建四個放映隊，此時全縣共有六個電影放映隊。當時以行政村為放映點，農村群眾每年可看到三至四場電影。一九六一年，電影放映隊發展到十二個，放映人員四十九人。一九五七年十月成立縣電影管理站，管理全縣電影發行放映事務。一九八〇年末，電影管理站改稱縣電影發行放映公司。

▲ 選良種，奪高產（宣傳畫）

▲ 電影廣告宣傳畫

　　到一九八八年，全縣已有三個電影院，即：原有的德惠電影院和建築面積為一七七九平方米、座席八八八個的鐵南電影院以及建築面積為一二三五平方米、座席七九二個的松柏電影院。至此全縣已有一七二個放映隊，職工一八四人，城鄉放映電影三五三三三場，觀眾達二一二七萬人次。

　　廣播與電視。德惠縣有線廣播站，始建於一九五一年十月。那時，德惠市民收聽官方信息的唯一渠道，是靠立於現今德惠路二道街口和五道街口的電線桿上的兩只高音大喇叭，每逢有重大消息，如成立互助組、合作社；支援抗美援朝；成立人民公社；大煉鋼鐵等，便由縣廣播站直接播出。平時還經常播出《沒有共產黨就沒有新中國》《東方紅》《社會主義好》等革命歌曲和一些戲曲、曲藝等文藝節目。而生活在農村的農民，是聽不到廣播的，只能靠「講瞎話」「扯大攬兒」來打發他們的時光。二十世紀六〇年代中期，各村通了有線廣播，這時大隊幹部可以利用廣播發布通知或向各小隊布置任務了，社員們也

▲ 巡迴鄉間的電影放映隊

能聽到外界的聲音了。

收音機在那個年代是稀罕物，屬於家庭「四大件」——「三轉一響」中的一大件。「三轉」是指手表、自行車、縫紉機。收音機就是那「一響」了。能買得起、買得到收音機的家庭，實屬鳳毛麟角。收音機當時也被人們稱為「戲匣子」，每逢「戲匣子」裡播放評書或二人轉時，好客人家的炕上、窗台上便擠滿了人。

二十世紀七〇年代，電視機走進了人們的視野，但大多數人家還是望塵莫及。能有一台九英寸黑白電視機的人家，鄰居們便會刮目相看。好客的主人一般都會讓街坊鄰居來家中收看，覺得那也是一種榮耀和快樂。那時靠室內天線收看電視，信號不好，熒屏上時常會有雪花「漫天飛舞」，但人們也已相當滿足了。後來隨著電視機的普及，有人

▲ 街頭大喇叭

▲「戲匣子」，聽得有滋有味

發明了「室外天線」，即在室外立一根長桿，頂端用金屬絲編一個網狀的接收器，人稱「蜘蛛網」。有了「蜘蛛網」，收視效果大為改善。人們紛紛效仿，於是「蜘蛛網」便林立於城鄉居民的房前屋後了。

二十世紀八〇年代初期，德惠縣政府和省市縣有關部門，高度重視城鄉群眾的文化生活，建起了一百米高的電視塔，不斷增加電視發射頻道和差轉台站，大力發展閉路電視、有線電視和衛星地面接收設施（俗稱小鍋蓋），極大改變了城鄉群眾看電視難、廣播電視接收信號弱的現狀。

一九九三年九月，德惠電視台開始創辦並試播，一九九四年九月二十八日正式播出。二〇一二年六月，按照全省文化管理體制改革的有關精神，成立了德惠廣播電視台。

經過多年不斷地改造、更新，目前，德惠廣播電視台已有五個頻道和三套調頻節目，向全市範圍發送無線廣播電視節目信號，分別是：中央電視台第一頻道、中央電視台第七頻道、吉林衛視、吉林鄉村、德惠電視台綜合頻道，以及中央人民廣播電台中國之聲、吉林鄉村廣播、德惠人民廣播電台交通綜藝廣播。另外，德惠電視台影視頻道，還經有線方式傳輸節目信號，滿足了愛好影視觀眾的需求。

德惠廣播電視台目前自辦電視欄目有：《德惠新聞》《DTV 傳真》《百姓時刻》《熒屏有約》《德惠警務視點》《天氣預報》等。綜合頻道白天播放八集電視連續劇，晚間播放三集。影視頻道上午和下午各播放五集電視連續劇，晚間播放二部電影。目前發射功率為三千瓦，覆蓋半徑四十五公里。

電視綜合頻道引進節目有：《科普大篷車》《十萬個為什麼》和《新農村熱線》。影視頻道引進節目有《動畫城》《影視風雲榜》和《我愛看電影》。播出十二小時，直播節目時間八個小時。共開辦了《新聞早八點》《愛上生活》等新聞和娛樂節目。

多年來，德惠廣播電視台注重節目的社會性、知識性和趣味性，把節目內容定位在弘揚正氣、反映群眾心聲、謳歌經濟發展主旋律方面，全力打造《平民化》的電視節目。僅二〇一三年，製作播出《德惠新聞》欄目二八八期，累計播出新聞一四八〇條；製作播出社教專題節目四十八期，包括《百姓時刻》《DTV 傳真》《德惠警務視點》；文藝類欄目《熒屏有約》播出三六〇期；影視和綜合頻道播出精品影視劇三〇二部。

針對德惠市特殊的地理位置及村屯多、居住零散等現狀，德惠廣播電視台確定了「點面結合、覆蓋全市」的發展模式。於二〇〇八年開展了調研走訪、規劃設計和安裝施工工作。幾年間，累計行程近萬公里，運送配套物資百餘批次，動用車輛八百餘輛次，走訪用戶八五五〇戶。截止到二〇一三年末，相繼投入三八〇〇多萬元，改造了廣播電視發射傳輸設備和線路，累計安裝衛星接收天線六四九三套，實現了廣播電視信號全覆蓋和全市所有鄉（鎮）的廣播電視光纖主幹線聯網，二十戶以上自然屯全部實現了廣播電視「村村通」。到二〇一四年底，實現全市廣播電視「戶戶通」。

德惠廣播電視台充分利用多樣化的電視手段，不斷更新辦台理念，增強了

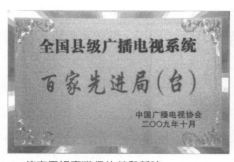
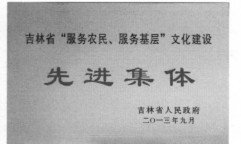

▲ 德惠電視臺獲得的榮譽稱號

節目的可視性和感染力。僅二〇一三年，在向上級送評的節目中，就有二十六件作品分別在國家、省、市獲獎。另外，全年在省、市台發稿八十餘件，有力地宣傳了德惠，推介了德惠，為展示德惠風貌，促進德惠發展，起到了不可替代的作用。德惠廣播電視台通過辛勤的努力所取得的績效，受到了各級黨委政府的肯定和人民群眾的好評。

文化館。德惠文化館的前身，為始建於民國十二年（1923 年）的德惠縣民眾教育館，館址在現今的大房身鎮。一九三六年民眾教育館隨縣城遷往德惠，一九四六年改稱德惠縣文化館。新中國成立後，一九四八年十月，重新建立縣民眾教育館，是長春地區最早建立的縣級館之一。教育館設在一道街一座日偽時期留下的磚體結構的小二樓。一樓為閱覽室，藏書千餘冊。一九五〇年更名為人民文化館。一九五五年改稱文化館。

建國初期，文化館的主要任務是破除人們頭腦中的封建迷信思想；舉辦識字班，教工人、農民識字；教唱新歌；利用黑板報、小圖書室、文化小報、傳

▲ 德惠市文圖兩館新建館舍效果圖

單、業餘劇團等媒體，宣傳人民當家做主的新思想、新文化。

　　二十世紀五〇年代中期，新中國進入了向「社會主義過渡時期」。文化館的工作也隨之進入了一個新的階段，從建國初期的文化啟蒙工作，過渡到組織與輔導、普及與提高的新的工作格局上來。當時，城鄉文化戰線上的骨幹需要扶持，文化站業務幹部素質需要提高，群眾性的城鄉文藝宣傳隊需要輔導……為此，文化館幹部不管酷暑嚴寒，刮風下雨，在城鎮和鄉村，做了大量工作。那時候交通不便，交通工具也十分有限，有自行車的都很少，去城鎮的工廠、機關、學校就靠兩條腿。當時通往農村的客車沒有幾輛，館裡幹部去農村進行輔導工作，只能搭乘農村送公糧的馬車或坐敞篷汽車。那時候東北冬天的氣候十分寒冷，經常在零下四十多度，有的人手腳都凍傷了，但他們的意志卻得到了錘煉，他們的熱情給鄉親們帶去了文化的春風。一支由小到大、由弱到強的文化隊伍逐漸發展壯大起來。就這樣，他們邁著堅定的步伐走過了艱難的六〇年代；撐著歲月的風雨走過了不尋常的七〇年代……而今，終於迎來了文化百花園中的姹紫嫣紅。

▲ 活躍在廣場的大秧歌

黨的十一屆三中全會以後，隨著經濟的騰飛和改革大潮的洗禮，群眾性文化活動有了突飛猛進的發展。文化館的職能作用得到了極大地發揮。他們除了積極配合黨的中心工作開展各項文化活動外，還順應時代的要求和群眾對文化的渴望，深入社區和廣大農村，做了卓有成效的工作。在全市城鄉相繼組建起音樂、戲劇、舞蹈、書畫、攝影、文學、曲藝等各門類的業餘團隊，以及二十幾個群眾文藝表演團體，建立健全了鄉鎮文化站，建起了三百多個農村文化大院。每年都有計劃地在城鄉組織開展節日文化、校園文化、農村文化、軍營文化、廣場文化、社區文化等多種形式的文化活動，如「三節」期間的「送文化下鄉」「新春聯歡會」、編輯《新春聯》小冊子、「秧歌大賽」及「「六一」少兒系列活動」「七一、十一文藝會演」「交誼舞大賽」「德惠之歌」電視歌手大獎賽、「校園作文競賽」「少兒百米長卷」「德惠之夏」音樂會、「廣場文化周」「農民文體藝術節」「殘疾人文藝會演」「農民文藝會演」等文化娛樂活動，豐富和活躍了城鄉群眾的文化生活，文化館的職能作用得到了充分的發揮。

▲ 德惠之夏音樂會

與此同時，為了使德惠的文學藝術創作隊伍後繼有人，文化館也加強了對未成年人文學藝術人才的培養，先後成立了「六小」協會，即：小書法家協會、小畫家協會、小音樂家協會、小舞蹈家協會、小作家協會、小攝影家協會，辦起了文化館小學生作文培訓班，對這些孩子進行藝術培養，每年都有百餘名孩子在省市縣各類賽事中獲獎，得到了社會和家長們的認可，為少兒文學藝術人才的成長搭起了一座階梯。

　　文化館實施免費開放以來，為了讓更多的群眾走進文化館，盡享公共文化福利，他們充分利用館內現有文化設施，先後設立了展覽廳、排練廳、多功能廳、戲迷之家、電子閱覽室等活動場地，為來館活動的人們提供服務，進一步提升了文化館的社會影響力。

　　為加強基層文化隊伍建設，文化館每年舉辦兩次由各鄉鎮文化站站長、社區和農村文化大院骨幹參加的培訓班，進行舞蹈、聲樂、攝影、非物質文化遺產的解讀等知識和技能的培訓，使基層文化隊伍的整體素質得到不斷提高，促進了城鄉間不同層面群眾文化活動的健康發展。

　　為了及時反映德惠的群文動態，給業餘作者提供寫作園地，二〇〇二年，德惠文化館創辦了季刊《德惠群文簡訊》，內設繽紛舞台、館（站）建設、公共文化服務、群文簡訊、群文動態、文學園地等欄目，對德惠文化事業的發展起到了很好的推動作用。二〇一四年，由市文廣新局主管、文化館主辦的季刊《德惠文化》正式創刊。刊物設《視點》《公共服務》《館站鏈接》《志願者專欄》《閱讀空間》《文化名人》《創作藝苑》等欄目。刊物圖文並茂，生動活潑，質量上乘，首創便獲得社會各界人士的認可。

　　為了動員社會力量參與公共文化建設，提升城市的文化內涵，推動德惠城鄉群眾文化事業的繁榮發展，近年來，文化館開展了招募文化志願者活動，發揮能人作用，建立骨幹隊伍，投身群眾文化建設。從二〇一二年到二〇一四年，這支來自多個領域、不同群體的文化志願者隊伍已近三百人，正在公共文化建設中發揮著積極的作用。

德惠市文化館因工作先進、業績突出，多次被上級部門評為先進集體。二〇一一年，被文化部評為縣（市）級三級文化館。

　　圖書館。德惠市最早的圖書館依附於德惠縣民眾教育館，民國十二年（1923年），始創於大房身；偽滿康德三年（1936年）民眾教育館隨縣城遷往德惠，當年正式成立德惠縣圖書館（館址在六道街，現市幼兒園附近）；一九四六年改稱德惠縣文化館圖書室（館址在中央街與頭道街交匯處的小白樓）。新中國成立後，於一九四八年重建民眾教育館圖書室，次年改稱德惠縣文化館圖書室。

　　一九五六年三月，吉林省首批建立八個縣級圖書館，德惠圖書館是其中之一，地址在中央街（現商貿大廈處），藏書九千餘冊，開設綜合、少兒兩個閱覽室。後館址遷至德惠市德惠路一〇八五號，建築面積為八百餘平方米。後來又收購了勞動局、建設銀行樓層，自此圖書館面積增至一千二百平方米，藏書十二萬冊，讀者座席一百個。在全國首次公共圖書館縣（市）級評估中被定級為三級圖書館。二〇〇四年，參加第三次全國公共圖書館評估，首次被定為縣

▲ 公共文化服務攝影知識培訓

▲《德惠文化》第 2 期封面

▲《德惠文化》小説欄

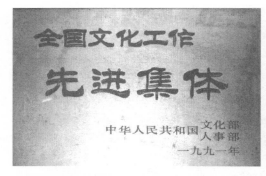

▲ 德惠文化館獲得的榮譽稱號

（市）級二級圖書館。後參加各次全國公共圖書館評估定級均為二級公共圖書館。二〇一三年，德惠市圖書館有閱覽座席二百三十個，計算機五十二台，信息節點八十個，寬帶接入 10Mbps，統一使用長春市圖書館提供的 Interlib 圖書館自動化管理系統。

截至二〇一三年底，德惠市圖書館總藏量二十萬冊（件），其中，紙質文獻十七萬餘冊（件），電子圖書三萬冊。

二〇一一年以前，德惠市圖書館藏量購置費五萬元，二〇一三年起增至二十萬元。共入藏中文圖書五千種，中文報刊三九〇餘種，視聽文獻一萬餘種。二〇一三年，地方文獻入藏完整率為百分之九十六。

從二〇一一年八月起，德惠市圖書館實行對外免費開放，每周開放五十六小時。二〇一三年，總流通十一點三萬人次，書刊外借十一點四萬冊次。到二〇一四年，德惠已有八個分館，三〇八個農家書屋，三〇八個共享工程基層點。通過圖書服務車，開展向基層圖書室送書下鄉等活動，館外書刊流通共達十五萬人次。二〇一三年七月，德惠市圖書館網站建立。

二〇一三年，德惠市圖書館共舉辦講座、展覽、培訓、閱讀推廣等讀者活動十五場次，參與人數十二萬人次。

從二〇〇五年起，德惠市圖書館加入長春市協作圖書館，二〇〇八年加入吉林省圖書館聯盟，以文化信息資源共享工程為依托，在全市開展閱讀推廣、流通服務、地方文獻聯合徵集、閱讀推廣與講座展覽資源服務、業務培訓與技術支持等活動。二〇一三年各分館、文化站、農家書屋和共享工程基層點管理人員參加培訓達 80%以上，舉辦培訓班三期，共計十九課時，二一〇人次接受了培訓。

▲ 農家書屋的讀者

▲ 德惠圖書館獲得的榮譽稱號

二〇〇九年至二〇一三年，德惠市圖書館職工發表的論文，獲省級以上一等獎二篇、二等獎五篇、三等獎九篇。

德惠市委、市政府高度重視公共文化服務體系建設，二〇一四年把圖書館新館建設納入「十件民生建設大事」之一。新館舍建築面積四千五百平方米，位於德惠市政府北側。現圖書館已完成主體設計，預計二〇一五年建成開放。新館舍建成後，閱覽座位四百個，可容納紙質文獻五十萬冊，年服務人次可達一百萬以上，數字資源設計存儲能力 200TB，能夠提供全覆蓋、不間斷、無時空限制的數字文獻遠程和移動服務，數字資源年利用率一百萬件／次以上。同時，還具有支撐保障全市公共圖書館服務體系良好運行的文獻與技術能力，成為大型縣級圖書館，主要指標位居公共圖書館前列，達到縣級圖書館的基本標準。

文物管理所。文物管理所的前身，為一九八三年第二次全國文物普查時成立的普查小組，普查小組由三人組成。一九八七年十二月二十三日，經吉林省編制委員會、吉林省文化廳正式下文，批准成立德惠縣文物管理所。一九八九年十一月成立德惠縣文物管理委員會。

文管所自成立以來，一直得到上級部門的關注和重視，文物管理隊伍不斷發展壯大，現在文管所人員編制齊備，僅從事文物徵集、鑑定、發掘、考古、鑽探等專業人員已有十五人。多年來，文管所把隊伍建設列為重要工作內容，自二〇〇七至二〇一〇年，先後選送六人到吉林大學考古系函授學習且全部

取得了本科學歷，提高了文管人員的專業素質。二〇〇二年，肖井惠、王麗娟寫的《抓住重點求真務實開創文物保護工作的新局面》和《德惠市文物管理所嚴格執行〈文物法〉做好文物保護工作的幾點體會》，發表於《長春文物》；二〇〇七年，劉全樂寫的《現代城鄉建設與文物保護》一文，在吉林省第三屆考古學會第一次學術年會上，被吉林省文物局、吉林省考古學會評為優秀論文。

文物管理所的工作是默默無聞的，他們與沉寂的歷史交談，與流失的歲月對話，常年奔波於山河、曠野之間，飽嘗了風吹雨打的艱難。然而他們是快樂的，因為通過他們艱辛的努力，埋藏在德惠沃土裡的許多珠璣得見陽光。通過他們在德惠境域無次數的考古發掘，現已發現古文化遺址三四一處，其中古城址二十六處，古墓葬六處，古碑刻四處。目前德惠共有國家級文物保護單位二處，省級文物保護單位十二處，長春市級文物保護單位七處。

為了做好這些文物的保護工作，他們劃定了控制帶，設置了保護標誌和說明牌。先後十四次三十餘人參加了省、市組織的赴三峽等地的文物考古發掘工作，並在二〇〇三年全面完成了我市所有重點文物保護單位的「四有」建設工

▲ 文管所工作人員在邊崗鄉丹城子村發掘攬頭窩堡遺址

▲ 德惠市文圖兩館新建館舍效果圖

作，得到了主管部門的認可。二〇一二年被長春市公安局評為「安全保衛工作先進單位」。在主管部門和文管所的共同努力下，德惠市的文物管理工作一直處於全省領先地位。

　　二〇一三年三月，按照市政府安排，德惠文管所已開始著手對省級文物保護單位「德惠戰役紀念地舊址」（大白樓）進行改建，從根本上解決德惠文物沒有館舍的歷史，德惠也將正式擁有自己的博物館，暫存於省博物館的文物將陸續遷回故裡，讓中華民族蘊藏於德惠這一方沃土上的文化瑰寶在家鄉熠熠閃光。讓這些無價之寶在傳承中華文明的同時，為進一步開發德惠市的特色文化和旅遊資源，帶動地方經濟發展，起到應有的作用。

　　城市公共文化服務體系　公共文化設施水准，是社會文化發展程度的標誌。以前，德惠市內只有一個十分簡陋的廣場。隨著經濟的發展、城市的建設，而今可供人們進行文體活動的場所大大增加，除了體育場外，還相繼建成了「金雞唱曉」的德大廣場、華燈環繞的明珠廣場以及綠柳成蔭的鑫園廣場等。可供人們休閒娛樂的場所，除德惠公園外，還有：投資一千餘萬元、占地

面積為十四公頃的德惠植物園;以農耕文化為主題,前有沐德湖、後有懷惠山,擁有春趣、夏荷、秋悅、冬蘊四個廣場和二十多個景點,占地十一公頃的惠民公園;二〇一二年投資興建,計劃於二〇一四年完工並向市民開放的,以弘揚中華傳統文化和華夏文明為主題,園內設有景觀區、兒童遊樂區、健身區、濱水景觀區、國粹精品園、國學文化園、歷史博覽園和鄉土文化園,占地十五公頃的德惠文化公園。

另外,在市區以外還有如珍珠撒落於江畔沃野的江山度假村、高城子水庫、鯉魚圈江心島、江心管、小河東、三不管等保存著原始生態的自然景區,已經成為德惠人回歸自然,親近自然的絕佳去處。

體育方面。原有的簡陋的體育場,一九八五年開始改建,相繼建成了標準四百米三合土跑道田徑場、兩個柏油籃球場、水泥看台燈光球場和千人座席的體育館。二〇〇一年再次對體育場進行開發建設,先後建成了硬化、綠化、彩化、燈飾化及體校辦公樓、主席台、周邊健身路徑為一體的三萬平方米的新型體育場,並建成了一二五〇平方米的旱冰場、可容納二千人的燈光球場、可進

▲ 街心廣場

行各種體育賽事和訓練的標準體育館，還有四千平方米的綜合健身館、三八二平方米的青少年活動中心。興建了體育單項特色校二所，個體訓練班三個，國家級俱樂部一個，縣級俱樂部四個。德惠市體育館和體育隊伍建設，以嶄新的面貌躍居全省領先地位，成為吉林省體育工作的一面旗幟。

　　農村公共文化服務體系　三農問題始終是黨和政府最為關注的問題，農村的文化建設與發展，同樣提升到了相當重要的位置。多年來，德惠市委、市政府及相關部門，對農村文化常抓不懈，使農村文化陣地呈現出前所未有的繁榮景象。德惠市文廣新局協調資金與政府投入本地資金一一〇〇多萬元，建成鄉鎮文體活動場地五〇一處。上級和地方財政為鄉鎮文化站建站投資四四八萬元。從二〇一二年開始，政府每年向鄉鎮文化站投入專項文化活動資金近百萬元。所有鄉鎮文化站均實現了辦公場所標準化、文管幹部專業化、設施配備標準化。文廣新局按照國家和省市要求，先後建起了三〇八個農村文化大院及三

〇八個農家書屋，共發放了文化電子光盤近七萬張，鄉鎮書屋藏書量已達六十一萬冊。為農村文化終端配備電腦二二五台，為農村樣板書屋配備電腦三十台。文化大院不但有活動場所，而且還有鑼、鼓、鑔、秧歌服裝、扇子、手絹及音響設備、設施。農村體育境況同樣得到迅速發展，政府和相關部門共投資二一六〇萬元，為鄉鎮建成健身活動路徑五十四處，配齊了各種健身器材。為一〇六個行政村配備了籃球架及一三一副乒乓球台。每當旭日東升或夕陽西下之際，晨練、晚練的鑼鼓聲、嗩吶聲、乒乓聲、籃板聲、歌聲、笑聲響遍松江南北，沃野東西。

　　文廣新局組建的十六個農村電影放映隊和四個街道電影放映隊，年放映數字電影三七〇〇多場次，放映覆蓋率已普及到每個自然村屯。影片內容以提高農民科學種田和各項養殖業技能為主，科普片、故事片應有盡有，不但提高了人們頭腦中的科技含量，而且還豐富了人們的文化生活。

▲ 建在農村的體育路徑

▲ 農民有了自己的文化活動室

▲ 天臺鎮農民文化公園

▲ 新農村舞臺

蓬勃發展的公共文化活動　有了優質的土地、充足的陽光和雨露,長出的自然會是希望的金黃。公共文化事業的發展,給德惠文化帶來無限生機,到處呈現出一派生機盎然的景象。多年來,德惠市委市政府、文廣新局、教育局、文化館、圖書館等部門和單位,組織承辦了各種文藝會演、調演、比賽、展覽等全市大型群眾文化藝術活動九百多次。直接參與活動的群眾達一千餘萬人次。扶持、培養業餘文藝團隊二十多個。選拔、輔導參加全國、全省和長春市各類比賽、展覽的美術、文學作品共有一萬多件(幅)。舉辦各種文學、藝術、學生書畫、作文等培訓班近千次,培養業餘文學藝術骨幹一點一萬餘人。

校園文化、家庭文化、廣場文化、行業文化開展得有聲有色,多姿多彩。社區文化藝術周等活動,構成了德惠市群眾文化工作中最具生命力的一道文化景觀。「德大之夜」巨星歌舞晚會、「綠色食品節」廣場文化活動、「德惠之夏」音樂會等一些大型群眾文化活動,創出了文化經濟發展的新模式,在社會上產生了巨大的轟動效應,既滿足了群眾精神生活的需求,又提升了德惠市的知名度和文化品位,形成了以文化促進經濟的良性互動。

節日文化也成為群眾文化生活耀眼的亮點,每逢節日來臨,政府和文化部

▲ 豐富多彩的廣場文化

▲ 2012年「錦繡富苑杯」廣場文化周活動

門，都要舉辦各種各樣的文化活動。春節期間從城市到農村，扭在街頭、村頭的秧歌隊有四二五支之多。大秧歌比賽更是龍騰虎躍、八仙過海，參賽的場面有如江南賽龍舟一樣火爆熱烈。

爭奇鬥豔的燈展，閃爍的盡是德惠人聰明智慧的創意。每年製作燈盞的單位和部門達數百家，送展的龍燈、車燈、船燈、蓮花燈、金雞燈、嫦娥燈、十二生肖燈、走馬燈等不計其數。各式各樣的彩燈沿街擺開，增添著節日的色彩，吸引了無數流連忘返的人們。

每當正月十五晚上，德惠便成了火樹銀花的世界，千家萬戶燃放的煙花和政府、企業組織的煙花晚會的煙花交織在一起，競相開放，將德惠的夜空變成

▲ 紅紅火火秧歌隊

了花的海洋。十餘萬市民走在皓月當空的街頭，鞭炮聲、鼓樂聲和著歡聲笑語，盡享的是太平盛世人民大眾的歡樂與祥和。

　　春節期間，圖書館、文化館舉辦的燈謎活動，已經持續了二十幾年，從發出的獎品統計，參加猜謎活動的人數每年都在數萬人以上。每年燈節期間，農村的猜謎活動也爭相開展起來。

　　近年來德惠有了自己的「春晚」，由文廣新局主辦、文化館組織、輔導的節目和各民間藝術團體編排的節目，同台獻藝，異彩紛呈，形成競賽，極大地豐富了節日舞台，並推動了各藝術團體自身表演技能等素質的提升。「德惠春晚」專題節目，春節期間在德惠電視台滾動播放，深受廣大群眾的歡迎。

　　節日文化中，特別要提及的是德惠的「六一」兒童節。「六一」是孩子們翹首以盼的日子，這一天他們可以盡情地玩耍。而在德惠，更令孩子們心動的，則是在「六一」這天舉辦的少兒藝術系列大賽和百米長卷書法表演，因為在這裡，他們可以一展自己的風采，歡度童年最美好的時光。

　　「六一」兒童節這天的明珠廣場，人頭攢動，笑語歡歌。人群中，一幅布

▲ 春節燈展

▲ 燈節煙花

▲ 猜謎的人們

質的百米長卷，宛如一條白色巨龍橫臥在廣場中央，百餘名孩子手持畫筆，或虎嘯山林，或鶴舞青松，或飲雪冬梅……盡情地發揮著他們的聰明才智。由德惠市文化館舉辦的「六一」少兒百米長卷書畫活動已經堅持了二十多年，這道亮麗的文化景觀，得到社會的廣泛贊譽。

「梅花香自苦寒來」。孩子們的成長與提高，並非一日之功。為了提高德惠市少兒書法繪畫素質，文化館多次舉辦書法繪畫學習班，派美術幹部進行輔導，邀請德惠書畫名家進行專題講座，為小學員們傳授書畫知識，使孩子們的書畫創作水平得到明顯提高。

為了普及書畫藝術知識，他們深入到鄉鎮各中小學校，了解學生的愛好和興趣，介紹博大精深的傳統文化，調動了學生們學習書畫的積極性。「小畫家協會」「小書法家協會」也相繼成立起來，極大地豐富了學生的業餘文化生活，開發了少兒們的潛能，使得德惠在書法繪畫領域，人才輩出，後繼有人。

汗水滴灌，花兒朵朵；辛勤耕耘，碩果累累。二十幾年來，在長春市舉辦

▲ 少兒百米長卷書畫現場

▲ 2014 年少兒書畫展

▲ 少兒書畫班輔導現場

的少兒書畫大賽中，德惠市有五百多人次獲獎；在全國「雙龍杯」少兒書畫大賽中，有三百多人次獲獎，其中遲雪峰、王婷、孫吉、劉華、徐小紅、王春華、李昂、郭俊楠獲得金獎；在世界和平國際少兒書畫大賽中有一五〇多人次獲獎，其中徐紅的作品獲中、日、韓等八國少兒書畫聯展中的最高獎——檀君獎。

　　校園文化歷來受到德惠社會各界的高度重視。文學藝術教育對少兒智力的開發，優良品質的培養，健康的人生觀與世界觀的形成，有著十分重要的作用。一九九一年，文化館成立了「小作家協會」，辦起了「小學生作文培訓班」，吸引了眾多少兒參加。文化館利用多樣化的文學藝術活動形式，激發孩子們的寫作興趣，為他們營造良好的寫作氛圍，並以各種大型活動為契機，加強對學生寫作情趣的熏陶。一九九四年，吉林省舉辦「首屆中小學生作文大賽」，文化館率領六七九人參加，其中一八七人分別獲中小學組一、二、三等獎。參賽人數之多，獲獎面之大，影響範圍之廣，前所未有，為今後的拓展，奠定了牢固的基礎。

▲ 舉辦於 1991 年的作文培訓班

人才的培養，在於發現和挖掘。「作文培訓班」從社會文化的角度上看是對學生進行深層次的文學創作培訓。培訓中，根據每個學生的實際，因人而異，因材施教，收到很好的效果。他們還帶領學生走出課堂，貼近生活，學生們在拓寬了視野、豐富了寫作素材的同時，還提高了觀察生活、感悟生活、認識生活的能力，寫作水平得到很大提高。他們的一些作品在省、市級刊物上發表，多次參加各種大賽，取得了較好的成績。在「全國萬校作文大賽」「全國小學生作文大賽」中有四十五人獲獎；在全國「中華青少年作文大賽」中，有二十六人分獲二、三等獎；在遼寧「三山杯」少年散文大賽中，有五名同學獲二等獎；在長春市「百部愛國主義讀書大賽」中，有十人分獲一、二、三等獎；在全國「惠光杯」小學生作文大賽中有四人分獲二、三等獎。德惠市文化館也由此被評為長春市「關心下一代先進單位」。

在文化事業迅猛發展的過程中，廣大農村文化生活發生的變化尤為引人矚目。目前，德惠的各個鄉鎮都有了各自的農民藝術節。豐富多彩的文化娛樂活動，極大地提高了農民文化生活的質量。

▲ 岔路口鎮農民文藝會演

▲ 達家溝鎮合義村第二十一屆農民藝術節

▲ 夏家店街道葦嘴子村農民文化藝術節

僅以二〇一四年為例，金秋時節，岔路口鎮舉辦了以「幸福鄉音，放飛夢想」為主題的農民會演。演出了來自七個文化大院的獨唱、舞蹈、曲藝、單出頭等二十多個文藝節目，有近千人觀看了演出。

　　達家溝鎮合義村舉辦了第二十一屆農民文體藝術節，期間進行了有十一個籃球隊參加的籃球賽，同時本村的三支秧歌隊與周邊鄉鎮村屯的二十一支秧歌隊進行了精彩表演。演員達到一五〇〇人，有三千多名觀眾觀看了演出。

　　朝陽鄉朝陽村為文化大院成立五周年舉辦秧歌會演，來自朝陽鄉各村的秧歌隊以及岔路口鎮秧歌隊、上河灣秧歌隊等十餘支秧歌隊前來助興。千餘人參加了演出，場面熱烈、壯觀。

　　夏家店街道葦嘴子村舉辦農民藝術節，來自大青咀鎮、布海鎮、達家溝鎮以及夏家店街道的五十支秧歌隊一五〇〇人進行了表演，長春電視台《希望田野》欄目組趕來祝賀，並帶來了二人轉、舞蹈、京劇表演等精彩節目。

　　大房身鎮仇家粉村，舉辦農民文化藝術節，夏家店街道、達家溝鎮、松花

▲ 大房身鎮仇家粉村農民文化藝術節

▲ 大青咀鎮農民文藝會演

▲ 布海鎮岫岩村農民文化藝術節

▲ 菜園子鎮農民文藝會演

▲ 德惠市委、市政府送戲下鄉

江鎮、五台鎮和九台市上河灣鎮等二十六支秧歌隊進行了秧歌會演。

　　朝陽鄉黨委、鄉政府主辦，朝陽鄉文化站承辦的「發展民族新科技，展示民俗新風采」農民文藝會演，共演出了自編、自演的具有濃郁鄉土氣息的文藝節目二十六個，熱情謳歌了黨的富民政策和廣大農民群眾開拓進取的精神風貌。

　　二○一四年入秋以來，大青咀、菜園子、布海、松花江、朝陽等鄉鎮，都舉辦了各自的農民藝術節或文藝會演。

　　在農民文化藝術節、農民文藝會演的百花園裡，可謂異彩紛呈，姹紫嫣紅，這裡僅以朱城子鎮楊柳村五組的群眾文化生活為例，概略描述一下德惠農民文化生活的風采。

　　春節，在人們心目中的分量是不言而喻的，她是傳統和現實的結合，是喜慶和歡快的匯聚。楊柳村的鄉親們把這份熱情，傾注在他們的「春節晚會」上。每逢大年初二，是他們固定的拜年演出時間。演員是土生土長的熟悉面

▲ 文化大院喜氣多

孔，觀眾是東鄰西舍的父老鄉親。你來一段《回杯記》，他唱一曲《小放牛》，引起掌聲陣陣。全家出動的「扇子舞」，更讓人大飽眼福。演員們誰都不甘示弱，看誰引起的笑聲更多，比誰贏得的掌聲更響。

農家院裡的「春晚」是歡樂的海洋，又是交流的平台。他鄉打工經商的能人，外出求學的學子，過年都要回家看看，這時屯裡的人最多、最全。但無論有多少人，大家都能找到自己的角色。

二〇〇七年的大年初二，四個外出創業的小青年回到家鄉出資辦了一場晚會。他們有張羅酒水飯菜的，有購買水果飲料的，有置辦煙花爆竹的，人們紛紛前來助興。「那次表演最火爆，人太多，把人家小賣店的炕都踩塌了。」組長別云笑著說。那時還沒有俱樂部，所以都擠在小賣店裡。貨架子被挪出去，屋中央只留著一個兩平方米的舞台，演員們輪流上場，載歌載舞。觀眾也都擠在一起，窗外的人向內張望，希望透過小小的窗口尋找到一絲歡樂的縫隙。

在楊柳村五組，村民大多能歌善舞，而真正把村民組織聚攏起來的則是村裡的秧歌隊。黨的惠農政策在農村得到充分貫徹落實，農民生活水平不斷提高，隨著農業耕作技術的推廣，村民們的空閒時間也越來越多。閒暇時村民一度打麻將成風，或是聚在一起喝酒，這些都不斷引發鄰裡糾紛。二〇〇三年，村民傅淑梅建議村裡組織大伙扭扭秧歌兒，這樣既能滿足大家的文化需求，又能鍛煉身體。她的建議被村裡採納。

楊柳村本來就有較好的文藝基礎，成立秧歌隊更是一呼百應，姑娘小伙、大爺大媽踴躍報名參加。組建的秧歌隊裡有六十多歲的白髮老者，也有二十多歲的年輕人，隊員們興致勃勃，信心十足，堅持不懈，越扭越來勁。秧歌隊辦得熱火朝天，吸引了更多的村民加入，組內一七〇口人，參加秧歌隊的就有五十多人。除了扭秧歌兒，大家聚在一起還研究排練，學習舞蹈動作，人們都沉浸在文化活動的喜悅中。外村屯也有人慕名前來參與，最遠的要跋涉十餘里地。

二〇〇八年春節，已經小有名氣的秧歌隊，開始「走穴」了，他們扭了兩

▲ 楊柳村俱樂部

天半就有了九二〇〇元的收入，但沒有誰想分掉這筆錢，大伙兒商量著，把錢都用在秧歌隊購買必備的器具上了。為了鼓勵村民的參與熱情，在經費緊張的情況下，村裡又拿出五千元錢，為秧歌隊購置了統一的服裝道具。

　　大秧歌扭出了耐不住的激情，扭出了和諧的鄉音，它改變了人們的精神面貌，也改善了屯鄰的人際關係。秧歌隊最初女隊員居多，農閒時節，男村民看著靚女們扭得起勁兒，心也癢癢了，他們便不由自主地走進這歡樂的海洋。群眾的廣泛參與，給這個舞台打下了深厚的根基。有父子登台打擂的，有妯娌間叫著勁兒比賽的，甚至有全家上陣的。村風也在逐漸改變，閒時打麻將的現象漸漸消失了，鄰裡糾紛也少了。村裡有對妯娌因為家務事產生糾紛，好幾年見面都不說話，他人勸說都無效果。參加秧歌隊後兩個人在一起扭秧歌，歡快的喇叭聲讓人心情愉悅，內心變得豁達了，鼓點敲散了兩人心中多年的積怨。

　　活躍的秧歌隊，吸引了附近村屯的民間藝人前來助陣，原有的場地就明顯

不足，尤其那次把小賣店的炕踩塌了以後，他們就有了要建大一點兒活動場所的想法。二〇〇八年到二〇〇九年，在德惠市文化部門及朱城子鎮黨委的支持下，加上村民們自發捐款，建起了一個一五〇平方米的俱樂部，另有三千平方米的室外活動場。村民們在寬敞的俱樂部和活動場內載歌載舞，歡樂農家院變得名副其實。

他們還把黨的政策、身邊的好人好事與多種經營、庭院經濟等致富方法，編成了大家喜聞樂見的節目搬上舞台，收到了良好的效果。土生土長的演員，原汁原味的文藝節目，生動質樸的表演，真實地再現了新農村建設中農民嶄新的精神風貌。歡樂農家院，是他們歡樂的殿堂。

蓬勃興起的社區文化　一九八八年，德惠街頭開始出現群眾自發組織起來的秧歌隊和廣場舞。當時秧歌隊僅有兩三支，廣場舞也只有六支。然而這小小

▲　陽光下扭出來的歡樂

▲ 青春複來的老太太

▲ 大型團體操表演

的隊伍，卻像火種一樣，迅速點燃了遍布城鄉的文化之火，群眾文化活動呈現出前所未有的繁榮局面。現在，活躍於市內的秧歌隊、廣場舞已有二十餘支。規模小一點兒的隊伍在四十人以上，大一點兒的隊伍可達八百多人。

現在的廣場舞不再是城市的專利，它早已突破了城鄉的界限。據不完全統計，截至二〇一四年，活躍於廣大農村鄉鎮、村屯的廣場舞隊伍已有四二〇支。這些活躍在城鄉的人們，有場地、有音響、有設施。每天的清晨或傍晚，秧歌隊紅衣綠襖，描眉打鬢。太極隊整齊劃一，一身雪白。健身操、廣場舞、大秧歌、太極拳、太極劍、太極扇、籃球、排球、羽毛球、踢毽子，還有暴走隊的暴走，形成了一支向著健康、向著歡樂、向著幸福、向著美好昂首闊步前進的大軍，粗略計算，加入這大軍行列的人數每天不少於三十萬人。

二〇一四年八月二日，由市新聞出版廣電局和市老年體協聯合舉辦的二〇一四年「全民健身日」健身展示大會在市體育場隆重舉行。

黨和國家一向對全民健身工作高度重視，二〇一一年國務院出台了五年《全民健身計劃》，德惠市依照國務院精神制定了行之有效的《德惠市全民健

▲ 參加全民健身的檢閱隊伍

身實施計劃》，經過社會各界的共同努力和積極參與，群眾的健身意識不斷增強、健身活動隊伍不斷擴大、水平不斷提高。形成了「我參與、我健康、我快樂」的良好社會氛圍，被國家體育總局評為「全國群眾體育先進單位」。

　　千餘人表演的「中華人民共和國第九套廣播體操」拉開了健身展示大會的帷幕。全市共有二十三支代表隊，二十九個晨晚練點的二五〇〇多人參加了這次健身展示活動。共進行了廣播體操、行進間有氧健身操、東北大秧歌三個大型節目表演；廣場舞、武術、太極拳、空竹、繩操、健身腰鼓等十二個單項節目也參加了展示。所有項目都充分體現了各自的風格和德惠人健康、積極、樂觀的精神風貌。實現弘揚了全民健身「持久化、經常化、生活化」的目的，對

德惠市的經濟發展、人民健康起到了積極的推動作用。

　　如秋菊,似雪梅,像荷花,自發組織起來的群眾文藝團體,沐浴著黨的陽光雨露,在春意盎然的文藝百花園裡競相開放,形成了一道靚麗的風景。現在,德惠市群眾自發組建起來的文藝團體有戲迷協會、金色時光樂團、劍蘭藝術團、紅葉藝術團、東方二人轉藝術團、晚霞藝術團、夕陽紅藝術團、永生演出隊、萬龍文化大院文藝隊、豔山文化大院文藝隊等二十幾個文藝團體。這些文藝團體,小的二三十人,大的七八十人,目前,群眾文藝團體人數已達千人以上。他們有自己的排練場地,有樂隊,有服裝,有道具,有音響設備。這些文藝團體排演的大都是自編自演的節目,積極向上、寓教於樂、短小精悍、生

▲ 千餘人表演「中華人民共和國第九套廣播體操」

動活潑，為觀眾所喜聞樂見。他們走出去請進來，請德惠作詞譜曲的能人為他們製作節目，例如「金色時光樂團」請德惠音樂家協會副主席徐顯軍為他們編寫歌曲，並親自為他們進行輔導。通過相互間的密切交流，不但促進了文藝團隊演藝水平的提高，同時也提高了作者的創作水平，使他們的作品更加貼近生活，貼近百姓。有了深厚的群眾文化基礎，創作的靈感也便紛紛而來。二〇一〇年一月，在德惠市文聯、德惠市音樂家協會的主持下，成功地舉辦了「歌唱祖國、讚美家鄉」徐顯軍個人原創歌曲演唱會，目前他創作並譜曲的歌曲作品已達二百多首。

　　群眾文藝團體的演出沒有時間和地域限制，無論在街道、幸福院、軍營、機關、社區、鄉鎮、村屯、農家大院，哪裡需要哪裡就有他們的身影。藝術團的建設在活動中逐年完善，節目質量也得到不斷提高，有些節目已具備相當水准。比如紅葉藝術團排演的節目，曾獲得「社保杯」比賽特等獎，兩次參加中

▲ 晚霞藝術團

▲ 社區文藝會演

▲ 紅葉藝術團

▲ 夕陽紅藝術團

▲ 樂壇新秀

央農業春晚,三次參加長春市農民晚會,三次參加長春市農博會,四次參加德
惠春晚。這些演出不但提升了隊員們的演藝水平,也陶冶了觀眾的藝術情操,
很好地活躍了城鄉文化生活。

群眾藝術團體的演出,不但活躍了城鄉文化生活,而且還起到了密切配合
黨和政府中心工作的宣傳推動作用。二〇一〇年八月,德惠遭受了百年不遇的
特大洪水災害。文體局配合宣傳部門組織籌劃了「德惠市及駐德企業賑災捐款
儀式」,八月十四日,又組織籌劃了「萬眾一心,同舟共濟」賑災募捐大型廣
場文藝演出。紅葉藝術團、向陽花藝術學校等團體與德惠劇團聯合演出,收到
良好效果。兩場賑災演出共籌集捐款一千五百多萬元,有力地支援了災區抗洪
救災工作。

在群眾文藝團隊興起的同時,一些來自民間的人才培育基地也相繼建立。
到二〇一四年,德惠市有東北二人轉培訓藝校四所,各種舞蹈學校四所,各種

樂器培訓班（校）十二個，教授鋼琴、古箏、大小提琴、二胡、薩克斯等。樂器班（校）從管弦樂器到西洋樂器一應俱全。青少年參加學習者居多。特別是和平中心校，有五個班級近三十名學生在校上葫蘆絲音樂課，每個學生都能單獨演奏十幾首樂曲。

　　二人轉培訓基地現有學員二五〇人，學員在學習交流演出中水平不斷提高，在吉林電視台鄉村頻道東北三省《二人轉總動員》欄目大賽上，二〇一一年——二〇一二年度總決賽，崔濤藝校的少兒組演員王鐵柱、藏丹丹，成年組演員陳奇、劉暢，分別獲得了少兒組、成年組一等獎；郭家的張淑琴、張士榮獲得了老年組一等獎。

▲ 藝術節演出

第二章
──

文化事件

歷史的演進沒有空格。發生在飲馬河畔的那一個個似乎沒有關聯的故事，鋪開
的並非是沒有關聯的章節，打下的烙印既是時代的歸屬，也是歲月的流光在德
惠這片土地上不斷刷新的標記。記載在德惠歷史上的那一個個或曲折或跌宕的
事件，不管它來自遙遠抑或今天，演繹出的，無不是德惠文化的積淀與發展。

帝王的身影——康熙登臨望波山

　　清朝定鼎北京後，為了保護他們所謂的「祖宗肇跡興王之所」，亦稱「龍興之地」，歷時四十三年，經過兩個朝代，三個皇帝，修築起一九○○餘里的「老邊」和六九○里的「新邊」。統治者對「盛京邊牆」十分重視，不但頒發了諸多保護這一禁地的禁令，還親臨柳條邊進行視察，在留下了他們足跡的同時，也留下了許多御筆揮下的詩文。

　　當年，康熙皇帝曾遊覽過德惠的半拉山。

　　半拉山又名雙合山，亦稱八寶望波山。地處德惠縣朝陽鄉半拉山村的松花江西岸，貌似雄獅，順江而臥。山青水綠，風景宜人，為德惠第一名勝。

　　此地水上交通極為發達，南通吉林，北往哈爾濱，船舶沿松花江而下，可直達黑龍江入海口。因此，從清代始，就被開闢為重要碼頭，至今一直被沿用作為渡口。歷史上松花江為反沙俄的戰略要地，清政府對此水域極為關注。史載：早在康熙十年（1671 年），康熙東巡盛京祭祖後，在吉林附近召見寧古塔

▲ 松花江

將軍巴海，告諭巴海對邊疆各族要「廣布教化」，對羅剎（沙俄）「尤當加意防禦，操練士馬，整備器械，毋墮狡計」。

康熙十五年（1676 年），康熙決定把寧古塔將軍衙門移至吉林烏喇（今吉林市），倚江畔，「建木為城」。調來新舊滿洲八旗兵兩千人，徙關內直隸各省的「流人」數千戶來此定居，主要任務是建造戰船，屯積糧草，並營建水師營，「日習水戰，以備老羌（指沙俄侵略者）」的侵略。

康熙二十一年（1682 年）康熙御駕北巡，三月初四從北京出發，經瀋陽、吉林市，五月初四，沿松花江順流北上，當日抵大烏拉虞村（今烏拉街鎮隸屬於吉林市龍潭區）進行為期六日的巡訪，後又到今舒蘭縣法特邊門等地。

康熙此行主要是視察吉林水師訓練基地，鞏固東北邊防，同時還在民間留下了御題墨跡詩文。《吉林外記》曾記載康熙北巡時所寫《松花江放船歌》，感舊之情盡落筆端：

松花江，江水清。夜來雨過春濤生，流花疊錦繡明。彩帆畫隨風輕，簫韶小奏中流鳴，蒼岩翠壁兩岸橫。浮雲耀日何晶晶？乘流直下蛟龍驚，連檣接艦屯江城。貔貅健甲皆精銳，旌旄映水翻朱纓，我來問俗非觀兵。松花江，江水清。浩浩瀚瀚沖波行，雲霞萬裡開澄泓。

▲ 康熙御筆之寶

詩中既描繪了松花江的壯麗景色，充分抒發了作者對祖國大好河山的熱愛之情，同時也彰顯了吉林水師的雄壯軍威，表達了作者捍衛神聖領土，堅決抗擊沙俄侵略者的決心和信心。

當時，康熙年僅二十九歲。作為一個年輕的皇帝，他不迷戀宮廷享樂，走馬關外，親臨邊陲，在松花江的驚濤駭浪中視察水師，鼓舞了東北各族人民的抗俄鬥志。

康熙北巡佳話頗多。一九七三年，半拉山農民呂延閣淘井時，發現一方銅質印章，正方形，邊長為七釐米，厚〇點七釐米。背面有兩個銅釘，印文為陽刻篆書「康熙御筆之寶」六個大字。這顆銅印，是康熙皇帝御題匾額之上的鑲嵌遺物，乃康熙北巡的見證物之一。它說明康熙皇帝在此期間到過半拉山，並親自為某地某事揮筆題詞作為紀念。如今半拉山之所以有「八寶望波山」之稱，就是因為康熙皇帝登山遠眺而得勝名。

附：清代詠柳條邊詩詞選
柳條邊望月
愛新覺羅・玄燁（康熙）
雨過高天霽晚虹，關山迢遞月明中。
春風寂寂吹楊柳，搖曳寒光度遠空。

柳條邊
愛新覺羅・弘曆（乾隆）
西接長城東屬海，柳條結邊畫內外。
不關阨塞守藩籬，更匪春築勞民憊。
取之不盡山木多，植援因以限人過。
盛京吉林各分界，蒙古執役嚴誰何。
譬之文囿七十裡，圍場豈止逾倍蓰。

周防節制存古風，結繩示禁斯足矣。

我來策馬循邊東，高可逾越疏可通。

麋鹿來往外時獲，其設還與不設同。

意存制具細何有，前人之法後人守。

金湯鞏固萬年清，詎系區區此樹柳。

老邊

愛新覺羅‧弘曆（乾隆）

迤邐老邊近，風情入故鄉。

戰爭縱圖進，根本亦須防。

帝業非容易，王民願阜康。

貢鮮來野鹿，悲咽只先嘗。

老邊恭依皇考元韻

愛新覺羅‧顒琰（嘉慶）

計裡留都近，人欣歸舊鄉。

定基天錫統，繼序德為防。

民樸俗無易，年登帝降康。

三陵欽展謁，致敬肅秋嘗。

老邊

愛新覺羅‧旻寧（道光）

盛代從知守四夷，分來邊界啟鴻基。

可憐勝國傾財力，佑德皇天豈有私。

翹首陪都望不遙，秋山秋水淨參寥。

而今策馬經行處，尺是當年聖武昭。

進柳條邊

愛新覺羅‧弘曆（乾隆）

九關台據柳條邊，峻嶺崇山相屬連。

一入分明別內外，沛豐近矣意欣然。

勝時結柳原堪禁，衰際修城亦易顏。

皇子隨扈謂知否，守成難論慎思之。

老邊恭依後考元韻

愛新覺羅‧顒琰（嘉慶）

西郊舊置邊，城堞跡依然。

安阜承今日，經營憶昔年。

欲令兆民協，先擇庶官賢。

疆域恢彌廣，先謨勉敬宣。

老邊

愛新覺羅‧永星

蓽路開維始，神皋勝可論。

數傳天下大，當日老邊存。

是為分岐地，如觀江漢源。

民風政淳樸，耕鑿到兒孫。

董氏義學——民國年間在德惠辦的鄉間學堂

清末，在長春府沐德鄉（今德惠市布海鎮雙廟子後董家油坊屯）曾辦起來一所私立董氏「務本」義學。董氏，當地村民稱董九先生，表字桂玲，開明鄉紳。於南北墾荒田千餘垧，舉業多門，擁有燒鍋、油坊數處。先生好善樂施，念鄉裡諸多子弟就學艱難，遂篤志興學，獻地貢房，招聘良師，培養人才，報效國家。

這所義學，始建於宣統三年（1911年）二月，當時為私塾，僅一個班，教師為由山東聘請的一位高齡師長，僅教一年便因年邁離任還鄉養老。繼而，由從天津南開中學返鄉的董泗青（董桂玲的四兒子）擔任教師。開設課程有《三字經》《百家姓》等。

迨至民國六年（1917年），這所私立「務本」義塾改為學校，聘用吉林一師畢業生趙瑞芝為校長。校舍為七間草房，兩個教室、一間寢室。學生桌椅數十套，黑板兩塊，操場一處。並增添了銅鼓、銅號、籃球、網球等設施器具。此時學校已發展為兩個班四十四名學生，其中一年級十五名，二年級十一名，三年級十八名。

學科設有：修身、語文、算術、珠算、唱歌、手工、圖畫、體操。修身課由校長講授，教師盡職盡責，循循善誘，耐心啟迪諸生。

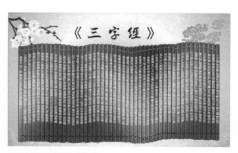

▲ 竹簡《三字經》

薪金待遇：受聘校長趙瑞芝，視其成績優劣勤惰，年終一次付薪，後改為按月付酬。教員董泗青，因係董氏本家教師，則甘盡義務。

凡入此義學者，文具書本費、宿膳費均由校董負擔，常年開銷約需永衡官帖六萬多吊，分文不向學生家長

索取。因此，這所義學興起不久，便有許多鄉親率子孫負笈慕名而來。

因為學生中有少數人夜間入睡後尿床，校長和教師便輪流值班，並形成常年堅持的制度，學生和家長甚為感激。

多年來，這所義學培育了大批人才，因而遠近聞名，引起了當時政府的極大關注。民國十二年（1923年）十二月，德惠縣勸學所派視學張公威先生，親臨該校視察，甚為滿意。回縣後，當即向縣長呈送《視察董氏「務本」小學報告》，深得當時學界賞識。

▲ 民國年間的鄉間學堂

一九三一年「九一八」事變後，因日寇入侵，國破家亡，土匪猖獗，董氏全家遷往長春，董氏學校亦被迫停辦，學校歷史為二十一年。

碑文上的述說——朱城子分防照磨廳始末

　　十九世紀八〇年代，經過兩次鴉片戰爭後，中國的國門被打開。對外貿易刺激了長春地區的經濟發展，並引起了農業種植結構的變化，也給傳統手工業帶來了西方的先進技術。

　　最初的長春地區，油料作物以麻籽為主。到十九世紀六七十年代引入大豆。大豆的經濟價值要高於麻籽，遂得到普遍推廣，逐漸在農產品中上升到主要地位。再加上從國外引進了先進的榨油設備，使得長春地區的榨油業獲得極大地發展。東北地區馳名世界的大豆，種植歷史就是從這時開始的。此外，罌粟也在長春地區廣泛種植。其製成品半數於當地銷售，半數銷往關內。

▲ 張公德政碑

　　長春地區經濟地位提高，人口激增，行政事務也日漸增多。為加強對這一地區的管轄，光緒十五年（1889年），清王朝批准將長春廳升格為長春府。而長春府為加強對所轄各地方的管理，在由「廳」升為「府」的第二年，就在今德惠境內的朱城子設立了分防照磨廳。朱城子分防照磨廳管轄懷惠、沐德、撫安三個大鄉，地界西到開安（今農安），東到大房身，南到一間堡，北到伊通河，主要負責轄境內的緝捕等事宜，行使警察所職能。分防照磨廳的地址在今朱城子街偏東北面（現為朱城子中心小學校址），院內有正房三間，東西廂房各五間，西廂房後還設有監獄（當地人俗稱「風眼」），院牆高五尺。廳內有大小衙役若干人，管理日常事務。此外照磨廳還設有殺人場一處。

　　朱城子分防照磨廳的設立，說明當時的德惠境

內無論是人口數量還是社會經濟，都有了相當程度的發展，已經有了政府行使社會管理職能的必要。分防照磨廳行政長官稱「照磨」。

張熙，原名張密林，綽號「張球子」，河北省樂亭縣人。光緒二十二年（1896年）來到朱城子任照磨，官職八品。張熙為人清正，不懼邪惡，剛直果敢，勇為百姓除暴安良，在處理政事和刑事等案件中，秉公執法，辦事公道。

張熙任照磨期間，正值沙俄和日本在中國開戰，沙俄軍隊在鞍山、首山、靈山一帶被日本人打得大敗，潰不成軍，沙俄敗軍歸國時逃經長春以北的朱城子一帶，所到之處，老百姓紛紛逃避（當時叫「跑毛子」）。

沙俄軍隊燒殺掠搶、奸淫婦女，無所不為。張照磨不畏強暴，把有骨氣的中國老百姓聯合起來，趕走了沙俄軍隊。同時，還殺了一個民憤極大的為俄國人效力的「通事」（翻譯），民心大振。

張熙為官勤勉，從不守門待案處理，而是經常出巡。一次他出巡到大房身，沿途聽到百姓喊冤，要求懲辦橫行鄉裡的惡霸、地頭蛇「三五一個六」（王五爺、劉五爺、佘五爺、張六）。張熙當即責令手下衙役將這幾個「爺太」傳來，「王五」「佘五」「張六」見勢不妙逃脫了，「劉五」被捕，在大房身街西玻璃泉子附近就地處死，人心大快。因此，照磨張熙深得民眾的擁護。當時，民眾有冤，寧肯跋山涉水，行程百裡也要將狀告與張照磨，以求得到公正處理，百姓們把他視為「青天」。後來，人們為頌揚張熙之德，立了一塊石碑，碑正面刻有「張公德政碑」五個大字，背面刻有張熙生平簡歷及主要功績。

朱城子分防照磨廳存續了十餘年，於宣統二年（1910年）德惠縣設治後撤除，張照磨也同時廢職。「政聲人去後，民意閒談中。」如今，在朱城子中心小學校院內，已找不到分防照磨廳的遺跡，只有那塊保留至今的「張公德政碑」，還在向人們訴說著張熙秉持官德、勤政為民的往事。

永太號屯王氏家族祖碑
——闖關東時刻下的痕跡

　　德惠市米沙子鎮新華村一社也叫永太號屯，之前叫「來春溝」，是清朝「闖關東」的先民於此地「跑馬占荒」之初起的屯名，歷經多年演變成為後來的永太號。

　　清朝初期，朝廷把東北地區視為「龍興之地」，實行封禁政策。乾隆四十一年（1776年）上諭：「盛京、吉林為本朝龍興之地，若聽流民雜處，殊與滿洲風俗攸關。」因此，「永行禁止」流民入境。為了具體執行這一政策，甚至還在東北設立了柳條邊以為樊籬。但由於關內戰亂和災荒等原因，山東、直隸等地的農民迫於生存，不斷突破清朝的禁令，從古北口、喜峰口進入東北，也有「泛海自天津、登州來者」。東北地區所設立的柳條邊牆根本擋不住流民湧入的洪流。清朝政權迫於現實，也不斷地調整這一封禁政策。乾隆九年（1744年）和嘉慶元年（1796年），朝廷均允許關內飢民和無業貧民出關謀食。

　　王氏家族先人兄弟共三人（永太號王氏一股的先人名王琳），在乾隆年間從祖居的山東省濟南府德平縣大王莊出發，攜家拖口，身背肩挑，一路風餐露宿，跋山涉水出了山海關，走上了「闖關東」之路。曾有王氏族人寫詩描述先

▲ 大車店

人出關：「魯南塞北非等閒，背井而去舉步艱。雄關阻斷望鄉路，迷茫難知何時還。」道出了王氏先人出關北遷時對祖居家鄉的難舍之情。

王氏先人出關後，先是來到承德府朝陽縣（今遼寧省朝陽市）落腳謀生，備嘗艱苦。在此生活數年後，兄弟三人決定就此分手，再次挑起「八

▲ 挑上八股繩闖關東

股繩」各奔前程，自謀生路。所謂「八股繩」，就是先人肩上擔著長約八尺的大扁擔，每頭四股繩子下面拴著用柳條編織的花筐，走停方便還省力。筐裡裝著簡單的行裝和生活用品，有時小孩子走累了也可以坐在裡面。先人們就是在這樣的條件下，帶著謀生的渴望，闖進當時還是一片茫茫荒野的關東大地。

王氏兄弟三人在分手時約定了以後尋親的連繫方式，決定按王氏家譜輩分起名用字，以作為連繫證據。他們規定了各代起名中間用字，分別是：文英大成尚；克豪家闖宗；守志彥萬世；學德純立興。還規定了這二十輩的「字」要循環使用，為尋根問祖留下依據。現在永太號屯王氏家族這一股的先人於清嘉慶四年（1799 年）落腳在寬城子頭道溝一帶。後來經中介人連繫，在長春東北約八十裡處的天吉街以北，從蒙古人手中買荒墾田，把落腳紮根之地，起名「來春溝」。

在遷往關東的一路上，王氏先人每到一處都要量土選荒，就是用秤來量土的輕重以確定土的肥沃或瘠薄。先人們最後決定在此立足，是相中了這片肥沃的黑土地。他們在這裡造窩棚、披榛棘、墾田疇，勤勞節儉，度過了最為艱苦的歲月。先人們不斷努力地發展生產，收入也逐步增加。於是，他們又買進更多荒地，修造了宅院。

當時來春溝有一條土路，這條土路是連接南北交通的要道。很有經濟眼光的王氏族人於是開起了大車店。那時貨物運輸全靠馬拉的鐵軲轆車，在運輸旺

季的冬天，即便起早出發，最大行程也就百八十里，天一黑就得找店住下。王氏家族抓住所處交通要道這一優勢，開起了大車店。

王氏族人善於經營，大車店屋子燒得暖，伙食好，白麵餅、豬肉燉粉條子、白酒等吃喝管夠。對於好賭的店客，店裡還為他們整夜點燈伺候。當時有句俗話：車虎子進店賽過知縣。

住在店裡吃喝玩都可以盡興，回頭客也就特別多。來春溝王氏族人所經營的大車店成了南北交通要道上的一座「名店」，南來北往的人們，都知道南荒有個「天吉王」。

靠著勤勞和智慧，王氏家族的生意越做越大，不僅來春溝，就連寬城子等地都有了王氏家族的買賣，而且規模都很大。當時的大買賣都是講究「字號」的，大致相當於今天的商標，取一些寓意吉祥生意興隆的名字。王氏家族便取了「永太號」的字號，久而久之，「永太號」竟替代了「來春溝」這一原有的屯名。

王氏家族走散的另一股人，有人說在北荒北下坎一帶，也有人說在農安北三盛玉一帶。可惜當時未能弄清詳細地址，所以後人們就失去連繫了。

來春溝這股王氏族人逐漸壯大起來，人口也增多了，再加上朝廷的苛稅增加，地方上又動盪不安，清同治八年（1869 年），王氏家族的四位兄弟王克明、王克敬、王克成、王克儉分了家。永太號住兩股，永太店和永太城各住一股。四股人隔河相望，各營莊田。

▲ 東北車老闆

兄弟四人在分家時於祖塋地立碑祭祖，記述了先人王琳闖關東的傳略（王琳應為「成」字輩，但其名未用「字」，原因不詳）。碑身和碑座均為漢白玉，碑身高一點五米，寬〇點五二米，厚〇點二二米。在碑身的正面是陰刻楷書大字：大清同治八年菊月穀旦立。背面上部居中是分為兩列的四個

大字：「於今為烈」，下面是碑文，共二三六字，其中二二一字可以辨識。碑文記述了王氏家族在「先大父」（祖父）王琳的帶領下離開山東遷往關東的過程，並明確記載了王氏家族「迨嘉慶四年赴長春廳治荒」。事實上，長春廳是嘉慶五年（1800 年）皇帝發布上諭批准成立的，碑文所載當是立碑時（同治八年，即 1869 年）人們對這一地區行政歸屬的習慣性說法。

　　此碑初立時碑座亦為漢白玉，後更換為青石，青石碑座長為〇點七九米，寬為〇點五〇米，高為〇點五二米。碑前設有漢白玉石供桌，長〇點五二米，寬〇點四六米。二〇一〇年秋，永太號王氏家族後人，將損壞的石碑重新立起。王氏家族祖碑所刻下的不僅僅是王氏家族的歷史，它還是我們整個中華民族近代歷史上三大移民潮之一——「闖關東」這一悲壯史詩的難得物證。正如一位王氏後人回顧這段家族史時，賦詩道：「清天霧海來春溝，風霜酷日墾田疇。自強不息精神詠，葉落碑前寫千秋。」

▲ 大車店

窯門初現的晨曦
——新文化新思想在德惠燃起的星火

　　吉林省毗鄰俄國東部，而中東鐵路由北向南縱貫德惠全境，所以有關俄國
「十月革命」的消息和馬列主義思想在德惠地區較早就有傳播。早年在中東鐵
路附屬地內，俄國人曾經大量發行刊物、報紙，其中也有中文報刊。這些報刊
自然是俄帝在我國東北執行侵略政策的喉舌，正如濱江道杜學瀛所指出：「彼
之報紙每與我政治權限隱相干涉，顛倒是非，混淆黑白。」但也應該看到，俄
國人在中東鐵路附屬地內所辦的報刊也有其可以肯定的一面。一九〇五年俄國
第一次資產階級民主革命爆發後，革命思想開始傳入中東鐵路附屬地。一九〇

▲ 傳播新思想

七年二月哈爾濱建立了俄國社會革命黨組織，一九〇八年初社會革命黨組織的進步刊物《革命思想》和《外阿穆爾人消閒報》出版發行。一九一七年四月哈爾濱的俄國工兵代表蘇維埃創辦了《勞動之聲報》，最早把列寧主義傳入中國。在「十月革命」之後，中東鐵路的俄國布爾什維克組織中俄兩國工人聯合罷工，在共同的鬥爭中，兩國工人也結下了深厚的友誼，提高了中國工人階級的政治覺悟。

五四運動前後，東北地區和全國各地一樣，在文化教育方面處於重要的轉型時期。一方面，舊的文化、教育、思想和觀念仍然占據社會主流地位，而另一方面新的文化、教育、思想和觀念不斷湧現，近代文化教育有很大的發展，在德惠縣也是如此。

中華民國成立後，吉林省教育行政機關頒布了一系列的法令、法規，以改良、取代私塾。民國二年（1913 年）四月，吉林省陸續頒發了教育司擬定的《劃一各屬改良私塾暫行辦法》《規定各縣塾師傳習所劃一辦法》和《塾師傳習所教科用書規程辦法》等規定。其中僅就私塾課程設置而言，增加了算術、歷史、地理、圖畫和體操等；就塾師傳習所課程設置而言，增加了教育學、兒童心理學、管理法、教授法、普通算術等。這些課程是在中國沿襲了千百年的私塾教育所根本沒有的，德惠地區的私塾根據吉林省頒布的法令和法規進行了改良。民國四年（1915 年）三月，吉林省又頒布了《吉林省取締私塾暫行辦法》。私塾的改良與逐步取締對於啟發民智、發展新式教育具有重大的推動作用。

在這一系列政策的指導下，德惠縣的近代小學、中學教育發展起來，民國十六年（1927 年）德惠中學成立。在教育由舊到新的轉型時期，德惠縣的許多學子接受新的思想觀念，不但在學業上取得了成功，而且還成為新思想新文化的播火者。

黑夜中播下的火種
——馬列主義在德惠的早期傳播

　　中國共產黨成立後不久，就在共產國際的支持下，開始了對東北地區的工作。一九二一年冬，中共北方區委負責人兼中國勞動組合書記部北方分部主任羅章龍到東北考察。同一時期還有共產黨員馬駿回到東北進行革命活動。一九二三年三月，受中共北京地方執委會指派，陳為人、李震瀛到達東北，宣傳革命，培養進步青年，籌建黨團組織。李震瀛還寫了《東三省實情的分析》報告，用馬克思主義的觀點對東北的民眾、政治、經濟、文化現象進行了深入的分析，指出了革命的力量、對象以及革命發展的趨勢，同時也指出了存在的危機和落後的地方。

　　此後，中共曾在長春建立通訊站，有許多共產黨人在吉林省內活動。在黨的領導下，民國十四年（1925 年）五月，在長春、吉林等地區爆發了大規模的以學生為主體的運動，聲援五卅反帝愛國運動。民國十五年（1926 年）九月，中共長春支部在長春誕生，這是中國共產黨在吉林省建立的第一個支部。

　　此時中國北方處在奉系軍閥的反動統治之下。民國十六年（1927 年）六月，張作霖在北京組織「安國軍政府」，自任大元帥，通電「討赤」。

　　德惠縣對「赤化」也是「嚴加防範」，這實際上也反映了當時馬列主義思想和共產黨的活動已波及到德惠縣。民國十六年（1927 年）三月二十七日，縣長馬仲援向縣內保衛團發出訓令，要求保衛團「嚴密偵防」。

　　民國十六年（1927 年）四月，蔣介石發動政變，隨即進行所謂「清黨」，通緝著名共產黨人和國民黨左派，徹底背叛了革命。在蔣介石背叛革命的同時，北方的奉系軍閥也大肆搜捕屠殺共產黨人和革命群眾。民國十六年（1927 年）四月二十八日，奉系軍閥在北京屠殺了李大釗等二十名革命者，使中共北方區委遭到嚴重破壞。四月十七日，在哈爾濱的中共北滿地委也遭到破壞，中

共北滿地委代理書記、組織部長高洪光等十餘名共產黨員及國民黨左派張沖等三人被吉林反動當局逮捕。

五月十八日、十九日，中共中央政治局召開東北工作會議，研究東北地區的形勢和如何加強黨對東北革命鬥爭的領導。會議決定成立中共滿洲省委。中共滿洲省委成立後，具體分析了東北地區的社會政治、經濟狀況，對滿洲革命的性質和任務作了明確地闡述。指出：滿洲與蘇聯、外蒙及朝鮮毗鄰，「所以東三省工農群眾一切革命性的行動，在事實上都要與這些國家及其人民發生關係」。「滿洲將來的革命暴動與革命戰爭，主要是對日本的革命暴動與革命戰爭」。「整個滿洲的革命工作，必定是領導中國農民聯絡朝鮮農民與三十餘萬產業工人並無數的手工業者，反抗地方軍閥與日本資產階級的鬥爭。在這鬥爭中，如果只有工人的孤立行動，或是農民的孤立行動，都是很危險與沒有最後勝利保障的，同時如果疏略國際上工作之合作，亦是很危險與沒有最後勝利保障的。」

這一時期，德惠當局對中共的活動特別是各類中共宣傳品及馬列主義傳播的防範幾乎到了草木皆兵的程度。民國十七年（1928 年）五月十七日，德惠縣知事馬仲援發布訓令，稱黑龍江督辦公署密電通報，在綏化發現由郵局投遞而來的《新東北報》，要求縣內對《新東北報》嚴予查禁。而同一時期，也有中國共產黨在德惠縣境內的活動。民國二十一年（1932 年）三月，經中共滿洲省委批准，成立了中共陶賴昭特別支部。

▲ 馬列主義思想傳播

解放戰爭時期——黨在德惠的宣傳工作

解放戰爭時期，軍事鬥爭、政治鬥爭和反封建剿匪反霸鬥爭交織在一起。在這種複雜的形勢下，我黨對宣傳工作更加重視。當時，宣傳工作的主題和目的就是推翻蔣家王朝解放全中國，建立新中國。一切宣傳工作都要圍繞這個政治大目標進行。那時的宣傳工作是在「求解放」的呼聲中和「為解放而戰鬥」的槍炮聲中進行的。所採取的方法策略既切實又有力，使宣傳工作成為進軍的戰鼓、動員民眾的號角。當時宣傳主要有下述幾種途徑：

首長帶頭，深入群眾演講，大力宣傳中國革命的道理。一九四五年十一月，我黨在德惠的第一任縣長張靖華帶領工作隊接收德惠之後，便組織人員分頭深入到群眾中去開展宣傳工作。剛剛接收偽政權之時，張靖華就在廣場群眾大會上說：「鄉親們，抗戰時期，我打日本鬼子去了。打走日本鬼子，我又奉黨的命令回到東北。這次回家鄉，是為解放德惠的父老鄉親，讓老百姓過上好日子。」接著，他講了中國共產黨在抗日戰爭中的地位和作用；講了只有共產黨才能救中國的道理；講了蔣介石發動內戰的陰謀；講了解放戰爭就是要推翻蔣家王朝，解放全中國的戰略目標等。宣傳隊則分頭深入工廠、農村、學校中去宣傳，使人們逐步認識到只有共產黨才能救中國，毛主席才是勞苦大眾真正的大救星，從而激起了革命鬥志。許多工人、農民、知識分子、學生紛紛參加了革命工作，參軍參戰，為解放戰爭做出積極的貢獻。

舉辦讀書會。組織知識分子、教師、學生參加讀書會。重點閱讀《中國革命與中國共產黨》《社會發展史》《知識分子的任務與出路》等進步書刊，使許多教師、青年學生接受中國革命的道

▲ 宣傳人員在街頭書寫標語

理，認識到知識分子只有跟共產黨走、參加革命才是正確的道路。當時在德惠教書的郭居適（後來曾任德惠縣委宣傳部長）、李金良等一批教師和德惠中學的學生都相繼參加了革命工作，有的還被吸收到黨政軍部門去任職。

▲ 打倒蔣家王朝

創辦報紙。剛解放時德惠的報紙叫《群眾報》，主要宣傳解放戰爭勝利形勢、黨在解放區的各項政策、支援前線和英雄人物等。報紙散發到機關、學校、工廠等部門和單位，對推動解放戰爭起到了積極作用。

貼布告。當時，我軍打德惠的參戰部隊和過境的部隊都要貼出布告。吉黑縱隊貼出的布告長八十釐米，寬五十釐米，上寫我軍解放並保衛地方的來意和目的等，並簽上司令員曹裡懷、政委郭峰（郭峰，德惠縣郭家鄉人。一九四五年十月，奉命從太行山返回東北，由中共中央東北局分配去吉黑邊區做開闢新區工作。先後任吉黑邊區縱隊副政委、吉江省委委員兼吉江行署主任等職）的名字，使老百姓了解到我軍是為國為民之師，得到了老百姓的理解和支持。

寫牆皮標語。此任務由縣文化館擔任，部隊的文工團也到街頭去寫。主要寫服務於解放戰爭、安定民心、推動生產的標語口號，如：「打倒蔣介石」「解放全中國」「八路軍是人民的子弟兵」「發揚南泥灣精神開展大生產」等。部隊文工團和文化館的幹部分別帶著顏料桶到街面找明顯房屋牆面去寫，並注意政治性與藝術性的完美統一。比如寫「打倒蔣介石」這條標語時，先在標語頭上畫一個貼著太陽膏的蔣介石頭像，然後再畫一只正義的大手捏住蔣介石的脖子，下面滴出幾滴血。從蔣介石的狼狽相上，讓群眾看到蔣家王朝必敗的命運。

散發傳單。當時國民黨用飛機從天上散發不少傳單，但卻起不到多大的宣傳作用。因為國民黨的傳單全是用文言文寫的，群眾拾到後多數看不懂，產生

反感。共產黨的傳單通俗易懂，如「毛澤東是人民的大救星」「八路軍是為老百姓打天下的隊伍」等，群眾一看就明白，感到親切，但最根本原因是，標語上的內容，說到老百姓的心坎裡了。

組織歌詠隊，大唱革命歌曲。當時流行的歌曲有：《東方紅》《沒有共產黨就沒有新中國》《延安頌》《繡金匾》《東北風》《解放區的天》《三大紀律八項注意》《軍民魚水情》《擴兵歌》《八路戰將勇》《解放德惠戰歌》《窮人愁》《八大勸》《送郎參軍》《姑娘勞軍》《張秀蘭放哨》等。還有抗戰歌曲：《松花江上》《大刀進行曲》《游擊隊歌》《南泥灣》《大生產》等。歌詠活動有獨唱、合唱、拉歌三種群眾喜聞樂見的形式。唱什麼歌，根據會議的需要而定。

那時在德惠參戰和過境的部隊都有文工團。東北民主聯軍第十九師文工團還編寫了《德惠戰歌》，在陣地上唱。行軍中還要說快板，如「打竹板響連聲，戰士們向前衝，消滅敵人立戰功，帶上紅花當英雄」等，鼓舞了戰士的鬥志。

▲ 翻身農民的喜悅

▲ 活躍在街頭的「活報劇」

為了配合土改反霸鬥爭就唱《窮人愁》《解放區的天》《白毛女》《東北風》等歌曲。《窮人愁》的歌詞是：「月亮一出照九州，咱們窮人不得自由，想起來雙眼淚就流。有錢人住的是高樓，咱們窮人草屋最矮，一進門就得低頭。有錢人說的大小婆，咱們窮人一個也沒有，一到晚上真難受。哎喲喲……」《東北風》的歌詞是：「東北風刮呀刮，刮晴了天，莊稼人翻身啊大家過新年啊，過的是翻身年……」這些歌曲既推動了當時的工作和鬥爭，也表達了翻身農民的喜悅之情。

在擴兵的時候就唱《擴兵歌》《八大勸》

和《八路戰將勇》等戰歌。《八路戰將勇》的歌詞是：「八路戰將勇，主席毛澤東，山海關前擺大兵。朱德總司令，領導百萬兵，打倒中央軍，我們得太平⋯⋯」《擴兵歌》的歌詞是：「不怕炸彈炸呀，不怕大炮崩，為國為民去當兵，當兵真光榮啊；不怕炸彈炸呀，不怕大炮崩，為國為民去犧牲，死了也光榮⋯⋯」《八大勸》的歌詞是：「一勸我的媽，不要淚嘩嘩，我去當兵保國又保家；二勸我的妻，不要哭啼啼，愛國青年就該當兵去⋯⋯」哪裡開擴兵會哪裡就唱這些歌，對鼓舞士氣起了積極作用。達家溝區豹虎山屯有個軍屬王大媽，她在動員青年參軍時，一面到各家做動員，一面帶領婦女兒童文藝隊唱《擴兵歌》，使適齡青年受到教育，當時僅在這個屯就動員出多名青年報名參軍。送兵入伍還要唱：「青年參軍離了家，披著紅花騎著馬⋯⋯」充分體現了「一人當兵全家光榮」的榮譽感。

在幹部開大會時就唱《三大紀律八項注意》和《軍民魚水情》。通過這些歌曲，對廣大幹部進行全心全意為人民服務的思想政治教育。

在分土地時就唱《土地還家》歌：「千年古樹開了花，萬年土地到了家⋯⋯」表達了翻身農民分到土地時的喜悅心情。

演活報劇。當時的街頭宣傳，有一種形式叫「活報劇」。這種形式多用於諷刺暴露。比如在演出「打倒蔣家王朝」時，就把「蔣宋孔陳」四個人物扮成真人真像，在街頭示眾。演出時，頭上貼著太陽膏的蔣介石一瘸一拐走在前面，後邊緊跟著宋子文、孔祥熙、陳立夫三個官僚資產階級的代表人物，讓人們活靈活現地看到蔣家王朝搖搖欲墜的末日就要到來了。

解放戰爭時期我黨的宣傳工作充分表明：宣傳工作，無論在戰爭年代還是和平時期都是十分重要的。我們應當時刻不忘充分運用這一宣傳人民、教育人民的陣地。

月光下的讀書聲
——新中國成立初期的掃盲運動

　　新社會從舊社會脫胎而來，自然不可能一下子擺脫舊社會帶來的陰影。百廢待興的大業雖然千頭萬緒，但有一件事，黨和政府卻放在了首要位置——掃盲。毛澤東同志曾經說：「沒有文化的軍隊是愚蠢的軍隊，而愚蠢的軍隊是不能戰勝敵人的。」當時，翻身當家做主的老百姓，新中國成立前根本上不起學，大都沒有文化。沒有文化的生活是黯淡的生活，而黯淡的生活是沒有快樂和幸福可言的。於是政府開展起全民性的掃盲運動，興辦起各類夜校、居民掃盲班。

　　夜校大都沒有固定的場所，利用校舍上夜校算是好的。沒有條件的就在居民組長或寬綽一點兒的居民家裡，自己帶個板凳來學。也有的利用當時破舊的空房子，把幾塊木板搭在高低不同的土坯上。高的當桌子，矮的當凳子，坐在凳子上的全是不分男女老少的學生。牆上的黑板就是幾塊釘在一起的木板，刷上墨汁便用來給先生教字了。

▲ 掃盲班的學員

　　夜校由政府統一免費發放課本。掃盲也是從最簡單的生字開始。夜幕降臨的時候，這個窗口傳出「人」「口」「手」……那個窗口傳來「馬、牛、羊」……道南講的是「翻身解放」，道北說的是「當家做主」。星光之下，書聲琅琅，此起彼伏，傳來的都是「學子」們學得新知帶來的歡欣和喜悅。

　　通過夜校掃盲，許多人漸漸地

能看書看報了，有的還學會了記小賬、寫詩歌。因為有了文化，後來有的人走進了機關單位，有的人還走上了領導崗位。據不完全統計，新中國成立初期參加掃盲學習的人數占居民總數的百分之六十以上。現在，雖然這番質樸求學的景象隨著時光的流逝而遠去，但黨和政府帶給百姓的書香和智慧，卻永遠留在人們記憶的長河中。

▲ 夜校裡的書聲

深巷酒來香 —— 德惠大麴酒釀造技藝

回望中華民族五千年的漫長歷史，釀酒技藝在華夏文明中從它的發生、發展至今無不蘊含著深刻的文化內涵，構成了一個博大宏富的文化寶庫。而德惠大麴酒所譜寫的，正是這寶庫中珠璣閃亮的篇章。

▲ 傳承百年的德惠大麴

就釀酒技藝而言，有著百年歷史的德惠大麴酒，在先人的經驗和實踐發展中摸索出以人為的手段，促成糧食「固態發酵」的技巧。在此基礎上，又創造出以麩麴、酒母為核心的釀酒操作方法。選用德惠特產的紅高粱、小麥等純糧，經過粉碎加水、配料、輔料清蒸、蒸餾糊化、打量水、鼓風晾渣、加麴粉、入窖發酵、量供摘酒、分級貯存、科

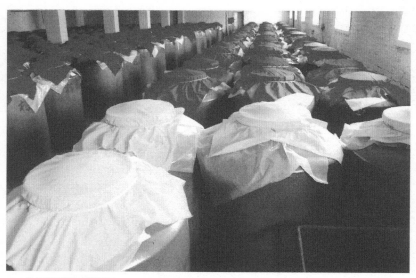

▲ 多年儲藏的檔案酒

▲ 老德惠大麴酒廠

學勾兌等整套工藝,進而使德惠大麴酒以清澈透明、甜洌爽口的釀造標準行走於世。德惠大麴酒之所以久負盛名,是有著深遠的歷史淵源和深厚文化背景的,是經過百年近十幾代人的相續相延,方傳承至今的。

相傳清康熙年間(350 年前),有一位山東人來到關東,看中了德惠這塊物美糧豐的風水寶地,利用當地的神來之水和盛產的紅高粱,以簡單的工藝,通過自然發酵進行釀酒,居然收到了意想不到的效果,從此一發而不可止。這家始建於一九一七年,取名「福裕和」燒鍋的作坊,初出茅廬便身手不凡,日產白酒千斤,以其優良的品質、醇香飄逸的味道,在關東引起強烈的反響,因此德惠便有了「美酒之鄉」的美譽。當時生產的白酒主要銷往哈爾濱、吉林、瀋陽等地。曾作為貢品進獻京城,成為當時的宮廷御酒,而平民百姓是難以買到的。在憑票供應的年代,德惠大麴和德惠白酒,要由相關部門批條才能買到。不要說德惠大麴,百姓能獲得一瓶德惠白酒都會引以為豪且自家人捨不得

▲ 德惠大麴酒廠化驗室

喝，留作招待賓朋之用。百年滄桑世變、幾度風雨剝啄，二十世紀，在人民政府的關懷下，歷經坎坷的德惠大麴終於走出了艱難之路。早在二十世紀五〇年代，政府便將位於鎮內水質和交通條件最好的地段劃給了大麴酒廠，產品定位於德惠大麴酒。

二十世紀六〇年代，德惠大麴酒已譽滿關東。一九六五年，德惠大麴酒被評為吉林省名酒，以後蟬聯歷屆吉林名酒名牌稱號。一九八八年在第五屆全國評酒會上，38°德惠大麴被評為中國優質酒，並獲銀牌獎。同年，38°、46°、52°德惠大麴酒在中國食品博覽會上獲金獎。同時，又獲得全國優質保健產品金鶴杯。一九九二年38°德惠大麴酒獲法國巴黎國際特別金獎。一九九四年，在國家優質酒檢評中，38°德惠大麴酒順利通過優質產品檢評，並通過國家發改委的質量體系認證。二〇〇四年，德惠大麴酒被命名為綠色食品，在林立於全國數以萬計白酒廠家中，屬首認的十家廠家之一。

▲ 德惠大麴酒廠化驗室

　　多年以來，德惠大麴酒廠人以自己的高超技藝、勤勞智慧與綠色的自然環境融會，順應自然規律，巧奪天工，歷經不斷探索與完善，創造了一套獨具特色的人工老窖、續渣混燒、固體發酵的傳統白酒釀造工藝，在酒中留下了有益於人體健康的高沸點物質，揮發掉了那些有害的低沸點物質，令酒體變得醇和綿軟；酒質清澈透明，窖香濃郁。高度酒，度高而不烈；低度酒，度低而不淡。成為綿醇爽淨，味香協調的純天然發酵的上乘佳釀。

　　德惠大麴酒的釀造技藝，已列入吉林省非物質文化遺產名錄，現正申報國家非物質文化遺產。

閃光的名片 —— 德惠舉辦盛大綠色食品節

一九九八年，德惠市首開中華大地縣市之先河，舉辦了首屆綠色食品節（簡稱「綠節」）。現已成功舉辦七屆。綠色食品、綠色產業、綠色文化，是德惠綠色食品節的主題。

經濟搭台，文化唱戲。在歷屆「綠節」期間，德惠城鄉充滿了濃厚的文化氛圍。德惠的文化部門、文藝團體、群眾社團，紛紛開展各種文化活動。綠色的詩歌、綠色的旋律、綠色的歌舞充盈了德惠綠色的街頭。「綠節」成了德惠人盛大的節日。

每屆綠色食品節，除了群眾性的大秧歌賽、文藝表演賽、體育團隊賽、書畫賽、徵文大賽等，還有許多著名表演藝術家，諸如孫悅、高秀敏、范偉等前來獻藝助興，形成了眾星捧月、百花爭妍的壯觀場面。

「綠節」期間，德惠街頭、樓宇到處燈火通明，異彩繽紛。體育場的大舞台上，每天都有精彩的文藝演出，前來觀看的觀眾每晚不下數萬人。

一九九八年的首屆綠色食品節，少兒百米長卷，成了一道獨特的風景線。上百名兒童在百米長的絹布上揮毫創作，「綠色食品，生命的綠洲」「展示德惠風貌，喜迎中外嘉賓」「開展綠色食品，振興德惠工業」等，一幅幅風格不

▲ 生機盎然的葡萄園

▲ 德惠市第五屆綠色食品節開幕式

▲ 德惠市被中國食品工業協會命名為中國食品名城

同的書法作品，為「綠節」增添著亮色，道出了龍的傳人對德惠綠色食品節的信心和熱情。而筆下的那一望無垠的田野，那豐收在望的莊稼，那黃澄澄的玉米、金燦燦的稻穀，那色彩鮮豔的瓜果、水靈靈的蔬菜、肥壯的牛羊，還有那活蹦亂跳的魚蝦……一幅幅生動的畫面，充分展示了小作者們的聰明才智和對家鄉的熱愛以及對美好生活的嚮往，令無數觀眾讚嘆不已。

德惠市綠色食品節，是建設「中國食品名城」的現實舉措，是展示德惠形象的窗口，是對外交往的紐帶，是經貿洽談的平台，同時也是文化發展的盛會。首屆「綠節」以來，先後有二十多個國家、四十個地區的官員、商界代表參會，四千多戶中外企業參加了經貿洽談和產品交易活動。

而今德惠市已經形成了糧食加工、畜禽產品加工、果蔬加工等覆蓋全市的食品加工體系。被譽為「中國肉雞之鄉」「中國肉牛之鄉」「全國糧食生產先進市」「全國菜籃子工程先進市」。曾連續四年被國家評為「全國生豬調出大縣」，並獲得「東北十強縣」「中國食品名城」「全國中小城市綜合實力百強」「全國綠色小康縣」等殊榮。而德惠的文化事業，也在歷屆綠色食品節中得到了不斷的繁榮和發展。

▲ 德惠市綠色食品節開幕式文藝演出現場

笑語歡歌
──達家溝鎮合義村舉辦農民文體藝術節

　　德惠市達家溝合義村農民文體藝術節，自一九九四年開始興辦以來，到現在已經連續舉辦了二十一屆。現已成為德惠市城鄉文化活動中的一個亮點，有力地帶動並推動了德惠的群眾文化活動。合義村藝術節的成功舉辦，得到吉林省文化廳、吉林省體育局、長春市文廣新局、長春市體育總會、德惠市委、市人大、市政府、市政協的高度重視和大力支持。

　　金秋八月，是收獲的季節，也是達家溝鎮合義村舉辦農民文體藝術節的「法定」節日。每年一進八月，村民們便自發地張羅起來，有的「閉關」創作，有的清嗓練歌，有的編排舞蹈，有的購置服裝，有的準備道具……真是忙得不亦樂乎。

　　到了開幕的那天，人們就像過年一樣，興高采烈地趕到操場。十里八村的父老鄉親也趕來同樂。舞台前，更是鑼鼓喧天，彩旗飄飄，盛況空前。舞台

▲ 達家溝鎮合義村農民文體藝術節

上，小朋友們表演的舞蹈，贏得了爺爺奶奶們的喝彩；韻味十足的東北大鼓，字正腔圓的京劇選段，純樸潑辣的二人轉，博得了陣陣掌聲；風趣的小品、相聲更讓人忍俊不禁；一曲高亢的嗩吶獨奏，道出了農民豐收的喜悅⋯⋯舞台下，觀眾裡三層外三層地將舞台團團圍住，時而捧腹大笑，時而凝神注目。年紀稍大的乾脆坐在前排地上，臉上溢出幸福的笑容。五十多歲的合義村文化領頭人邢昌晶說：「參加藝術節是村民二十多年來養成的習慣，也是大家公認的節日，就像一年中的第二個大年。」滿頭白髮的老人林桂鳳說：「我頭髮黑著的時候就開始看藝術節的節目了，現在頭髮白了還在看。」

在操場一側的一排平房裡，幾位村民正忙著殺豬做午飯，方凳圓桌早已擺放停當，等節目演完了，演員和村民都可以在這裡吃飯，就像一家人一樣，其樂融融，還真有年的味道。

合義村農民文體藝術節能發展到今天，是二十年前那位村支書苦心經營的結果，是他給合義村留下了這份寶貴的財富。一九九四年，當時的村支書叫閆書平。閆書平自幼喜愛二人轉和籃球，他也希望村裡人能在農閒時節，放下手中的麻將牌和酒瓶子，與他一起嘗試健康的生活方式。於是，他打算給鄉親們

▲ 光彩奪目的合義村農民文體藝術節

搭建一個平台，舉辦農民文體藝術節。這個想法對於日出而作，日落而息，習慣了簡單節奏的村民來說有些難以接受。所以，第一屆的節目組織成了最大的難題。於是，閭書平鼓勵自己的家人和親屬一起出節目，要求村班子成員每人出兩個節目。在演職人員忐忑的心情中，在村民們疑惑的目光中，為期一個星期的第一屆藝術節開幕了。看著自己熟悉的鄰居走上了舞臺，聽著他們唱著熟悉的旋律，訴說著身邊的故事，村民們逐漸興奮起來了。人們記不得從什麼時候起，村裡領導班子競聘必定會有這樣一條硬性指標：誰能承諾把農民藝術節辦下去，誰才有資格競聘。

合義村農民文體藝術節，得到鎮和市裡相關部門的極大關注，同時也得到了從家鄉走出去的企業家們的贊助，他們先後為家鄉的農民藝術節提供燈光、音響、服裝、道具等，捐獻資金已達上百萬元，使合義村的農民藝術節越辦越紅火。

▲ 歡樂的舞臺

雖然是農民自辦的藝術節，可對這個藝術節卻不能小覷，在這片豐厚的沃土上，已經培育出很多藝術人才。十幾歲就登台演出的張忠凱就是其中一個。他小時候就愛唱歌，因受家裡經濟條件限制，沒機會進行專業學習，但是，家鄉的舞台卻讓他得到了盡情展示的機會。第一次上台，他就被眾人矚目的感覺迷住了，從而堅定了走藝術之路的決心。他現在已是吉林市小有名氣的歌手兼主持人了。還有昔日的種田能手成了全省農民歌手大賽的農民歌唱家；原來的家庭婦女被城裡的藝術團聘為歌手；曾經的小歌手考入了吉林藝術學院。他們每年到了藝術節這天，無論多麼忙，都要趕回來為家鄉的父老鄉親們表演，獻上扯不斷的情感和牽掛。

　　藝術節的成功舉辦，使農村的精神面貌發生了巨大變化，農民兄弟的正能量得到了充分發揮，鄰裡之間更加和諧了，村屯的風氣更正了，建成小康村的勁頭更足了，村黨支部的凝聚力也更強了。

　　合義村農民文體藝術節多年成功舉辦的經驗告訴我們：農民對文化的熱情曾被深埋在心底，只要有政府的關心、領頭人的熱心、企業家的愛心、老百姓們的信心，就能將這份熱情激發出來，一份份熱情的匯聚，就會形成一股農民文化奔騰向前的大潮。

集郵重鎮的風采
——大房身鎮農民集郵協會成立

　　集郵是一件有趣味的收藏活動，無論是渴望獲得的熱切企盼，還是擁有時的心滿意足；無論是欣賞他人的收藏，還是展示自己的寶貝；無論是郵友間的互通有無，還是通過集郵結識新朋友，無不給人們的生活增添了無窮的樂趣。

　　集郵是獲取知識的途徑。一枚枚小小的郵票，往往會從一個側面反映歷史的進程，是一門集題材選擇、圖案設計、審美、製版以及印刷於一體的綜合學問。它是包羅萬象的博物館、容納豐富知識的小百科，一張張郵票，無不體現著人類社會博大精深的文化。正因為郵票具有如此重要的意義，所以集郵也便成為一項可獲豐厚回報的經濟活動。

　　農民朋友的文化生活多種多樣，但把集郵活動開展得像模像樣，有聲有色，在農村並不多見。而德惠市大房身鎮，卻把這項活動從無到有、從小到大、二十幾年如一日地堅持下來，不能不說在德惠乃至全國都是個難得的文化景觀。

　　大房身鎮集郵協會於一九八六年成立，是吉林省第一個鄉鎮集郵協會，也是全國最早成立的鄉鎮集郵協會之一。大房身鎮集郵協會下設五個分會，擁有在冊會員一八〇人，集郵愛好者三百餘人。全鎮十三個村、一三一個社，每社都有集郵協會的會員。一九八七年以來，這個集郵協會有二十部郵集作品在全國、東北三省、吉林省、長春市舉辦的郵展中獲獎。參加各級郵展四十餘次，

▲ 大房身鎮集郵協會早期《郵文苑》會刊

▲ 新版《郵文苑》會刊

舉辦各種郵展六十五次，先後五次進京參加全國集郵聯大會。出刊畫廊報五十餘期。協會創辦的會刊《郵文苑》，刊頭由全國著名集郵家郭潤康題寫，這是吉林省唯一一份鄉鎮集郵協會創辦的集郵會刊，出刊三十期。二〇一四年十一月改為新版復刊。大房身鎮集郵協會多次被省市評為集郵先進集體。一九九二年十一月被中華全國集郵聯合會授予「全國集郵先進集體」稱號。

大房身鎮集郵協會帶領和引導當地農民開展集郵活動的成果與經驗，曾經得到《農民日報》《吉林日報》《長春日報》《中國郵政報》和《香港集郵月刊》等多家媒體報道。一九九二年初，中央電視台《神州風采》欄目組還專門為大房身鎮的集郵活動錄製專題片《集郵重鎮》並向全國播放。

大房身鎮集郵協會，最初是由三名集郵愛好者發起的。他們的舉動，引起了上級有關部門和當地政府的重視，並給予了大力支持，全力扶持全鎮集郵活動的開展。通過他們的積極努力，走村串戶，登門拜訪，舉辦展覽，很快吸引了大批的集郵愛好者。由於有組織、有引導、有交流，集郵愛好者隊伍迅速擴大。許多村民漸漸走進了這片天地，體會到了集郵的樂趣。

集郵屬於文化範疇，幫助農民朋友集郵需從加強集郵的基礎知識入手。大房身鎮集郵協會在提高農民集郵愛好者對集郵認識的同時，還著力提高他們的整體水平。他們利用各種時機宣傳集郵的意義和基本常識。甚至手把手地教初涉郵苑的郵友如何使用集郵工具，使集郵愛好者在交流與學習中，得到了共同提高。

為了營造良好的集郵活動氛圍，積累農民集郵活動的經驗，大房身鎮集郵

協會把歷次活動情況和會議內容，都派專人負責記錄和整理。目前已收集整理了一百餘冊各類集郵資料，還編纂出版了《大房身鎮集郵大事記》，完整地記錄了他們從炕頭上到鎮政府、文化站、敬老院、郵電局等一系列的活動

▲ 第一屆「在希望的田野上」郵展

足跡。現在他們已經擁有了屬於自己的寬敞的固定活動場所。

　　大房身鎮集郵協會已經走過二十幾個年頭，開展大小活動百餘次。但人們對第一次炕頭郵展——「在希望的田野上」至今仍記憶猶新。一九八六年六月二十九日上午，「郵展」在一片鑼鼓聲和鞭炮聲中開幕。吉林省集郵協會顧問矯桂棟為「郵展」剪彩。參加這次「郵展」的有吉林省郵電管理局、全國集郵聯理事會、省郵協等領導以及德惠市政府和大房身鎮政府主要領導。中小學師生和眾多村民也參加了開幕式並觀看了展出。郵展設八個展室，十五部郵集，五十個展框，四百個貼片。其中《黨的政策暖人心》《在希望的田野上》《農家樂》等郵集和仿郵票剪紙《家禽》等作品，受到觀眾的交口贊譽，小小農家院被擠得水洩不通。擺在村頭小賣店門前的麻將桌此時也空了，「麻友」們也跑來觀看「炕頭郵展」，就連過路的村民也被吸引過來。別開生面的郵展，展出的不僅僅是郵票，還有他們自己創作的剪紙、煙標、工藝品及書畫作品。一場貼近生活的郵展，吸引了更多的人，打消了人們對集郵的神秘感，拉近了農民朋友與集郵的距離。

　　村民們通過一次次的炕頭郵展，增長了知識，開闊了視野，豐富和改善了文化生活，並從中找到了自己的樂趣，精神面貌發生了很大變化。

農民集郵有著自己的特色。限於經濟條件的制約,農民集郵愛好者收集的大都不是那些高檔的郵票。他們購買的多是怡情益智、陶冶情趣的郵票。然而,郵票中的英雄人物、領袖風采、國家大事、民族風情等等,就像一扇扇窗口,為他們的生活帶來了絢麗多彩的陽光。

大房身集郵協會的「炕頭文化」,不僅僅限於炕頭的集郵活動,他們還把這一文化拓展延伸到其他領域。鎮「文化活動周」「農民藝術節」「文化書屋」「文化大院」等都成為他們開展集郵活動的理想陣地。

為了使集郵活動走進校園,他們把中小學舉辦的藝術節、運動會與集郵聯結起來,使學生們在鍛煉身體的同時,又掌握了集郵知識,為培養集郵的生力軍,拓展了廣闊的前景。

在紀念大房身集郵協會成立十周年時,協會舉辦了大型的郵展活動。此後便成了定規,每隔五年便舉辦一次大規模的郵展活動。

二〇〇六年三月,德惠市大房身鎮沐浴著和煦的春風,迎來了鎮集郵協會二十歲的生日。為慶祝農民自己的集郵節日,省郵電局、省集郵協會、省郵資票品局、長春市郵政局、市集郵協會等相關領導以及德惠市委、市政府,市文化局、市郵政局和鎮政府領導及新聞媒體記者,出席了「紀念大房身鎮集郵協會成立二十周年慶祝大會」。

會上展出了十六部精心挑選的郵集。這些郵集中,既有出自鎮長之手的

▲ 大房身鎮集郵協會「炕頭郵展」

▲「炕頭郵展」引來諸多喜愛集郵的人

▲ 參觀郵展的人

《四大古典文學名著》開放類郵集，又有農家婦女編排的《祖國光輝 50 年》郵集，還有年僅十三歲的小學生製作的《朋友遍天下》郵集……更讓人感嘆的是拄著雙拐的殘疾老人曹振全，也帶著他製作的《十二生肖與剪紙》前來參加郵展。這位飽經風霜的老人，全神貫注地欣賞著每件作品，臉上露出了欣喜的笑容。

大房身鎮集郵協會的歷次郵展，大都以反映農村生活為主題。從首屆「在希望的田野上」的炕頭展，到「黑土地的金秋」集郵巡展；從「我眼中的社會主義新農村」集郵展，到「紀念建黨八十周年」開放類郵展，以及省老年郵展等，無不鄉情濃濃，散發著泥土的芳香。

大房身鎮集郵協會，這株盛開在德惠黑土地上的「奇葩」，在社會主義新農村文化這個大百花園裡，必將香飄四野，名震八方。

難忘的記憶
——《龍子歸宗萬歲圖》在深圳展出

一九九七年二月七日至二十一日，德惠籍青年畫家「馬哲藝術作品展」在深圳紅荔書畫館展廳舉行。

▲ 龍子歸宗萬歲圖

其中一幅為迎接「九七」香港回歸精心創作的巨型重彩壁掛《龍子歸宗萬歲圖》立刻得到社會各界人士的認可，引起了轟動效應。壁掛高一點九米，長九點七米，寓意為一九九七龍子歸宗，即香港回歸祖國，百年國恥得到昭雪，普天下炎黃子孫同慶。三四六位知名人士紛紛簽名，這些人的年齡合起來已超過二三〇〇〇多歲。他們的舉動，反映了我們全中華民族對香港回歸、洗雪百年國恥的喜慶之情；是對「一國兩制」方針的支持與擁護，是中華各民族團結的象徵。壁掛上九條象徵中華民族的巨龍倒海翻江，騰空而起，一位英俊的龍子騎在龍背上振臂高呼，似在呼喊：「媽媽，我回來了！」此作品得到數百名海內外中華知名人士的簽名，這在中國畫史上尚無前例。

《龍子歸宗萬歲圖》掛毯，係由吉林省德惠市地毯廠歷時四個半月製作而成。現由香港新海湖雙馬藝術公司收藏。

一九九七年二月七日至二十一日，在壁掛上簽名的海內外知名人士有：

▲ 龍子歸宗萬歲圖

程思遠	周谷城	雷潔瓊	巴　金	謝冰心	李政道	貝聿銘	陳香梅
韓素音	陳立夫	蔣緯國	曹　禺	蘇步青	賀敬之	高占祥	周巍峙
林默涵	穆　青	邵華澤	王朝聞	臧克家	肖　乾	季羨林	吳作人
胡潔青	千家駒	李詠森	萬籟鳴	姚雪垠	馮亦吾	馮其庸	華君武
方　成	魏　巍	峻　青	王　琦	靳尚誼	徐肖冰	鐘敬文	沈　鵬
錢君匋	杜　宣	關山月	李迅萍	趙少昂	馬識途	黃苗子	黃　冑
曾敏之	李　准	李　琦	廖靜文	肖淑芳	何海霞	王學仲	吳祖光
李長路	柳　倩	新鳳霞	袁世海	白　楊	張瑞芳	許　昂	凌子風
謝　添	文懷沙	丁　聰	葉君健	劉夢溪	馮驥才等三百四十六人		

　　馬哲係德惠早期成名的畫家之一。他的作品功底深厚，大氣而不乏細膩，簡樸而充滿內涵。他的作品題材廣泛，既博采眾長，又自成一格，是一位贏得了業內外人士美譽的青年畫家。

▲ 馬哲的作品

▲ 馬哲的作品

翰墨臨風 —— 德惠書畫的興起與發展

書畫是中國文化的重要組成部分之一，它蘊涵著中華傳統文化的精髓。德惠市書畫的繁榮，對地方文化發展起到了積極的推動作用。為進一步加大對德惠市書畫活動的支持力度，激發廣大書畫愛好者的積極性和創造性，德惠市文化部門，自一九九二年以來，每年都要組織一次主題鮮明的書畫大展活動。

為紀念建黨八十六周年及慶祝香港回歸十周年，二〇〇七年六月三十日，在明珠廣場舉行了由德惠市委宣傳部、文聯、文體局主辦，市文化館承辦的「慶七一暨香港回歸十周年」大型書畫展。展出作品三百餘幅，版畫十五幅。觀展人員達一千餘人。

為慶祝建國六十周年，二〇〇九年九月二十五日，在體育館舉辦了由文化館主辦的「慶祝新中國成立六十周年」書法美術攝影大賽。參展作品一五〇餘幅，作品從不同角度反映了建國六十年以來，尤其是改革開放後德惠社會發展的輝煌成就。觀展人員達兩千餘人。

二〇一一年六月二十五日，為慶祝建黨九十周年，在體育館舉辦了由文化館主辦的「慶祝中國共產黨誕辰九十周年」書畫大展。此次大展薈萃了全市書畫家們的三百餘件作品。作品主題鮮明、風格各異、格調高雅，吸引了兩千餘人前來觀展。

為慶祝中華人民共和國建國六十五周年，二〇一四年十月十日，由市文廣新局、機關黨工委主辦，市文化館承辦的「翰墨秋韻」書畫攝影展在德惠市體育館隆重舉行。

此次「翰墨秋韻」書畫攝影展，有一百六十多名德惠市書畫攝影愛好者參加。他們中既有年逾古稀的老年書畫愛好者，又有中青年書畫愛好者，還有德惠市攝影愛好者。展出了三四五件書法、國畫、攝影作品，每件作品都充分展現了德惠的人文風貌和書畫攝影愛好者們的深厚功底。眾多生動精美的作品，為德惠文化百花園，增添了絢麗多彩的亮色。

▲ 展出的作品

▲ 現場揮毫

▲ 相互鑒賞

▲ 專心品讀

第三章 ——

文化名人

德惠名人的名字和普通人的是一樣的，如果說有所區別的話，則在於他們把這代表生命的符號注入了更多的心血。心血澆灌，孕育出的具有時代屬性的人文思想，結出了豐碩的精神果實。他們含辛茹苦的付出，得到人們的贊譽和認可，因而他們的名字在人們心中便多了些持久的鮮活。他們持之以恆的努力，告訴人們，人的一生應該是不斷求索的一生、奮鬥的一生，只有這樣，才會在德惠這片沃土上留下經久的精神和文化的光芒。

古稀翰林——魯景曾

　　魯景曾（1819年-1892年）祖籍河北省天津府靜海縣。清乾隆年間，其祖輩遷居西邊外承德府朝陽縣小房身。三十多年後，於一七九六年在吉林省長春廳懷惠鄉三甲八牌大三家子屯（今德惠市大青咀鎮興隆溝村）落籍。嘉慶二十四年（1819年），魯景曾出生於此地。

　　魯景曾之父魯瑜，膝下五子，景曾行四。自幼聰敏，深得族屬賞識，並受到舉族栽培，切望其登科耀祖。但因其父早逝，唯賴兄嫂養育成人。當時家境雖屬窘迫，魯景曾遵照祖意，善能自勉，以苦學自勵之精神攻讀經書。

　　為使其學而有成，金榜題名，魯家寧肯招聘家庭教師朝夕教誨，可是進京科考卻多次未中。雖則如此，魯景曾並不氣餒，仍篤志為學，持之以恆，「雪案螢窗，披吟不已，冬爐夏扇，誦讀益勤。」幸而於光緒十四年（1888年）戊子科欽賜舉人。

　　光緒十六年（1890年）魯景曾七十一歲時最後一次進京應試，曾被譽為關東塞外老考童，終於「晚年及第，名列膠序之班；暮歲登科，身入翰林之院」，為翰林院編修。（翰林院，官署名唐玄宗時置翰林院侍詔，為文學侍從官。宋代稱「翰林學士院」，是翰林學士供職之所。遼代始置翰林院。元代稱「翰林兼國史院」。明代以翰林院為正三名衙門，主要職責是為朝廷起草命令，兼掌修史、著作、圖書等事務。清代翰林院所屬職官有修撰、編修、檢討和庶吉士等，掌管修國史，撰寫起居（皇帝的言行錄），草擬有關典禮文件等。）

　　自此，魯景曾譽滿鄉里。魯景曾終生以「舌耕為業，教誨存心」，親族和鄰友子弟受其善誘，成才者頗多，其季弟景偉取得「登仕郎」之學位，子侄輩有學識者居多。魯景曾卒於光緒十八年（1892年），享年七十三歲。為念其祖德，後人特立碑於大三家子屯東山坡墓地。魯景曾一生孜孜苦學，終得暮年登科。其勤於育人，授業不倦，居窮鄉以致遠，雖百折而不回的奮發向上精神，後人當以為鑑。

文武奇才——夏景桂

　　夏景桂（1840 年-1910 年）字丹林，又字濟堂，又稱笠雲子，號「榆北道人」，又號「育英武闈主人」。「夏大刀」為其綽號，行二。祖籍山東登州府榮成縣。其先祖於清嘉慶二年闖關東。夏景桂於道光二十一年（1841 年）農曆七月初一生於長春廳懷惠鄉三甲十八牌（今德惠市夏家店街道腰窩堡村）。

　　景桂幼年時代，家境富裕，在家塾就學七載，攻讀經書。一八五七年（17歲）拜師習武，練就一身超人的武功。

　　咸豐末年（1861 年），夏景桂自辦武學，號「育英堂」，並在其宅旁設有武場，關東三省之勇武青年多慕名而來，拜於門下。由於他對群弟子循循善誘，刻苦操練，傳技授藝，不出數年即培育武林英才多名。

　　迨至同治七年戊辰科，他率眾弟子赴長春廳應鄉試，其所報考名為「作舟」，欲取得武舉功名。不料主考官貪婪成性，公然索賄，夏景桂平生不諳此道，因而錙銖未予，由此觸怒考官，耿耿於懷。應試之日，凡給考官行賄者，均可得到照顧。唯夏景桂這位血性男兒，憨愚直爽，意欲憑技藝取勝。下場時所舞之刀，比其他考生之刀超重數十斤。雖如此，夏景桂卻舞動如飛，在場之人莫不嘆為觀止。正在酣暢之際，忽而數百十斤重的大刀舞於背後時，從手中脫落。在大刀行將落地但尚未落地之時，但見他從容不迫，以左足勾起刀置身前，以右手接執，復舞不已。場上人人目瞪口呆。考官於座上大聲贊嘆：「斯人誠善使大刀者也！」自此人們遂稱夏景桂為「夏大刀」。

　　此次長春廳的武試開科，盡管夏景桂技藝超群，但因生性耿直，拒不送賄，最終名落孫山。

　　武科落第後，夏景桂棄武從文，酷愛水墨，習字練畫，尤喜蘆雁。當時夏家店西北方向飲馬河東岸，有一數十里方圓蘆葦叢生的沼澤之地，通稱「吉密（即墨）甸子」。每歲春秋，鴨雁飛來，覓食生卵，時飛時落。夏景桂常鋪一

皮，仰臥於蘆葦叢中觀察鴨雁之狀，歸來繪於宣紙之上。四十歲以後是他作畫盛年期，所繪之雁畫譽滿桑梓，流傳邇邇。特別是五十歲時繪製的聞名鄉里的《百雁圖》，群雁飛鳴宿食，動態百異，絕無相似之處，傳為佳品。他的水墨丹青、草隸書法亦堪為上乘。凡有索求，無不應允。

晚年，夏景桂雙目失明，但仍能作畫。每至春秋社日，其聞雁陣排空飛鳴，每每興奮異常。雖年近古稀，其氣力仍超於常人。一年秋初，鄰人有開粉坊者，皆青年壯士，欲與夏景桂一試力道。夏景桂微頷而允，約定八人對他一人拽

▲ 夏景桂雙雁圖

繩，負者以佳釀五斤為酬。於是取來大繩一根，夏景桂左手輕挽一端，八個青年人力執另一端，粉匠立旁呼號，有如今日之拔河賽。八個人拼盡全力，個個脖粗面紅，而夏景桂坐於炕上，身不少動，眾青年只好服輸。雖如此，景桂仍置「老燒鍋」之佳品五斤，犒其晚輩諸人，眾皆盡歡而去。

夏景桂，平生剛直不阿，文武兼優，傳弟子數十人，入泮者十餘名。於清宣統二年（1910 年）十月二十日壽終。其所遺武壇生涯所用之刀、石等器物及詩畫，已成為珍品，對東北鄉土文史研究，有一定參考價值。

▌鄉土詩人 ── 王雲臺

　　王雲臺（1875 年-1935 年）生於德惠縣天台鄉山咀屯的一個世代相傳的農民家庭。原名雲卿，字伯軒。後改雲臺，字禹先，號策勳，別號悟我生，因精通詩賦，酷愛吟詠，又自號詩痴。是二十世紀初期德惠縣頗負盛名的一位鄉土詩畫家。一九三五年卒於天台何家學塾（偽滿稱國民義塾），終年六十歲。

　　王雲臺先世是「濟南王莊人，後移順天皇姑屯，嘉慶十三年其曾祖攜家北來，值吉林出售蒙荒，乃傭於富室，得工資置荒自辟之，拔荊棘，除草萊，居是鄉也，爾來百廿有餘年矣。」

　　王雲臺天資聰慧，四歲識字，五歲時能閱讀尋常小說。且喜繪畫，祖父授以紙筆，下筆即能成形。九歲受教於葦子溝五福堂塾師，苦學自勵，熟讀經史。自習詩畫，也日益精進，中晚年已達到很高水平。

　　王雲臺天性憨厚，剛直不阿，志在利民，反對貪官，無心仕途，德高望重。清宣統元年（1909 年）在長春府開辦的自治研究所，研習自治法政一年，獲得最優等的畢業文憑，被舉為長春府自治籌辦所所董及府署評議員。一九一〇年德惠立縣，又被舉為本縣自治籌辦公所所董。民國肇興，又被舉為太平（莊）鎮議會董會總董，旋又被舉為四鄉自治聯合會會長。曾組織天足會，倡婦女天足之利。他任太平鎮議會董會總董時，曾云：「中國共和，初破天荒，本鎮自治，始達目的。咸集少長，協謀公益，邯鄲好夢，漸臻佳境。固樂矣！然舞台人登，雜劇天演，彼仰視俯堪（勘），爭垮（誇）畢具須眉，而遺臭留芳，誰識本來面目？」道盡了當時王雲臺對實行民主共和體制的興奮、懷疑和憂慮的複雜感情。時隔不久，他就寫了《仿歸去來辭》，言簡意賅地揭露了民國初期軍閥統治的政治實質。文章開宗明義，寫道：「歸去來兮！時局已變，

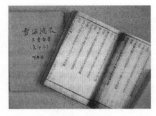

▲ 王雲臺所著《雪泥鴻爪》

胡不歸？既自一身被公舉，愧學淺而才卑。悟東偶（隅）之已失，幸桑榆之可追。知國體其未定，名共和而實非。犬狺狺以群吠，風（鳳）渺渺而孤飛，阻征鞭於前路，慨民權之式微！」因「知濟世已無術，復碌碌兮何求」，只能「自潔身於濁世」「避虎豹於山丘」「惟淡泊以明志」「學避世於偷安」，而退歸田園了。

一九二〇年前後，王雲臺曾任德惠縣立高等小學校（在縣城大房身）國文、圖畫、手工教習。以後因親老路遠，遂辭差旋里，而後仍事舌耕，聚徒於船廠窩堡、萬寶山、何家等地。自云「素性愚直，與時多忤，此舉既慰私情，非敢效洗耳之巢由，實欲隨獨善之隱衷」。舌耕而外，專心經史，旁通天文隸（歷）書。提倡道德，以正人心，厚風俗為志，著有《道德辯》十一章。講學之暇，則吟詩作畫撰文。王雲臺之繪畫屬自學成才，未經師授，擅長人物畫。幾經戰亂，作品多已散失，僅就已發現的尚存數幅，即可窺見其藝術風格之一斑。

王雲臺文思敏捷，文筆暢達，吟詩作賦，觀事觸影，一有即發。平生詩作，其數難考。自云：「余自總角執經，便耽吟詠，不擇好音，惟以自遣，數十年來竟已成癖，但本無好句，何用入囊，動輒棄擲，已成自然。後經友人之勸，乃稍存輯，而已散失將盡矣。」民國十八年（1929 年），由王雲臺的授業學生趙萬鐘、呂名孚、王雲祥發起編輯出版《雪泥鴻爪》十卷（長春商埠成文印書局代印），其中有序論文賦七十篇，詩五九九首。僅就這部分得到流傳的詩作而言，從其量之多，品之美，呼王雲臺為一代鄉土詩人，而載入地方藝苑史冊是當之無愧的。用所處時代、地域的天平衡量，他的思想觀點有其局限性，但也不能苛求於他。特別是從鄉土史料的角度觀察，很多詩作，不僅充分反映了詩人愛民愛國、潔身自好的思想情操，也用明快、清新的筆調，描繪了德惠的社會面貌、自然風光和田園景色。其刻畫功力，充分顯現了清末民初一個時代的歷史斷面，為後人留下了一份珍貴的鄉土文化遺產。

坁上授書

乙丑歲冬十二月下浣

王雲臺

▲ 王雲臺所畫的《坁上授書》

鐵骨泥聖 —— 賀鈞

▲ 賀鈞在創作

賀鈞（1896 年-1979 年）出生在德惠縣同太鄉一戶貧苦農民家中。父親賀金財是農民，母親王氏是頭道溝名畫匠王培基的女兒。受母親影響，賀鈞自幼酷愛繪畫，因家境貧寒沒有念書，八歲時給人家放豬，九歲時被母親領到外祖父家學畫。聰穎過人的賀鈞，刻苦學藝三年，就把祖輩積累幾十年的民間傳統繪畫、紙紮、泥塑藝術學到手。

賀鈞在家鄉從藝四十一年，歷盡坎坷，奔波在吉林省德惠縣、九台縣、長春縣、扶餘縣和黑龍江省拜泉縣等地，紮紙活，修廟抓像。

賀鈞的手藝是從紮紙活開始的。一些地主生前作威作福，死後還要紙紮勞苦大眾、車馬、樓堂殿閣，伴隨升天。賀鈞獨出心裁地用提線法，靠機械傳動，將紙塑的三十六行人物形象，以民間故事的情節，處理成活動人。如《王大娘鍋大缸》《劉三姐推磨》《盲人說唱大鼓書》等，很受群眾喜歡。

他的早期泥塑作品，求寫實。一九二四年，在德惠縣萬寶山寶山寺抓的「白龍馬」像，由於太逼真，竟被傳成一段佳話：那年五月二十三日，俗稱「關公磨刀日」，小和尚於晨霧中發現一匹白馬在麥田裡啃青，趕忙跑回寺內，見「白龍馬」滿身汗水。從此傳開賀鈞抓的「白龍馬」像顯聖了。對此，賀鈞是不迷信的，他從雨天水缸穿裙現象悟出道理，解釋說「泥塑結露是自然現象」，並說：「這場誤會只能說明我抓的馬像太實了，缺乏傳統的藝術性。」

一九三一年「九一八」事變後，日本帝國主義侵占了東北，東北人民淪為亡國奴。賀鈞耳聞目睹了東北人民慘遭屠殺和蹂躪。接著他的親侄子賀中全被強抓勞工，亡國奴的生活落到他的頭上。他聽說東北有抗聯，有我們民族的脊

梁，於是他心神振奮，於一九四一年，為德惠縣邊崗的關岳廟抓了一尊岳飛像，他一反神化「岳老爺」的傳統塑法，用寫實功力，把民族英雄置於「還我山河」的背景下，呼喚著民族魂。

家鄉解放時，賀鈞被劃為貧民，分得了救濟糧、衣、被，兒子上了學。得救的賀鈞，每到年節，都主動到區政府美化環境。抗美援朝期間，他為鄉里紮彩秧歌行頭，並創作了美國侵略者的大頭人以及他們搞細菌戰，讓蒼蠅蚊子等沾滿細菌的動物漫塑形象，在秧歌舞中表演，頗受鄉親喜愛，有力地配合了鄉政府的宣傳。

▲ 1959 年遼寧省政協委員座談會（左一周軼衡、左二沈延毅、左三賀鈞）

▲ 1975 年賀鈞全家照

一九五三年，賀鈞參加了革命隊伍。一九五四年，他被東北美專（後改東北藝專）慕名招聘。他的第一件應聘作品就是「枯木逢春」，賀鈞經過精心構思選擇了一塊椵木，在已經枯乾的椵木皮上端，雕刻了一組新生枝條，喜鵲啼鳴在枝條上，樹幹前浮雕一匹瘦骨嶙峋的老馬，馬腿旁坐著一個瘦成乾柴的老人，正在喜出望外地沐浴著春光。這件《三瘦圖》可以說是作者的自雕像，體現了飽經滄桑、歷盡艱辛的一位農民藝術家獲得新生的幸福。

一九五七年，他創作了「民族英雄鄭成功收復台灣」的群雕，作品惟妙惟肖、氣勢磅礡。鄭成功在士兵的簇擁下，揮指前方，以不可阻擋的氣勢驅趕侵略者。這件作品，被選送參加第一屆全國工美藝術展，獲得很高的評價。作品照及介紹他的文章連續在《人民日報》《光明日報》《大公報》和《遼寧十年》畫冊上發表，該群雕被國家收藏。

▲ 賀鈞正在創作「諸神退位」

　　一九五七年，賀鈞出席了全國第一屆民間藝人代表會議和中華全國手工業合作社社員大會。他的作品被譽為「巧奪天工」，他被藝人稱為東北「泥人賀」，受到國家領導人朱德的接見。一九五七年，他還以社會著名人士的身份，被邀請參加政協瀋陽市委員會並任第二屆委員，被選為遼寧省手工業聯社理事、瀋陽市藝聯主任等職。一九五八年，他創作了《諸神退位》。這是一件表現時代的作品，他倒轉乾坤，讓象徵自然界的諸神，拜倒在破除迷信的農民腳下，體現解放了的中國人民征服自然，主宰沉浮的氣魄。這件作品參加了遼寧省美展，引起關注，他被選為省文藝界代表、遼寧省文聯委員、美協遼寧分會理事等職。從一九五八年起，連任遼寧省政協二、三、四屆委員。一九五九年被調到魯迅美術學院雕塑系任教。他一面教學，一面創作，廢寢忘食，夜以繼日，創作了《海瑞背纖》《百花齊放》《百鳥朝鳳》《景陽岡頌》《新舉動》《朋友遍天下》《毛主席和亞非拉人民在一起》《礦工血淚》等幾十件作品。在七年教學中，他為傳授民間雕塑遺產和彩塑技巧，培養民族民間雕塑後繼人才，做出了貢獻。

教書育人的楷模——郭子久

　　郭子久（1896年-1942年）原名郭長新，字子久。「虛心竹有低頭葉，傲骨梅無仰面花。」這是愛國老人郭子久平生最喜歡的一副古聯。

　　郭子久出生於德惠縣郭家鎮東崗屯一戶占有少量土地的農民世家。他自幼聰慧勤學，青少年時期就讀於鄉塾、長春新學堂、吉林優級師範學校，曾獲學士學位，後留學日本。「九一八」事變後，堅持抗日，拒不從政，篤志興學。後隱居鄉裡，長期安業於教，為國育才，其愛國精神，令人懷念。

　　一九一一年，郭子久受辛亥革命的影響，贊佩孫中山先生的壯舉，萌發了民族民主革命思想，毅然剪掉了清代留下的辮子，積極擁護辛亥革命。

　　一九一四年，在內憂外患交加的形勢下，郭子久考取了官費留學生，東渡日本，就讀於日本千葉醫科專門學校，期望學醫，救死扶傷，一雪外國人稱中國人為「東亞病夫」的恥辱。

　　為探求救國之路，他在日本期間，曾考察過明治維新的興國良策。他認識到，國家要獨立富強，除了革命之外，還要振興民族工業，培養有科學知識的人才。正當他力求深造之際，不幸積勞成疾，難以在國外堅持學習，遂於一九一七年歸國。

　　郭子久回國後，正值俄國「十月革命」爆發，不久又響起了五四運動的春雷。當時，國內反帝反封建的新文化運動正在興起，於是，他投身於教育事業，立志為振興中華培養人才，先是在鄉里勸學，而後到長春道立中學、拜泉中學任教。

　　隨著國內民族民主革命形勢的發展，郭子久相繼讀了《新青年》等進步書

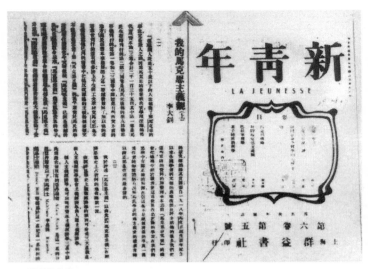

▲《新青年》

刊和李大釗的《庶民的勝利》以及魯迅的作品，進一步增強了民族民主和反帝反封建的思想，積極擁護孫中山先生「聯俄、聯共、扶助農工」的三大政策。並積極從事反帝反封建，提倡新思想、新文化的宣傳活動，竭力啟迪民眾，保持民族氣節，看到中國發展的前景。他經常用魯迅的戰鬥精神，激勵青年愛國，奮發向上。由於郭子久秉性剛直，正氣凜然，不容各校上層之腐俗行徑，被無理辭退後，於一九二二年回到德惠，繼續在德惠縣立中學長期任教。

一九三一年「九一八」事變後，他目睹失去的東北大好河山，憂國憂民，心急如焚，積極參加並支持東北愛國志士的抗日活動。

一九三三年，吉林地下黨組織在中共滿洲省委領導下，展開了英勇的抗日鬥爭。

日偽期間，偽政府得知郭子久是日本留學生，便企圖利用他為日偽效勞，曾以官祿相誘，欲委以縣長之職，可郭子久秉民族之大義，堅決不為日偽效勞。不久，郭子久被學校革職，只好隱居鄉里，在家鄉小學做教師。當時，一些偽官吏和社會上追名逐利的人，對郭子久拒官從教投以白眼。他們諷刺地

說：「念回大書，留過洋，不找個官當真是傻子。」也有的說：「放著縣官不當，偏要當窮教書匠！」這話傳到郭子久耳朵裡後，他非常鄙視並意味深長地說：「當今這個世道，當官的盡幹壞事，壓迫中國人民，這樣的官我是堅決不能幹！我寧肯當小學教師，多培養一些好後代，國家才會富強起來。」

燕雀不知鴻鵠志。那些賣國求榮者，哪裡懂得郭子久隱居鄉里，利用小學教師的身份培養愛國力量的高尚胸懷和民族氣節！

郭子久拒官從教，奮力興學，德高望重，譽滿教壇，為國家培養了大量人才。德惠、大房身、郭家一帶很多有志青年，都是他的門生。有的成為抗日名將，如李樹馨，又名胡乃超，曾任冀魯豫軍分區參謀長。有的成為高級工程技術人員，如鐵道部高級工程師周德普、東北水利電力設計院副總工程師王燕程。還有的成為我黨高中級幹部等，堪稱桃李滿天下。解放後，這些當年的愛國熱血青年，都為新中國建設事業做出了應有的貢獻。

郭子久，性格耿直，視惡如仇，不畏強暴。他對趨炎附勢者非常鄙視。日偽時期，日本人提倡穿「協和服」，戴「協和帽」，以示「日滿親善」之意。可是，郭子久極其討厭亡國奴服裝，平日偏偏穿大袍上下班，表現了中國知識分子愛國家愛民族的骨氣。由於他不與世俗同流合污，被認為是不合時宜的人。因為他對時局不滿，加上兒子郭峰參加反滿抗日活動（郭峰新中國成立後曾任遼寧省委第一書記），他又積極支持保護這顆革命火種，後來又被認定為「思想犯的嫌疑分子」。當地警察機關將其列為「要事查人」黑名單，經常處於被監視的地位，甚至失去自由，隨時有身遭迫害的危險。可是，他視豺狼如糞土，毫不畏懼，見不平之事，依然仗義驅惡。有一次，當地一劉姓鄉民因反對日偽警長管英武（外號「管大爺」「管大巴掌」）肆意勒索農民柴草，而被強加上「反滿抗日」「辱罵巡警」等莫須有的罪名，遭冤獄受酷刑。郭子久得知後，怒火中燒，當即具狀上告，終於據理攻倒了欺壓百姓的惡棍贓官，伸張了正義。

日偽時期，橫徵暴斂，苛捐雜稅多如牛毛，災荒頻仍，民不聊生。尤其是

窮人和租地戶日子更是難熬。一些地方貪官污吏，下鄉隨意收稅派捐。郭子久每當遇到此事，就挺身而出，告誡鄉民說：「他們隨意亂收捐稅，勒老百姓大脖子，不能給！」

郭峰出走抗日之後，郭子久一家就變成了反滿抗日家屬。在那個年月裡，被鬼子、漢奸監視、查抄、搜捕的災難，隨時都可能襲來，郭子久對此早有所料，並做好了和敵人進行鬥爭的準備。一九三三年十一月，郭峰剛剛出走抗日，郭子久就把一些革命文物和進步書籍隱藏起來。果真不出所料，從那時起，日本人和漢奸好像一群野狗，三番五次地來查抄郭子久的家，不是追查郭峰的去向，就是翻箱倒櫃查抄禁書，結果一無所獲。郭子久面對日寇和漢奸的罪惡行徑憤怒地高聲唾罵，使這些家伙只好灰溜溜地離去。有一次，郭子久不在家時，漢奸和偽警察竟把歷史教科書、小學語文課本、科技書、兒童讀物等都給抄走了。郭子久回來後，氣憤填膺，一直追到警察分所去質問：「你們抄家是非法的，難道教科書課本也有問題嗎？你們快把抄走的書籍交還給我！」痛斥得日本人和漢奸無言答對，終於迫使他們把抄走的書全部交了出來。

在日偽統治時期，郭子久還寫過不少滿腔熱血、溢滿真情的進步文章和詩詞（多數已散失）以抒發愛國激情。一九四一年太平洋戰爭爆發後，新加坡被日本帝國主義占領，他就寫過一首五言詩：「昨日星島落，今日紅日升。武運豈長久，天下焉太平？」從詩中可以看出，他對日本帝國主義發動的侵略戰爭的義憤和憂國憂民、渴望和平的深情。

郭子久一直把國家民族的希望寄托在下一代身上，直到臨危的前一周還堅持給學生授課，渴望救國興邦人才輩出，中國革命勝利早日到來。然而，令人十分痛惜的是，國仇未報，日寇的鐵蹄尚存，這位正直的愛國志士，於一九四二年就含著悲憤與世長辭，終年五十七歲。

無名英雄——郭藎階

郭藎階（1911年-？）原名郭連升，化名郭星橋、高葳等，出生於德惠縣郭家鄉東崗村西劉屯。獨生子，十一歲時就讀於大房身鄉塾。

小學畢業後，郭藎階為追求新思想、新式教育，自己做主考入長春二中，後又進入吉林省立一高中。在學期間，日本和俄國對中國的掠奪，外敵的入侵瓜分，軍閥混戰，喪權辱國，社會腐敗，民不聊生的現實，使他產生了強烈的反帝愛國思想。為此，他常和族內兄弟郭連郊（郭峰）在一起共同討論國家和民族的出路。

他和郭峰念念不忘「國家興亡，匹夫有責」的古訓，常常一邊習武一邊探討反帝救國之路。一九二九年反對日本在東北修築「吉會」等鐵路的愛國學生運動爆發後，他積極參加示威遊行。

「九一八」事變後，他與幾名愛國熱血青年，於一九三四年離開故鄉奔赴北平。一九三五年，北平「一二‧九」愛國學生運動爆發後，他作為學生代表，積極參加「一二‧九」和「一二‧一六」遊行。不久，又參加了民族解放先鋒隊（共產黨領導的愛國組織），歷任區小分隊幹部、分隊長，民先總隊政治部主任。

一九三五年五月，黨組織決定調郭藎階到中央社會部做情報工作，於是郭藎階成了我黨在白區的地下工作者。他曾先後以西安《國風報》《工青日報》編輯、西安西北合作社監事主席等職業身份，搜集敵方軍政動態，為黨組織提供可靠情報。

抗戰勝利後，他奉黨的指令到東北白區工作。到瀋陽後，很快出任國民黨統一接收委員會及物資調節局專門委員，又在東北敵偽產業處理局任要職。他利用職務的便利，積極為黨籌集活動經費。在此期間，他利用職務之便，悄悄購置了電台，隨時向黨組織發送情報。遼瀋戰役的勝利和東北的解放，都有郭藎階的功勞。

一九四八年底，黨內有人被捕叛變，國民黨軍統機關動用飛機緊急搜捕了百餘名共產黨員，其中多人被殺，黨組織遭到嚴重破壞。在這危急關頭，他不顧自己是國民黨高級軍政人員，一旦暴露立即會被處死的危險，迅速通知黨內同志轉移，使他所領導的組織內無一人被捕，保護了革命力量和同志們的生命安全。最後他只身安全轉移到北京，就聘於華北文法學院任教授。

三大戰役後，當解放軍勝利渡江時，他懷著勝利的豪情，揮筆寫下《離亭宴·詠解放軍勝利渡江》一詞。詞中寫道：

三戰頓消凶焰，沉睡山河驟變。喜北國已報春曉，夭桃垂柳穿燕。笑聲滿故都，天南煙瘴未卷。

江表千帆萬幔，雄師飛渡天塹。金陵殘敵若覆卵，千年枷鎖寸斷。矚目望江南，不日紅旗插遍。

新中國成立後，組織上調他到軍委聯絡部工作，負責東南亞方面的問題研究。雖屬一項陌生的工作，但他以國事為懷，潛心研究。經過一段時間的苦學，他竟由一名白區無名英雄變成了東南亞問題專家。他寫出的每篇文章都內容充實，具有權威性，組織上常指名聽取他對這方面的意見，為黨中央制定國際政策提供了有力依據。

郭藎階的一生是革命的一生、光榮的一生，也是清廉的一生、求學的一生。他的一生，別無積蓄，只有數箱書籍而已。他教育孩子的話是：「不以物喜，輕物質，重人品，重精神，與天下百士共憂歡。」還常說：「書山有路勤為徑，學海無涯苦作舟。」教育孩子們讀書「要博、要精、要體會其中的真味、真精髓。」

附：郭蕢階詞四首

蝶戀花・寄懷（1935 年）

華屋銀燈明如畫，升平故都，夜夜舞紅袖。誰念東北烽煙驟，黑山白水滿倭
寇。

看帝王宮闕依舊，關外腥羶，關中正內鬥。衷腸空對山河秀，晨霜冷月心寒
透。

鷓鴣天（1938 年）

一

風陵渡口軍情急，寇焰欲指潼關西。
官富豪紳爭逃遁，長安街頭婦孺啼。
奉黨令，著征衣，武裝人民御強敵。
神州豈容寇踐踏，中華兒女未可欺。

二

逃者西向征夫東，夜渡灞水下臨潼。
明恥教戰豪壯眾，藍富華渭一脈通。[1]
鼓角響，號蘆宏，壯士歌聲逐曉風。
烽火台上舉烽火，寇鋒不敢入關中。[2]

二

---

1 藍富華渭句：郭蕢階奉命趕赴臨潼，組織民眾，籌集槍支，並和藍田、華縣、富平、
   渭南組成一個抗日游擊區。
2 關中：指渭河平原，泛指陝西中部。

烽火連天歲月移，半壁河山被鐵蹄。

登臨華岳東向望，黃河極處煙塵迷。

天幕垂，白雲低，敵後遍地展紅旗。

掃除妖氛終有日，長風吹過東海堤。

著名雕塑藝術家——賀中令

賀中令（1935 年- ），曾用名賀忠全，一九三五年出生在德惠縣同太鄉西二道村，自幼就受到其父賀鈞的良好教育。民國末年，在關東大地眾多的民間藝人中，出了一個聞名遐邇的「泥人賀」（賀鈞），賀中令就是其嫡派傳人。他子繼父業，終成雕塑藝術精英。曾任中國美術家協會會員、中國雕塑家學會會員、遼寧省雕塑協會理事、魯迅美術學院教授、研究生導師。

他從兒時起，就過著飢寒交迫的日子。父親靠捏泥人、紮紙活兒維持全家生計。賀中令從小就跟著父親學捏泥人兒。他聰明好學，捏什麼像什麼。他從不貪玩，除了捏泥人就是繪畫掛在牆上，使得賀家屋雖簡陋卻繽紛多彩。

新中國成立後，苦去甘來，賀中令的藝術之路有了希望。在同太鄉小學畢業後，他於一九五二年考入東北美術專科學校附中，一九五八年升入魯迅美術學院雕塑系。

強烈的民族感情和對中國傳統藝術的酷愛，在賀中令的心底深深紮下了根。賀中令幼承父藝，父親的精湛藝術和可貴的民族精神，給他以深刻影響。當他考入魯迅美術學院時，就下定決心繼承父親的夙願，走一條堅實的創作之路。他勤奮地汲取著中外雕塑藝術前輩的寶貴經驗，孜孜不倦地探求自己的藝術風格。天賦、家教、學校的培養，造就了一位當今雕塑創作的中堅。

一九六四年賀中令畢業後，被分配到瀋陽市城建局園林處從事園林雕塑創作，其間曾參加瀋陽中山廣場毛主席塑像工程和北京毛主席紀念堂的雕塑創作。

一九七九年調入魯迅美術學院，先後擔任雕塑系講師、專業教研室主任、副教授、教授、民族傳統雕塑碩士研究生導師等職。

魯迅美術學院這座高雅的藝術殿堂，為他創造了在雕塑事業上技藝精進的有利條件，使他從一九七五年開始進入創作盛年。

　　在東北淪陷時期出生的賀中令，苦難的童年，國破家亡、生靈塗炭的切身體會，使他產生強烈的民族感情和愛國主義思想。因而，在創作題材上，堅持以弘揚愛國主義為主旋律，著重表現中華民族的反抗精神，歌頌先驅，警醒後人。

　　十多年來，他以抗日英雄楊靖宇為題材，創作了石雕《白山魂》。為了塑造好這位民族英雄，一九八三年，他懷著對抗日民族英雄的無限崇敬，三赴長白山，沿著遍及山嶺的抗聯戰士「魂路」苦心「追魂」。他踏著烈士留下的足跡，從撫松、那爾轟紀念地、集安大路溝、涼水河子、臥牛石，到靖宇作為掩體的三道崴子的擰勁子樹，一直到通化的靖宇陵園；從抗聯老戰士的回憶中追思楊靖宇英勇戰鬥的業績，壯烈犧牲的場景，追索長久蓄積在長白父老心中的、容納在一位英雄頭顱中的「民族魂」。當烈士紀念館館長讓他看了楊司令的兩張遍體鱗傷的遺照時，他夜不能寐，思潮翻湧。楊司令的英靈縈繞在他的腦際，他靈感的波濤頓起狂瀾，像熾烈的岩漿在迸發：造一座火山，印刻上楊司令魂魄，讓英雄的浩然正氣同祖國山河共存，與日月同輝。

　　楊靖宇的塑像背依巍巍白山，面向滾滾松濤，在壯麗山河的映襯下，顯得格外莊嚴、雄偉、神聖。一位觀眾看過《白山魂》後，在留言簿上留下一聯：「碧血丹心昭千古，白山浩氣貫中華。」

▲ 作品──白山魂作品──九一八殘曆紀念碑

▲ 賀中令創作的孔子雕像

　　賀中令還以抗日戰爭時期的南京大屠殺、解放戰爭時期的遼瀋戰役為題材，創作了石雕《血岩》《東北解放江山圖》等，均獲得全國美展獎。

　　一九三一年「九一八」事變發生在瀋陽。他根據這一國恥事件，雕塑了《「九一八」殘曆紀念碑》，在屹立著的黑色大理石碑上刻四個顏體大字「勿忘國恥」。《「九一八」殘曆碑》落成後，引起中外人士格外矚目，僅在一九九八年，就接待中外人士十八萬餘次。專家評論說：「這是一個特殊的創造，是雕塑藝術史的傑作。」一九九三年他把原大理石雕塑用漢白玉複製後，連同《「九一八」殘曆碑》圖片運到台灣，參加海峽兩岸藝術交流展，受到國內外人士好評。

　　現在，這些愛我中華的作品，已成為向中國人民，尤其是青少年進行愛國主義教育的教材，警示後人勿忘國恥，振興中華。

賀中令的雕塑作品，神韻俱佳，精品不斷湧現。木雕《骨肉同胞》表現了海峽兩岸同胞盼望統一、親人團聚的美好願望，獲第五屆全國美展二等獎。《白山魂》獲第六屆全國美展銀牌獎。以上兩件作品均被中國美術館收藏。以中日人民友誼為題材創作的石雕《一衣帶水》，送往日本川崎幌市，獲全國首屆城市雕塑優秀獎。他設計的「九一八」殘歷碑，還獲全國城雕優秀獎、遼寧省十大優秀建築設計獎。

　　賀中令的作品走向世界後，引起了友好國家的關注。為了加強中外交流，他曾多次參加國際雕塑交流與考察。一九八五年至一九八六年，應邀赴伊拉克進行考察與創作，為摩蘇爾市設計了石雕《搖籃》。一九九二年參加國家文化部和全國城市雕塑指導委員會聯合考察團，考察西歐、北歐城市雕塑。一九九五年受遼寧省派遣，出席日本「井波國際木雕藝術節」交流活動。

　　面對成就和輝煌，賀中令更加勤勉，繼續求索，新作品不斷產生。近年來，他又完成了《李兆麟將軍》《天女木蘭》《渾河明珠》等新作品。他創作的《千里稻香》《天女木蘭》，被分別立於大伙房水庫和碧塘公園，為大自然增加了一道道靚麗的風景線。

　　賀中令在艱苦創作的同時，還長期從事藝術教學活動，為國家培養了大批人才。他和另一位教師輔導的八名學生，其中包括碩士研究生兩名，亦多有佳品問世。

　　多年來，賀中令撰寫的十多篇論文發表在有關刊物上。其中《白山魂創作談》發表在一九八四年《美術》第七十一期。他的創作事跡，曾以《賀中令及其雕塑藝術》《以愛國主義為藝術靈魂——記「九一八」紀念碑設計者賀中令教授》等標題，發表在《遼寧日報》等報刊上；《昔日亡國奴，今日雕塑家》發表在一九九二年十二月《現代中國》上；《賀中令與〈白山魂〉》發表在《美術大觀》上。

　　賀中令的諸多藝術力作，絕不是普普通通的作品，而是整個藝術靈魂的結晶，是他的愛國主義藝術創作主導思想的升華和體現。

▲ 作品——毛主席塑像

著名鄉土作家 —— 丁仁堂

丁仁堂（1932 年-1982 年）出生於德惠縣天台鄉何家村東三家子屯的一個農民家庭。一九三八年，他就讀於何家村鄉塾，讀過《三字經》《百家姓》《千字文》等。

「生當盛世長白藝苑多司馬，死於猝然吉林文壇少相如。」一九八二年七月十二日，在當代作家丁仁堂追悼會上，國家領導機關和許多單位以及生前友好懷著沉痛的心情，為他敬獻花圈、輓聯，發來唁電，以寄托哀思。這副輓聯就是其中之一。

一九四二年，他考入偽天台村國民優級學校。在學期間，他對語文課有特殊的愛好，學業之外，他把時間都用在閱讀文學書籍上。他看了許多古文書籍，還閱讀了魯迅、茅盾、巴金、冰心和張恨水等文學大家的作品，為其後來的文學創作奠定了基礎。尤其是魯迅的生平和作品，給丁仁堂很大啟迪。

一九四五年十一月，德惠第一次解放，在中國共產黨的領導下，成立了民主政府，縣委派從關裡來的老幹部楊銳代理德惠中學校長。此時，丁仁堂已是中學三年級學生。每當楊校長作報告講革命道理時，丁仁堂都認真聽講。並在楊校長的啟發下，組成了讀書小組，團結許多同學閱讀《中國革命與中國共產黨》《論解放區戰場》《大眾哲學》《知識分子的任務與出路》等進步書籍。在此期間，他還寫了反對打內戰，擁護和平的劇本《救國，救救媽媽》，演出後深受群眾歡迎。後來他成了當時的德惠縣委機關報《群眾報》的通訊員。

德惠解放後，一九四九年一月，丁仁堂回到小學念書時的母校當教師。在此期間，他除了完成教學任務外，還抽出時間給《吉林日報》寫稿，每月要寫十五至二十篇文章，不久，被報社聘為通訊員。同時還給《吉林教育》寫了很多稿子。後來經領導批准，他辦了《天台教育》雜誌，從修改稿件、刻鋼板到

▲ 丁仁堂作品

▲ 丁仁堂作品

油印出版都是他一個人承擔。當時，鄉村條件很差，沒有電燈，晚間只能在煤油燈下完成這些任務。因辦刊很有成績，他得到縣教育科的多次表揚。不久，他被提升為小學教導主任，後來奉調任《工農文教報》編輯，《吉林教育報》副主編。

早在二十世紀五〇年代初，丁仁堂步入文壇伊始，就表現出令人矚目的才能。他成為專業作家後，堅持學習馬列主義、毛澤東文藝思想，深入生活，刻苦創作，寫了許多具有鄉土文學特色的作品，成為有成就、有影響的作家之一。他先後出版的作品有：短篇小說集《獵雁記》（1959年，是他當時的代表作，發表後引起很大反響）；《嫩江風雪》（1960年，已被譯為日、法、印尼文）；《紅葉》（1962年）；兒童文學作品《在柳林裡》（1961年）；《難忘的冬天》（1961年）；中篇小說《火起三江》（1962年），此外，還發表了《漁鎮春秋》《三代人》《最是一年春好處》《列車上的報告》等散文、特寫和報告文學。

一九六五年十二月，丁仁堂光榮加入中國共產黨。一九七八年四月，丁仁堂成為省作家協會的專職作家，一九七九年九月加入中國作家協會。十月，作

為吉林省文學界代表之一，參加全國第四次文代會。一九八一年一月，在吉林省第四次文代會上，他被選為省文聯委員、省作協常務理事，翌年被補選為省作協副主席。

他的短篇小說《昨夜東風》獲省作協第二屆優秀文學作品獎。長篇小說《漁》一九七九年在文學期刊《綠野》連載，一九八二年由群眾出版社出版。這是他計劃創作的《嫩江三部曲》系列長篇小說的第一部。

完成《漁》的創作後，他開始準備創作三部曲的第二部《船》和第三部《網》。當《船》寫到一半時，他卻不幸於一九八二年七月十二日，因腦溢血，倒在了吉林省業餘文藝創作經驗報告會的講台上，終年五十歲。丁仁堂的英年早逝，給讀者留下了永遠的遺憾，給親友留下了無盡的哀痛。作家上官纓撰寫的一副輓聯，可以說是對丁仁堂的一生作了很好的總結：「畢生從事鄉土文學篇篇皆為心血結晶；一世寫作農村題材字字都是汗水凝成。」

丁仁堂與世長辭了。他的骨灰已撒到嫩江的滾滾江流之中。然而，他的二百多萬字的著作，將與世長存。他的名字已鑴刻在當代文學史上。

著名文學評論家──丁國成

丁國成（1939年- ）出生於黑龍江省肇東縣明久鄉興華村西長發屯的一個農民家庭。祖父為地主當車夫，父親給富人做長工。家境極其貧寒，世代都是文盲。其幼年隨父親「逃勞工」，來到吉林省德惠縣大青咀鎮茨梅林村。一九四九年丁國成上小學，又由中學而大學。因父母長期患病家庭經濟困難，故全家生活依靠政府救濟，一直享受國家的「人民助學金」。在德惠一中時，他還曾勤工儉學，一邊勞動，一邊讀書。一九六五年七月，加入中國共產黨，畢業於吉林大學中文系文學專業，同年八月，統一分配到國家文化部藝術局工作。

一九七三年七月，丁國成任國家出版局版本圖書館革委會副主任兼研究室主任；一九七六年四月到《詩刊》編輯部，先後擔任評論組副組長、組長、理論室副主任及主任；一九七九年九月加入中國作家協會；一九八三年六月被中國作協聘為《詩刊》編委，一九九〇年三月擔任副主編；一九九三年一月被評為編審，十月被評為國家有突出貢獻的專家，享受國務院頒發的政府特殊津貼；後任《詩刊》常務副主編、中國社會科學院「中國毛澤東詩詞研究會」常務理事、「中國詩酒文化協會」顧問等職。

丁國成自幼在母親那裡受到民間文藝的薰陶，凡民間故事、傳說、謎語、歌謠、小唱、鼓書等均極喜歡，並曾收集整理過民間故事和謎語。從初中起即愛好文學，主編過中學的黑板報、油印小報以及大學中文系刊物《近衛軍》。

對丁國成人生影響最大的兩部書是吳運鐸的《把一切獻給黨》和奧斯特洛夫斯基的《鋼鐵是怎樣煉成的》。保爾關於生命意義的思索「人最寶貴的東西

就是生命⋯⋯」一段話，成了他的座右銘。而扉頁上的題詞：「人生最美好的就是在你死後也還能以你所創造的一切為人民服務」這句話，如雕似刻地印在他的心上。

對丁國成寫作影響最大的書是中國古代的詩話、詞話、曲話之類的著作。他在詩論集《古今詩壇・後記》中說過，「在大學讀書期間，「我如醉如痴地酷愛詩話、詞話、詩評、文評、筆記、野史、評傳、傳記以及古典詩詞等書。讀到啟迪思想、可資借鑑的奇聞軼事、趣談笑話，更覺興味盎然，喜不自勝，口誦筆錄，珍如拱璧。當時並沒有想到要用以撰寫這樣一些文章，無意之中為後來的寫作積累了資料。」

丁國成主要從事《詩刊》的編輯工作，注重從多種渠道發現青年作者，主動建立連繫，盡力給予做人與作文的可能幫助，還同其中一些重點作者結為至交好友。一九八五年一月成立的詩刊社全國青年詩歌刊授學院是他力主創辦的，並一直擔任院務委員，培養出一大批青年作者和詩歌新人。在編輯工作中，他強調貫徹「二為」方向下的「百花齊放、百家爭鳴」的文藝方針，不為各種干擾所動搖，同時撰文闡述自己的主張。

他的處女作，不是評論文章，而是散文《勞動的手》，發表在一九五八年一月的《德惠報》上。一九七三年開始發表評論文章，也不是詩評，而是小說評論《一代新人似朝霞》，見於八月十七日《光明日報》，後被選入高中《語文》課本。在編輯工作的業餘時間，他寫了不少詩論文章，還寫過詩作、散文、雜文、傳記、電影文學評論等。主要著作有詩論集《古今詩壇》《詩法臆說》《吟邊談藝》，詩評注《陶鑄詩詞選注》《中國作家筆名探源》等。參與主編的書有《中華詩歌精萃》《詩學大辭典・理論卷》《歷代名詩一萬首》《歷代詞曲一萬首》等。

民間文藝家——王國治

王國治（1937 年- ）筆名王玎、郭之。出生於德惠市岔路口鎮岔路口村。父親是個不識字只會種地的老實農民。母親勤勞賢惠，沒念一天書，卻能講述民間故事，會剪紙，還能背誦《三字經》《百家姓》和《四言雜字》等民間通俗讀物。在母親的薰陶影響下，他從小就對文字產生興趣，不顧家境貧窮，發憤讀書。

小學在家鄉的中心校就讀，小學畢業後考入德惠二中（現德惠市第二十二中學）。初中畢業後被保送到德惠師範讀書，後又合校到四平師範。一九五八年升入四平師範專科學校（現吉林師範學院）中文科，一九六〇年七月畢業留校做校長辦公室秘書。半年後入東北師範大學中文系讀本科，一九六二年七月畢業後回四平師專工作，先後做政治輔導員和中文科助教。一九六五年五月調入省城任全國公開發行的《吉林教育》雜誌編輯。一九七一年三月先後在吉林省革委會政治部秘書組和省直機關黨委秘書處工作。一九七八年三月到吉林省委宣傳部文藝處工作。一九八四年三月到吉林省文聯工作，任專職副主席，直到一九九四年十月，因健康原因離開副主席崗位，被任命為省文聯副廳級巡視員，兼吉林省民間文藝家協會主席、《民間故事》雜誌主編、《吉林省藝術志》副主編、《吉林省民間文學集成》副主編。

王國治先後任吉林省作家協會會員、吉林省民間文藝家協會理事、吉林省民俗學會理事，吉林省文聯第四、五、六屆文代會代表、委員，中國民間文藝家協會會員、理事，中國俗文學學會會員、理事；作為代表曾出席中國民間文藝家協會第三、四屆全國代表大會和中國文聯第五次全國代表大會；作為代表或領隊多次出席東北三省和全國文藝比賽、會演、研討會及藝術節等大型藝術活動；多次接待過日本、韓國、新加坡、俄羅斯藝術團來訪，接待並參加了聯合國教科文組織來吉林省對民間文學的考察；籌備並參與了在吉林省召開的朝

鮮民俗國際學術研討會。一九八八年八月率團到朝鮮進行美術考察；一九九五年六月率團到韓國進行了攝影藝術交流；一九九三年三月曾以作者身份參加台灣《秋水》詩刊創刊二十周年大陸詩友會活動。

從初中時起，王國治開始給德惠縣報投稿，以後陸續在省以上報刊發表詩歌作品。多年來，他一直堅持業餘創作，作品有較鮮明的地方色彩和濃郁的生活氣息。

他的詩歌作品曾多次被收入省內出版社出版的詩集和台灣《秋水》詩刊創刊二十周年詩集《悠悠秋水情》裡；兒歌曾被選編入《娃娃歌謠二百首》《寶寶歌謠三百首》《中國獲獎兒歌選》和《可讀幼兒歌謠》等多部兒歌作品集裡。

作品在省內獲獎的有：《春姑娘紡線線》獲省兒童文學作品獎；《民間歌謠》獲省民間文學「關東三寶獎」；與人合作的中篇紀實文學《茫茫草原路》，獲省政府頒發的「長白山文藝獎」。

出版的作品有：敘事詩《紅井》、兒童詩集《春姑娘來了》、兒童中篇小說《王冕》（1987 年，收入東北三省《少年文庫》）、與人合作長篇紀實文學《一個志願軍戰士的經歷》、散文集《南窗燈影》。

長篇紀實小說《傳世奇人》，一九九七年在吉林省作家協會代表大會上獲得文學「特別紀念獎」。

中國近代史學家──孫文范

孫文范（1943 年- ）吉林省德惠市人。吉林省社會科學院高句麗研究中心主任，研究員，中國近現代史史料學學會副會長，《東北淪陷史研究》雜誌社特邀主編，吉林省歷史學會常務理事，九三學社吉林省委委員，九三學社吉林省直工委副主委；一九六八年於吉林大學歷史系畢業；曾就職於《社會科學戰線》雜誌社，任副主編。

▲ 孫文范作品

主要研究方向：中國近代史、中外關係史、高句麗史。

主要著作：《世界歷史地名詞典》（獲吉林省社科院科研成果一等獎）、《中國糧油食品進出口總公司吉林省分公司發展史》《道光帝》（獲中國近現代史史料學學會優秀成果一等獎，吉林省社科優秀成果二等獎）、《道光皇帝軼事》《吉林省百科全書》等。

主要論文：《試論洋務派經濟活動中的「抵洋」思想》《洋務派軍事改革中的「制夷御侮」思想》《關於中國馬克思主義歷史學的形成與發展》（獲吉林省社科優秀論文獎）、《馬克思主義與歷史人物評價》《抗日戰爭後期的中國戰時生產局》（獲吉林省黨史學會優秀成果一等獎）、《高句麗歷史的幾個問題》等。

此外，於一九八八年、一九九〇年、一九九一年、一九九五年、一九九七年分別獲得吉林省期刊評獎優秀文章編輯一等獎，並於一九九七年獲吉林省人民政府頒發的優秀編輯獎。一九九七年被評定為吉林省有突出貢獻的中青年專業技術人才。

戲劇理論家——呂樹坤

呂樹坤（1939 年- ）筆名泉聲，文藝理論家、詩人。生於吉林省德惠縣萬寶山鎮。一九六〇年畢業於四平師專中文科。早在學生時代即在省內外報刊上發表詩歌、散文等文學作品。畢業後一直從事戲劇創作與藝術研究工作。歷任四平地區戲劇創作室副主任、吉林省《戲劇創作》編輯部副主任、省藝術研究所副所長及《當代藝術》主編。一九八八年評聘為國家一級編劇（理論研究），享受政府特殊津貼。中國作家協會會員，中國戲劇家協會會員，中國戲曲學會理事，美國紐約四海詩社名譽顧問。

主要著作有：

新詩集《十月的公社》，收入新詩三十三首，長篇敘事詩一部；舊體詩集《耦耕集》（與田圃合集）；戲劇理論文集《關東劇說》；詩詞理論專著《詩詞趣話與詩詞格律》；《元曲三百篇譯析》（與劉興權合著）；中國古典戲曲名著《琵琶記》小說本；中國古典戲曲名著《荊釵記》小說本。

曾擔任國家藝術科研重點項目《中國戲曲志·吉林卷》副主編兼編輯部主任、全書總纂；曾擔任《吉林省百科全書》文化教育體育衛生卷副主編。

近年又出版了隨筆作品集《永遠的心痛：舊事煙痕錄》，書中收錄了《計程先是過江東》

▲ 呂樹坤作品

《父親》《我的啟蒙老師》《鄉間樂事》《童年時的小伙伴兒》《向海，人與鶴的家園》《老伴兒和她的學生》等文章。

　　獲獎作品：詩歌《打麥姑娘》，獲吉林省慶祝建國十周年徵文佳作獎；舊體詩詞《南鄉子・夜宿朝鮮族農家》，獲全國首屆中華詩詞大賽佳作獎；理論文章《宋振庭與吉劇》，獲吉林省第三屆長白山文藝佳作獎；理論文章《吉林戲曲發展要略》，於一九九二年獲吉林省社會科學優秀成果二等獎；理論文章《關於二人轉本體特徵的再認識》，獲吉林省文化廳頒發的「戲劇飛虎獎」一等獎。於一九九七年十一月獲文化部頒發的「文藝集成志書編纂成果獎」。

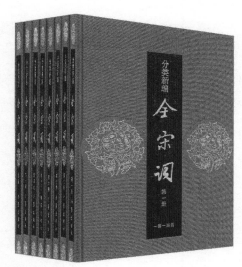

▲ 呂樹坤作品

城市山水畫家──祝林恩

祝林恩（1937 年- ）吉林省德惠市人。一九五八年畢業於魯迅美術學院附中。中國城市山水畫的開拓者和代表人物，國家一級美術師、教授，中國美術家協會會員。曾為《黑龍江日報》社主任編輯、文化部美術高級職稱評委，現任哈爾濱城市山水畫研究會會長。

其多年勤奮耕耘，專研西畫和中國畫。一九六四年創作的油畫《鄂倫春的春天》，參加全國美術展覽被評為優秀作品；一九七二年創作歷史巨幅油畫《毛主席視察哈爾濱車輛工廠》，參加全國美術展覽，被中國歷史博物館收藏；一九七八年創作歷史油畫《冰趟子戰鬥》，被東北烈士館收藏；一九八〇年創作歷史油畫《海蘭泡慘案》，被黑龍江省革命博物館收藏。一九八七年開創「中國城市山水畫」，是著名畫家于志學為其新畫種定的名。一九九二年，著名科學家錢學森提出山水畫應「注入社會主義中國的時代精神」，提倡開創一種新風格的「城市山水」。畫家又一次得到推動和鼓舞，經過近二十年的探

▲ 祝林恩作品

索，形成獨特鮮明的藝術風格。作品多表現都市古典建築和高樓大廈，注重形式構成，濃墨重彩，中西結合，既具傳統的審美價值，又具有時代新意。

▲ 祝林恩作品

一九九〇年在台北舉辦祝林恩個展。一九九一年參加台灣舉辦的「海峽兩岸水墨畫大展」。一九九二年北京舉辦祝林恩個展，展出城市山水畫。一九九二年香港百家畫廊舉辦祝林恩彩墨畫展。一九九二年《翠柏雙鹿圖》《採菊圖》作為江澤民總書記訪日國禮。同年訪日，聘為長野中國水墨畫美術館名譽理事。一九九六年赴加拿大舉辦「祝林恩彩墨畫展」，榮獲「城市山水畫創新獎」。一九九八年、一九九九年、二〇〇一年三次赴日本舉辦城市山水畫個展。二〇〇三年八月二十七日哈爾濱城市山水畫研究會成立，祝林恩任會長。

祝林恩曾榮獲二〇〇〇年「中國百傑畫家」榮譽稱號。多家電視台拍攝專題片介紹祝林恩城市山水畫，國內外百餘家報刊發表作品和評論，出版有《祝林恩畫集》《祝林恩城市山水畫集》等。其作品為中外專家、學者、收藏家廣為收藏並獲好評，傳略被編入《中國美術辭典》《中國現代美術家名人大辭典》《中國當代美術家名人錄》《中國當代書畫家名人大辭典》《當代書畫篆刻家辭典》《世界當代書畫名家大辭典》等。

山水畫家——孫文鐸

孫文鐸（1935 年-　）祖籍山東省濱縣（今屬山東省濱州市），出生於吉林省德惠市。一九五六年在德惠縣文化館從事美術工作，後任《吉林日報》美術編輯，一九七九年調《支部生活》雜誌社任副編審，一九八五年調吉林省畫院。孫文鐸早年師從吉林畫壇名家王慶淮先生學習山水畫，一生專注於山水。現為中國美術家協會會員、吉林省文聯藝委會委員、國家一級美術師，他還是吉林省書畫院顧問、吉林省美術家協會顧問、中國國際書畫藝術研究會理事。現定居北京。

孫文鐸的作品曾入選第四屆、第六屆、第七屆、第八屆、第九屆全國美展。多幅作品在《美術》《美術觀察》《國畫家》《中國畫》等刊物上發表。一九九〇年作品《雪鑄英魂》（合作）獲「正義·和平——紀念反法西斯戰爭勝利五十周年國際美術作品展」金獎。一九九九年作品《露氣山鄉》被邀請參加全國紀念建國五十周年山水畫大展。一九九九年作品《山地樂章》《塞外秋韻》入選由中國美協中國畫藝委會主辦的中國畫提名展。一九八七年作品《小院》被中國美術館收藏。二〇〇〇年在北京舉行孫文鐸山水畫藝術研討會。多次在北京、上海、長春等地舉辦個人畫展。出版有《孫文鐸畫集》等多部畫集。

▲ 孫文鐸作品

版畫家——蔣陳阡

蔣陳阡（1943 年-2010 年）吉林省德惠市人。一九六九年畢業於清華大學美術學院（原中央工藝美術學院）。山東省美術館專職畫家，一級美術師，中國美術家協會會員，中國版畫家協會會員。曾任濟南空軍政治部文藝創作室美術創作員，山東省美術館美術創作部主任，山東省美術家協會理事，山東省版畫家協會副主席兼秘書長，山東省城市雕塑專家委員會委員等職。

其油畫、版畫、壁畫、雕塑作品十五次入選全國美展，獲全國六屆美展優秀作品獎、中國魯迅版畫獎、中國昆明世博會銀獎。其作品發表於《美術》《版畫藝術》《解放軍畫報》《中國文學》《聯合早報》等報刊。代表作品載入《中國人民解放軍美術作品選集》《中國現代美術全集》《中國優秀版畫家作品選》《中國百年版畫》等大型畫集。

▲ 蔣陳阡作品

高級工藝美術設計師——楊蘭驥

　　楊蘭驥（1944 年- 　）筆名天驥、九副。吉林省德惠市人。原大連管理幹部學院講師、高級工藝美術師。幼年習畫，十八歲考入瀋陽魯迅美術學院，先後學習中國畫、西方繪畫、工藝美術、服裝和裝潢、染織等工藝設計，一九六六年以優秀的成績畢業。擅長中國畫、寫意花鳥、山水人物。並能夠繪製大幅油畫、水彩畫等西方繪畫作品。少年時代深受齊白石、陳半丁、王雪濤等大家的影響，在學院學習期間受郭西河指導，受益匪淺，是郭西河先生的得意高徒。楊蘭驥是原吉林省美術家協會常務理事，高級工藝美術設計師。一九六八年九月八日至二十九日，應邀赴日本大阪舉辦畫展，任副團長。一九九三年三月十日至四月十六日應邀赴比利時布魯日舉辦個人畫展。其中寫意花卉、牡丹、梅花、山水畫在日本、歐洲、台灣、香港頗受行家的推崇。人物畫《聖水觀音》被高價收藏。

▲ 楊蘭驥作品

▲ 楊蘭驥作品

舞台美術設計師——張家齊

張家齊（1941年- ）吉林省德惠市人。進修於東北師大，曾任《吉林文化》美術編輯。美術作品多次參加省市美展。宣傳畫作品曾出國展覽。長於油畫、水粉、水彩創作。宣傳畫、連環畫作品多次出版。舞台美術設計作品多次在國家、地區、省級展覽中獲綜合一等獎、舞台美術設計一等獎。

多次代表吉林省去北京參加國家級戲劇大賽，在吉林省電視台接受專訪向全省播出。曾擔任我國第一部歷史藝術片《李冰》的人物造型設計，獲得「金雞獎」。

舞台美術設計代表作品有：吉劇《隊長不在家》《常寶請戰》《長青指路》《小鷹展翅》《三盜芭蕉扇》《長白春情》《罵鴨》等。

▲ 張家齊作品

▲ 張家齊作品

　　繪畫代表作品為省文化活動中心九十二米大型木雕壁畫《吉林戲曲藝術》。現為中國舞台美術家協會會員、吉林省舞台美術家協會理事、中國曲藝家協會會員、國家一級舞台美術師。

飲馬河畔的作家——李文斌

　　李文斌（1948 年-　 ）出生於吉林市大豐滿。兒時生活於北戴河老家，一九五四年隨父部隊轉業定居德惠。吉林省第一屆詩詞學會理事、吉林省企業文聯副秘書長、吉林省作家協會會員、長春作家協會理事、德惠文聯副主席、德惠市第一屆作家協會主席。

　　李文斌自幼喜愛讀書，小學便通讀了《三國演義》《水滸傳》《西遊記》《苦菜花》等長篇著作。他尤其喜歡魯迅先生的作品，在小學和初中階段便通讀了《魯迅全集》，這對他以後的雜文寫作及文筆風格的形成，產生了深遠影響。

　　小學四年級的時候，參加學校舉辦的學生詩歌比賽，獲一等獎，從此與文學創作結下了不解之緣。從小學到初中、高中，從集體戶到部隊、工作崗位，幾十年間的創作便一直堅持下來。從二〇〇六年以來，他堅持一日一詩，字斟句酌，使得他的文學功底愈加豐厚紮實。

　　李文斌的作品涉獵較廣，小說、散文、詩歌、雜文、劇本、曲藝等均有較高造詣，且形成了自己特有的風格。發表在《吉林日報》《城市晚報》《長春日報》《長春晚報》《長春商報》《前進報》《德惠報》以及《小說月刊》《遼河》《觀瀾河》《遼寧群眾文藝》《春風文藝》《天池》《新農村》《農村天地》《吉林畜牧》《長春文藝》《德惠文苑》《長白山詩詞》《詩國》等國家、省市級報刊的小說、散文、雜文、新體詩、古體詩、曲藝、歌曲等，均受到讀者的好評。在歷屆省市及跨省文學作品競賽、徵文中，分別獲得過一等獎、二等獎、三等獎。

　　他從事十年專業劇本創作，創作的大型評劇、大型歌劇、獨幕劇、拉場戲

▲ 李文斌作品

等劇本，曾獲得省市劇本創作一等獎、二等獎及三等獎。

他寫了電視專題片《德惠解放四十周年》《春天的風》《金雞唱曉》《春風德大》等，還撰寫了《德大民藝聯歡會》《德大風采》等大型文藝演出電視腳本，這些作品在省市電視台上藝術地再現了德惠的人文風貌，獲得業內外人士的贊譽和好評。

他筆下的小說，人物個性鮮明，運筆洗練、深沉大氣，構思上力求拓新，主題深刻，小中見大，時代感強。

他筆下的雜文，思想性強，語言辛辣、犀利，一如本人剛直不阿的性格。涇渭分明，敢於針砭時弊，風趣幽默，冷峻中又不失和善之風。

他筆下的散文雋永清麗，質樸純真。語言素樸穩健，文筆自成一格，充滿真情實感。

他筆下的詩歌充滿哲理，獨樹一幟，與眾不同。詩中善於捕捉細微的人生真諦，積極向上，予人啟迪。詩文如涓涓流水、明快生動。詩風清新淡雅、深入淺出、明白如訴，得到眾多讀者的喜愛。

李文斌熱愛文化事業，在他任德惠作家協會主席期間，先後主編了百餘萬字的《綠葉》《江花》大型文集，並以執行副主編的身份編輯了十期《德惠文苑》，為德惠文學藝術的發展做出了貢獻。

他的詩集《365個日子裡的哲思》，二○一○年由吉林人民出版社出版。於二○一二年獲第三屆長春文學獎銀獎，並在二○一四年長春市政府首屆長春君子蘭文藝評獎中獲提名獎。

▲ 李文斌獲獎證書

詞作家——李宗遜

李宗遜（1945 年-　）德惠市人。當過教師，參過軍。轉業後，曾在德惠市委組織部等部門工作。一九八四年調縣政協工作，先後任文史辦主任、秘書長職務。

李宗遜酷愛傳統文化，多年來一直堅持業餘創作。二十年來，寫下了歌頌祖國、讚美家鄉、歌唱改革開放的詩詞近千首。有近百首作品在《詩刊》《中華詩詞》《東方紅》《長白山詩詞》等刊物上發表。多件作品在省內及全國詩詞大賽中獲優秀獎、特等獎和金獎。並被世界華人藝術家協會授予首屆世界華人文藝復興獎、傑出成就獎，數件作品被中華當代文學藝術作品展覽館收為館藏。

李宗遜十分關注德惠詩詞隊伍建設，他會同部分詩詞愛好者創辦了「德惠詩社」，並策劃出版了《德惠詩詞》，親任社長和主編，凝聚了一大批詩人、文學愛好者。《德惠詩詞》造就了一批在省內外很有影響的詩詞作者，現已出版十期。許多作者出版了個人詩集，近幾年詩詞創作總量達萬首以上。

在從事文學創作的同時，他還致力於編史著文，徵集文史資料百餘篇。編輯《德惠文史資料》六輯。撰寫存史文章二十餘篇，一九九二年主持編寫了《在德惠這片沃土上》一書，作為對學生進行愛國主義教育的鄉土教材，在全縣中小學生中發行了萬餘冊，被《人民政協報》報導。一九九八年以來，用近三年的時間主持編寫了《德惠人物》一書。該書記載了德惠在抗日戰爭、解放戰爭及社會主義建設時期為人類事業和社會進步做出傑出貢獻的英模人物的事跡。二〇〇七年，主持編寫了《崢嶸歲月》一書。此書用二十萬字詳實地記載了東北民主聯軍解放戰爭時期在德惠的戰事活動，以及解放戰爭時期發生在德

惠的重要歷史事件。

多年來他敬業愛崗，取得了豐碩成果，被中國國學研究會授予「國學家」稱號、被中國民間藝術家協會授予「當代人民作家」榮譽稱號。其傳略被國務院軍轉辦編纂的《中國轉業軍官風景》、國家人事部專家局編纂的《中國專家大辭典》等多部辭書收錄。

▲ 收錄李宗遜詩詞作品的典籍

著名評劇表演藝術家 —— 趙玉珍

趙玉珍（1940 年-2009 年）女，吉林省長春市人。一九五三年參加工作，著名評劇表演藝術家，國家一級演員。藝名筱月舫。曾任德惠市政協副主席。

一九四六年（7 歲）隨父明月樵學演京劇，主攻青衣、花旦，兼演彩旦、老旦、小生等行當，尤以刀馬旦見長。一九五三年進入德惠劇團為骨幹演員，改演評劇。一九五四年主演的現代評劇《女教師》參加省戲劇觀摩會演獲獎。一九五五年排演的傳統評劇《楊八姐遊春》，連續演出十一年五百餘場次，並由吉林人民廣播電台錄音播放，深受群眾喜愛。一九六五年主演的評劇《比武之前》，在長春地區舉辦的現代生活戲劇會演中獲得好評，被吉林人民廣播電台錄音播放。

一九七七年，趙玉珍從下放地大青咀鎮調回縣評劇團，擔任副團長。

趙玉珍藝術功底深厚，唱、念、做、打俱佳，主演的傳統劇目有《楊八姐遊春》《桃李梅》《唐知縣審誥命》《花為媒》《盤絲洞》《春草闖堂》《穆桂英掛帥》《茶瓶記》《小姑不賢》《打金枝》等百餘部；現代劇目有《女教師》《比武之前》《一家人》《小女婿》《楊三姐告狀》等三十餘部，在吉林省藝術界知名度頗高。

趙玉珍性格豁達，藝德高尚，言傳身教，為縣評劇團培養了一大批藝術人才。曾被選為政協德惠縣（市）第一、二、三、四屆常委，第五、六、七、八、九屆副主席和德惠縣（市）第三、四、五、六、八、九屆人大代表。二〇〇九年病逝，享年六十九歲。

▲ 趙玉珍劇照

熒屏上的德惠人 —— 葛珊珊

　　葛珊珊（1983 年- 　）女，吉林省德惠市人。師從趙本山之前，葛珊珊一直與老公歷小峰搭檔，穿梭於一些小劇場，進行傳統的二人轉演出。師從趙本山之後，通過系統地訓練和學習，在原有舞台表演功力基礎上，有了更具文化性的突破性進步，並逐漸走向熒屏，在影視作品中逐漸顯露了頭角。

　　二〇〇七年，葛珊珊因在《鄉村愛情 2》中飾演王雲一角而揚名，自此，接連出演《鄉村愛情 3》及《鄉村愛情交響曲》，進一步奠定了她在觀眾心目中不可替代的地位。在這一系列劇中，葛珊珊扮演的王雲與劉流扮演的劉大腦袋是一對夫妻，在談到自己對角色的把握時，葛珊珊說她完全是本色表演，沒有一點兒修飾。「就是覺得挺真的。我自己也不會演，我這人就是比較能拉下臉來。」葛珊珊介紹說，《鄉村愛情 2》是她第一次出演的電視劇，因為沒有接受過專業訓練，完全找不到方向。不過劇中的「丈夫」劉流在表演上給了她很大的幫助，「他平時總告訴我說你應該怎樣怎樣，也沒有架子，所以跟他對戲特別放鬆，也不那麼緊張。」

　　葛珊珊在劇中的扮相十分老成，讓很多人誤解了她的真實年齡，實際上，葛珊珊是名副其實的八十後。對此，葛珊珊並不介意，並且笑言，她從小看上

▲ 《鄉村愛情》王雲扮演者

▲ 葛珊珊在《鄉村愛情》中劇照

去就比較早熟，為此還鬧過不少烏龍。「我十三歲的時候，在火車上遇見一個當兵的，他當時問我，你有二十嗎？」其實，讓觀眾誤解她真實年齡的真正原因是劇中的服裝。為了更貼近王雲的不修邊幅與老成的形象，葛珊珊甚至還借來了婆婆的衣服做戲服。她說：「只要能演好角色，犧牲形象無所謂，我的大臉盤特別適合演東北農村人的角色，而且靠這些服裝能稍微顯老點兒。」

現實生活中的葛珊珊和《鄉村愛情》裡扮演王技術員的歷小峰是夫妻。兩人因二人轉結緣，並相知相戀，最終步入婚姻的殿堂。兩人結婚紀念日的那一天，夫妻二人一同拜趙本山為師學藝。葛珊珊說：「記得那時本山傳媒搞慶典活動，我倆都去了。師父看我倆緊張，就讓我倆上去唱一段。事後一起喝酒時，師父說我倆行。」就這樣，葛珊珊一步步走進了藝術表演的殿堂。

葛珊珊的藝術之花離不開家鄉厚土，厚道的德惠人回報給家鄉的，自然是一部比一部更精彩的藝術作品。

著名劇作家——孟祥偉

孟祥偉（1969-　）生於吉林省德惠市。其多才多藝，廣涉文學、戲劇、曲藝、書法、繪畫等藝術門類，兼及創作與理論批評。現為德惠市文化總站站長、國家一級編劇、吉林省舞台藝術創作中心會員、中國曲藝家協會會員、吉林省曲藝家協會理事、吉林省戲劇家協會理事、吉林省美術家協會會員。政協德惠市第十三屆委員會委員，長春市第三十三屆勞動模範。

其戲劇、曲藝作品，獲得國家、省、市會演獎勵二十餘次，其中，小品《御史拜壽》獲第七屆中國曲藝「牡丹獎」節目獎。拉場戲《門當戶對》、二人轉《三串門兒》分別在吉林省第十四屆、第十五屆二人轉新劇目推廣會上獲編劇三等獎、二等獎。二人轉《看門狗》，小品《戲中有戲》、《過去時》分別獲第三、第五、第六屆「吉林省二人轉·戲劇小品藝術節」編劇一等獎。戲劇理論文章《戲曲生產的健康流程和集體意志》獲「第十屆東北三省戲劇理論研討會暨東北三省戲劇觀念與發展態勢論壇」論文一等獎。大量作品收錄於《全國優秀曲藝作品集》《吉林二人轉劇本全集》《吉林省歷史文化資源書系——吉劇集成》《文化大院——文藝演唱作品集》等專集，發表於《戲劇文學》《長春戲劇》等刊物，展播於吉林衛視、吉視鄉村等電視頻道，參演於中央、省、市電視台春節晚會和文藝欄目。

歌曲作品：獲吉林廣播電視信息台北國評書頻道主題歌全國徵集大賽頭獎，播出於中央、省、市電視台並活躍於大江南北舞台。

文學作品：《世界大富豪傳記叢書》《保羅·蓋蒂》卷、《故事王叢書》《奧

運英雄故事》等專著，由北方婦女兒童出版社出版。

影視作品：曾為吉林電視台影視頻道大型電視欄目劇《咱老百姓》主創人員之一。

晚會策劃：數十次策劃德惠市大型晚會演出活動，創作作品並撰稿。

繪畫作品：參加中國美協主辦的「紀念毛澤東延安文藝座談會上的講話發表六十周年全國美術作品展覽」；中國書畫藝術家創作中心舉辦的「筆墨雅韻·中國當代書畫百家小品展」；韓國蔚山廣域市美術協會舉辦的「第九回韓·中美術交流展」；新加坡美術總會主辦的「中國書畫精品新加坡展賣會」等展事，作品多次獲得各級獎勵並被收入各類作品集。中國畫《杏林薪火》被雲南省文學藝術博物館永久收藏。

▲ 孟祥偉獲獎證書

二人轉劇作家──楊顯國

　　楊顯國（1946年-？）出生於德惠縣郭家鄉。吉林省著名二人轉劇作家。

　　一九八九年十一月，楊顯國創作的拉場戲《分娩之後》，代表長春市計劃生育委員會參加「首屆全國計生委文藝節目調演」。

　　一九九一年五月，楊顯國創作的三集連續二人轉《千里姻緣》，在吉林省第十屆二人轉新劇目推廣會上，獲劇本創作一等獎。

　　一九九一年七月，德惠縣委、縣政府做出《關於表彰德惠縣劇團〈千里姻緣〉劇組的決定》，對該劇組編劇楊顯國和全體演職人員給予通令嘉獎。

　　一九九二年，《千里姻緣》在全國二人轉會演中獲編劇獎，同年獲吉林省第三屆長白山文藝作品三等獎。

　　一九九三年四月，楊顯國二人轉文集《楊顯國作品選》，由吉林省二人轉藝術家協會編輯出版。

　　一九九六年，楊顯國創作的二人轉《張桂蘭闖台》，在吉林省第十三屆二人轉新劇目推廣會上獲創作一等獎。

第四章

文化景址

無情的歲月盡管攜走遠逝的雲煙，然而歷史的蹤跡並沒有因此杳然。歷史以它古老的方式，珍藏起一個又一個文化的細節。德惠境內的「貢江碑」，默默地陳述著松花江邊的往事；「攬頭窩堡遺址」，留下的則是關東大漢胼胝荒野的身影，是德惠歷史真實的寫照。發生在這裡的故事，絕不僅僅是故事本身，它的價值恰恰在於，它在天地間寫下的那一筆一畫，盡是人們對於歷史深刻的沉思。

遺址

▲ 猛獁象

德惠地域遼闊，歷史悠久。新石器時期，我們的祖先就開始在這片廣袤富饒的土地上繁衍生息，創造了古老的歷史文化。

第四紀冰川後期，距今大約一千萬年到五百萬年之間，松花江流域草深林茂，江河縱橫交錯，氣候偏寒，適合猛獁象和披毛犀一類動物生存。在菜園子鄉菜園子村中韃營屯前一條季節河溝裡，發現一彎形猛獁象門齒化石，長二點四米，直徑最粗四十五釐米。化石較完整，表皮硬質，條紋清晰，通體呈螺旋彎形。在同一地點還發現過披毛犀牙化石。牙長六點五釐米，寬一點四釐米，厚〇點八釐米。尖端略彎，黃白色。猛獁象的體積是現代大象的十倍到二十倍，體重約三十噸，與現代海裡的鯨相近。披毛犀體型似牛，毛長軟。後來，由於地質演進，氣候發生變化，這些動物失卻適應能力，生命無法延續，漸至滅絕。

▲ 猛獁象臼齒化石

據考古資料證明，新石器時期，祖先們便開始在德惠這片土地上留下了遠古時期文化的身影。

德惠市境內已發現和保存下來的文化遺址，猶如沉積在漫漫歷史長河裡斑駁多彩的貝殼，亦如從遠古派來的使者，向今天的人們講述著昨天那一段段鮮為人知的故事。

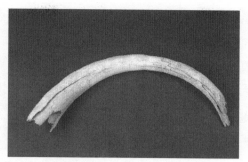

▲ 猛獁象門齒化石

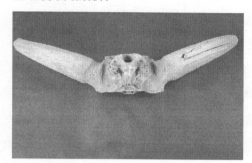

▲ 牛角化石

　　大青嘴（咀）遺址　　大青嘴（咀）遺址位於大青嘴（咀）鎮東五百米處海拔約二百米呈東西走向的漫崗之上。該處山崗岩層為灰白色、深青灰色、薄層狀泥岩，層理明顯，質地堅硬且脆。遺址南面是一片極為開闊的窪地，八千年前的「德惠人」就在這裡繁衍生息。

　　在大青嘴遺址採集到的遺物有石器、陶器和動物骨骼。石器中有石斧、石鏟、石鏃、石刀、石矛等，是當時砍砸、剝獸皮、切割和打獵的工具。石斧可分兩種形制：一種打磨非常光滑，梯形圓刃，橫剖面為橢圓形；另一種器身為琢製，只在刃部略加磨光，整體近似長方形，橫剖面為橢圓形。

　　當時使用的陶器可分為兩類：一類為夾砂紅褐

▲ 大青嘴遺址

陶，陶胎較粗，含粉末狀沙粒和蚌粉。其表面有素面的，也有飾篦紋、劃紋和捺壓紋的。篦紋多構成幾何形圖案，劃紋則為橫向的平行線，捺壓紋多與篦紋相結合，組成圖案，器形有罐、缽等；另一類也為夾砂紅褐陶，但顏色比第一類要淺，且胎質較

▲ 石斧

松，火候較低，均作素面。器形有較短的鬲足和較長的鼎足。

遺址中還出土有骨針、骨錐各一件，是當時用來把獸皮縫連為衣服的工具。遺址中的動物骨骼有野牛、羚羊的角骨，是當時人們的獵獲物。

堆積於居住坑底的陶片和魚、蚌殘骸，可以讓人想見，祖先們或仨倆兒或成群在一起進餐的親和場面。殘存於穴壁局部明顯的煙灰痕跡，似乎可以讓人望見，祖先們已經開始使用靈活的手指，點燃用石斧石刀砍下的柴枝，裊裊炊煙升起在天地之間。堅硬鋒利的石鋤，拓荒成裸地，不知種下的是什麼穀物，只知道勤勞勇敢的祖先，那時便已進入定居或半定居階段，由漁獵為生邁入原始農耕生活的門檻，挖坑埋種，種下了淳樸而古老的文化。

二〇〇七年，大青咀遺址被吉林省人民政府定為省級文物保護單位。

松花江林場遺址　德惠市松花江林場遺址，位於德惠市松花江鎮的松花江二級台地上，東鄰松花江，西靠村村通水泥路，南北兩部分為林場樹林。遺址地表散布有夾砂紅褐陶器物殘片等，有鬲足、鼎足、鏊耳等。另外，林場中部一條小路上發現一被破壞的石棺墓，由四片米粒岩板構築。該遺址應為青銅器時期遺址，在研究東北地區青銅器時期聚落分布、生產、生活等方面有

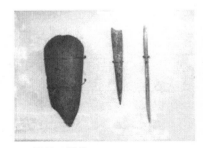

▲ 骨針、骨錐

著重要價值。

二〇一〇年，該遺址被長春市人民政府公布為市級文物保護單位，二〇一三年晉升為省級文物保護單位。

亮子溝遺址　亮子溝遺址位於松花江南岸的二級台地上，屬松花江鎮寶泉山村。地表古代居民遺留的各種陶器非常豐富，斷岸上的灰坑痕跡也很明顯，最深可達兩米左右，文化層其他部分的厚度也有半米。

根據出土器物可以判斷，亮子溝是一個長期多次為人們所居住的重要遺址，它至少有兩個時期的文化遺存，較早的為西團山文化，後者當屬漢代。

後石家遺址　米沙子鎮三勝村後石家屯南的後石家遺址，出土有褐色夾砂陶，還採集到一件石器，為磨光的石鏃刃部殘體，兩面刃，橫剖面呈長方形。所採集的陶器和石器都為西團山文化的典型器物，遺址年代約為春秋戰國時期。

西七道泉子遺址　天台鄉西七道泉子村的西七道泉子遺址，採集到的陶器為夾砂陶，器壁不平整，胎內砂粒較大，由於火候不均勻，器表面有的呈紅褐色，有的近黑色，均素面。其形制有橫剖面呈圓形或橢圓形的豎橋狀耳及平底陶罐等。採集到的一件石器為磨製較粗糙的半舌狀器物，器身一面扁平，一面呈漫圓形。一九八三年，此處還發現一個灰坑，並在內出土兩件陶器殘部。一件為陶罐下半部，紅褐色夾砂陶，器壁粗糙且較厚，素面，直筒平底，手製。另一件為豆盤殘部，泥質陶，外表磨光黑亮，器壁較厚，圓唇斜直腹，手製。其年代約為青銅器時代。

高家窩堡遺址　萬寶鎮新立村高家窩堡遺址，地表裸露著大量的紅、黑、褐夾砂陶器殘片，鼎足、鬲足等殘體。在遺址南坡的溝壑斷壁上有明顯的灰坑、紅燒土。東端及西南坡、西坡的溝壑，在距地表五十至六十釐米的文化層內夾有為數很多的褐色布紋筒瓦，同時混雜著大量紅、褐、黑夾砂陶片，橋狀耳、鼎足、鬲足。發現的陶器當中有夾粗砂、細砂兩種，粗砂陶器未經淘洗，素面，火候低下，不甚堅硬，在製法上均為手製，並有壓捺痕跡。較厚的文化

堆積和為數較多的遺物，反映出這個遺址可能是一處較早的村落址，後被遼金所沿用，類型與西團山文化相似，其年代約為漢代。

老邊崗土牆遺址　德惠市境內老邊崗土牆，起於松花江鎮松花江村松花江屯東北三百米處的斷崖崖口，止於農安縣前崗鄉葦塘村匡家屯北五百米，呈東北——西南走向，全長73528米。經考古證明，德惠老邊崗土牆屬唐代時期，係用來防禦外來侵略而築。

二〇一三年老邊崗土牆遺址晉升為國家級文物保護單位。

王家坨子古墓群　王家坨子古墓群位於菜園子鎮新立村王家坨屯子西居住區後的台地上，東距松花江支流三百米許，護江堤壩在屯東頭穿過。北距松花江支流筒子河約三點五公里，形成了兩面繞水之勢。西面五百米與大沙坨子屯古遺址為鄰。南面是廣闊的農田。這裡地勢平坦，土質肥沃。

自一九七二年起至今，當地村民在取土過程中，於耕地和房屋周圍發現大量人骨和陶器等。據統計，在大土坑範圍內挖出人骨達五十具以上，完整陶器近二百件。據村民講，在絕大多數人骨周圍沒有見到葬具，僅有兩座墓的土坑裡出土三塊「米粒石」的石板。每塊石板長寬各為七十釐米，厚為十五釐米至二十釐米。由此可以估計此墓群多為土坑墓，墓葬中也沒有發掘出合葬和人骨堆放在一起的二次葬現象。人骨的頭向一般都為西北向，隨葬品置於人骨側上方。在葬地中出土的隨葬陶器，現僅存一件鏤孔豆、一件灰陶缽、一件紅陶雙耳罐和一件灰陶罐。

王家坨子古墓群的文化面貌既不同於吉長地區常見的西團山文化，又有別於我省西北大安、扶餘的漢書文化。特別值得注意的是，

▲ 紅陶雙耳罐

鏤孔豆在我省屬罕見之物，由此可以推斷，這裡可能是一種新的古代文化。根據對出土陶器分析，此墓葬應屬春秋戰國時期。

北嶺墓地　北嶺墓地位於菜園子鎮北嶺村，坐落於東西走向、高呈十餘米的沙丘上，面積近萬平方米，為德惠、農安、松原的交界地。這裡江河縱橫，地勢開闊，東三點五公里是松花江，西一公里處為飲馬河。一九八四年，當地村民在距地表六十釐米至七十釐米的深處，發現一組陶器，並有一具腳南頭北人骨架。其中陶豆三件，罐二件。

據分析，北嶺出土物與王家坨子古墓群出土的陶器，表體都經抹壓磨光處理，豆的製作法均為泥圈套接法，同飾三耳。罐有陰刻弦紋等特點。相異的是鏤孔做法，北嶺出土的鏤孔陶豆是尖而薄的銳器交叉相切割成「×」形，然後橫挑出，且少數鏤透，罐的腹部弦紋圓而淺，且豆體較大，盤完全敞口，無肩。通過這些出土器物，可以看出，北嶺有較多墓葬分布，並且說明王家坨子墓葬的文化類型不是單一而立的。北嶺墓地對進一步研究東北原始文化類別與中原文化的淵源關係以及這種文化的分期都有著極大的意義。它的年代，應為春秋戰國時期。

獾子洞遺址　獾子洞遺址位於達家溝鄉獾子洞村。此處地勢平坦，土質肥沃，從古至今都是人類生息的好地方。遺址西北五百米處有飲馬河由西南向東北流過，南面一千五百米處即是哈大鐵路。

遺址的範圍較大，東西近三華里，南北近二華里，北起獾子洞屯，南至大隊果園，大隊所建磚廠處在遺址的中心位置。

觀察磚廠取土形成的斷面，古代灰坑累累，文化層厚度可達半米左右。地表暴露的遺物非常豐富。其陶器有灰色泥質的大捲沿罐口緣、立式橋狀耳、甕底等，還有一大圓孔的陶甑底。有粗糙的醬釉甕、罐殘片。瓦件除布紋瓦外，還有灰陶勾滴，主要圖案為凸起正反三角形狀。在遺址中還常可見到殘破的石臼，其形狀為一不很規則的石頭，在中部砸出一半圓形的坑窩。一九八二年，磚廠工人在取土時，還曾挖出過擺在一起的大小不同的石環二十餘個。現保存

下來兩件，一件直徑九釐米，一件直徑七點一釐米，斷面呈橢圓形，翠綠色，打磨光滑。據村民講，遺址中還曾出土過成罐的銅錢。

經鑑別確定，該遺址是一處比較大的遼金遺址。

江心島遺址　江心島遺址位於岔路口鎮毛家村張家坨子東北一五〇〇米處的松花江江心島上。在這裡採集到的陶器殘片，多為泥質灰色、輪製、火候較高的素面陶器殘片和捲唇口沿等多種。瓷器殘片一件，口沿、底部八件。可識其形為圓唇、外侈、斜壁、圈足瓷碗。胎為淺肉色，質地細膩，含有沙眼。瓷表為灰白釉，飾有青色繁草紋飾。還有飾有鐵鏽花小開片瓷罐腹、頸、口沿等。這些瓷器，器形古樸敦厚，紋飾端莊素雅。

一九八三年春，在沙丘東坡頂部，出土魚形鐵鍘刀二件、鐵叉一件、鐵钁一件、鐵鑱三件。這些生產工具的發現，說明當時金人已經過著定居生活。尤其是鐵器用於生產，促進了農業生產的發展。還出土大型銅甑一件，舟形烙鐵一件，雙耳平底三足鍋一件，這批生活用具的出土，可見當時人民生活水平有很大提高，金代冶煉業的發展也已達到一定程度。江心島遺址為研究金代歷史提供了較有價值的實物資料。

朱家坨子墓葬　德惠朱家坨子墓葬，位於朝陽鄉朝陽村朱家坨子屯北五十米處的西北—東南走向的沙丘南坡，四周皆為開闊的耕地，西與雙城子古城相望，在東西長八十米、南北寬三十米的地表散布著零星的陶片和人骨殘塊。一九八三年文物普查時，採集到灰色泥質箆齒紋陶片和人的牙齒等。一九八三年秋，當地村民在挖沙過程中還發現人骨，並收集到小桃葉形金耳飾二件，鐵鏃多件，鐵刀一件。現在墓葬的形制、結構、葬式均已無考。根據隨葬品的陶片綜合分析，該地應是遼金時代的墓葬。

前二道溝墓群　該墓群位於五台鄉狼洞村前二道溝屯南二百米處，坐落在東西走向的漫崗上，南一百米處是前二道溝遺址，四周為河流所環抱。這裡背風向陽，土地肥沃，地勢開闊。在東西二百米長、南北一百米寬的範圍內，地表散布著大量粉紅色石棺殘塊、人骨及灰褐、黃褐、紅褐色陶片、乳白色瓷

片，還發現有「太平」「大觀」「正元」「正隆」等銅錢。該處墓葬於一九八二年被當地村民發現，根據石棺、陶瓷器殘片和出土銅錢分析，此地應為遼金時代墓葬。

梨樹園子古城址　德惠市梨樹園子古城址，位於德惠市大房身鎮梨樹園子村城子下屯北，在一條東西走向漫崗頂部，南臨城子下屯，西鄰村村通鄉路，西北三百米處是侯家屯，東北二百米處是力家屯，南一五〇〇米處是沐石河，南

▲ 德惠市梨樹園子古城址

▲ 拽達懶河猛安之印

▲ 盆烈可烏主謀克之印

五百米是沐石河支流由西向東流淌。城址平面呈長方形，該城方向四十六度，東西牆長三九二米，南北牆長三四〇米，周長一四六四米，面積十五公頃。遼金時期這裡是政治、經濟、軍事要地，是用來瞭望和看守河道的軍事戍堡。

該城還先後出土多方銅印。這些銅印的出土，對研究金代行政、軍事設置和管轄及此城建立年代，都提供了重要的物證。

該城址於一九六一年被長春市人民政府公布為市級文物保護單位，二〇一三年晉升為省級文物保護單位。

鮑家古城址　德惠市鮑家古城址位於德惠市松花江鎮鮑家村與興隆泉村交界處，城址平面呈長方形，東、西兩牆長四百米，南、北牆長為三百米，城址周長為一四〇〇米。城牆為夯土結構，遼金時期，這裡是政治、經濟、軍事要地，是用來瞭望和看守河道的軍事戍堡。

二〇一〇年，該城址被長春市人民政府公布為市級文物保護單位，二〇一

三年晉升為省級文物保護單位。

　　臥虎古城址　德惠市臥虎古城
址，位於德惠市邊崗鄉臥虎村臥虎屯
北，東至順發市屯一千米，南距臥虎
屯五百米，北至伊通河一五〇〇米。
城址邊長各二百米，面積四公頃，是
用來瞭望和看守河道的軍事戍堡。在
其地表發現大量陶片及陶壺等。

　　該城址於一九九二年被長春市人
民政府公布為市級文物保護單位，二
〇一三年晉升為省級文物保護單位。

　　雙城子古城址　德惠市雙城子古
城，位於德惠市朝陽鄉雙城子村，城
東部為松花江，地理位置十分重要，
規模宏大。古城分南北二城，內城為

▲ 六耳鐵鍋

▲ 灰陶壺

抗擊沙俄所建，外城建於遼金時期。外城呈正方形，方向為正方向。邊長一千
米，面積一百公頃。內城近似長方形，方向三五〇度，東西牆各長四一〇米，
南北牆長四一六米，面積十七公頃。遼金時期這裡是軍事攻守咽喉，加之古城
建築規模宏大，不難想象當時這裡商旅輻輳，人煙稠密，經濟繁榮的景象，這
是一座遼金時代較為重要的城址和軍事要塞。

　　二〇〇七年，該城址被吉林省人民政府公布為省級文物保護單位。

　　丹城子古城址　德惠市丹城子古城，位於德惠市邊崗鄉丹城子村一社後漫
崗上，城址為正方形，邊長四百餘米，面積十五公頃。北、東兩面牆保存完
好，城址南城牆被破壞，城牆為夯土築成，是用來瞭望和看守河道的軍事戍
堡，應建於遼金時代。

　　一九六一年該城址被長春市人民政府公布為重點文物保護單位。二〇〇七

年，被吉林省人民政府公布為省級文物保護單位。

▲ 城子古城址

　　攬頭窩堡遺址　攬頭窩堡遺址是東北地區具有代表性的遼金時代的聚落遺址之一。遺址規模大，堆積厚，遺存豐富，出土了大量的遺物遺跡。

　　攬頭窩堡遺址位於德惠市邊崗鄉丹城子村，地處松花江的兩條支流——伊通河與飲馬河之間的一道狹長的漫崗上。遺址地表上散布有大量的古代磚瓦、陶器、瓷器的殘片。這些殘片分布的範圍很廣，北邊可達一點五公里之外的雙城子古城之下，南邊與二公里遠的丹城子古城相連接，東西跨度一公里許。

　　一九八〇年，文物考古工作者在這裡發現了大面積古代遺址，該遺址面積約達三四四公頃。一九八八年至一九九九年，吉林省文物研究所對遺址實施了

▲ 攬頭窩堡遺址

搶救性考古發掘，發掘出的主要遺跡為六號房址。該房址是一座具有取暖設施的地面式長方形房址。面對這裸露的房址，不難看出當時居住在這裡的人們是多麼的聰明睿智。可以想見，在寒冷的冬季，人們在有取暖設施的屋內，眺望萬里雪飄，翹盼柳綠花紅的到來，該有多麼的愜意。

在房址的西牆中段，清理出一段長約三米的牆體基礎，為夾柱包磚土牆。房屋四面牆體位置上，共見礎石十五塊，木柱二十五根。房址地面比較平坦，北部略高。室內還清理出火炕、灶、煙囪等附屬設施。

同時出土了大量的陶器、瓷器殘片等遺物。陶器均為泥質灰陶，胎質較細，火候較高，器表有紋飾、輪製；陶器均為堅實的灰色泥質陶。可以看出器型的罐是捲沿平底，輪製痕跡明顯。甕，捲沿比較大，平底。還有的甕為直口，在口沿以下飾有一圈壓印紋。在一些陶器腹部殘片上還飾有篦尺紋。釉陶器，多為大型器皿，直口圓底上塗醬釉。瓷器，多為小型的碗、盤等，其中碗

▲ 邊崗鄉丹城子村攬頭窩堡屯發掘出的遺跡

的上半部掛有黃白釉，腹部以下有「復燒」痕跡，少數瓷片有細碎的「開片紋」。

一九七二年，當地社員從磚廠土層中挖出一個四繫鐵花金代瓷罐。其形為小口圓唇，頸部有四個對稱豎耳與肩相連，溜肩鼓腹，矮圈足，通體呈立式橢圓形狀，胎質堅實，造型規整，釉色白中泛黃。肩部飾有寬窄不同的圈條帶狀黑褐色紋飾，並在四耳的空隙處點有四個黑褐色圈點，腹部繪「鐵鏽花」三組，圖案簡樸大方，筆調流暢，腹部以下遍飾黑褐色釉。此器通高二十八釐米，口徑三釐米，腹徑十八釐米，底徑七點五釐米。此罐係金代典型器物之一。

一九九二年，在邊崗鄉丹城子村古城出土了一枚陶製象棋子。其直徑二點七釐米，厚〇點九釐米，黃褐泥陶燒製，呈鼓形，兩平面各陰刻一正字「炮」，用一周凹線圈起，邊弧形，字線均塗黑色。此物當屬遼金時期的玩具——象棋子，現收藏於吉林省博物館。

截至目前，在邊崗鄉丹城子村攢頭窩堡屯發掘出的遺跡——六號房址，以及在這裡出土的文物，都足以說明攢頭窩堡是有歷史文化背景的，是一處以金代遺存為主的重要古代遺址。後代也可能到此建築房屋，生活居住。此遺址面積廣大，遺跡遺物豐富，文化層厚，又與丹城子、雙城子兩處古城為鄰，它對於研究當時社會政治、軍事和人們的生活狀況，以至對考證兩座古城的年代地理名稱，都有著極為重要的價值。

▲ 四繫鐵花瓷罐

貢江碑

　　清代貢江碑，位於德惠縣朝陽鄉朱家坨子東一華里的黃魚圈。同時是榆樹、舒蘭、九台和德惠四市縣交界處。松花江在這裡分出一岔，名曰巴彥河（俗名「白浪河」、「白衣河」），此河岔流出五十華里後，又匯入主江道。這裡澱多水穩，正是捕魚的好地方。江套、堤外，土地肥沃，物產豐富，是著名的魚米之鄉。

　　清代，吉林省打牲烏拉總管衙門同蒙古郭爾羅斯公，因在這裡捕魚向朝廷進貢以及墾荒等事，雙方經常發生爭執。為解決糾紛，乾隆二十六年（1761 年），經本省將軍奏明朝廷，

▲ 貢江碑

由邊外起，南至松江上掌，北至下紅石砬子，石子灘等處止，其間沿江均為捕貢晾網之區。由望波山延下，老江身分出一岔，名曰巴彥河。河西原設魚圈一處，魚營二所，派員看守。於光緒十三年（1877 年）四月間，經本衙門署總管富慶會同蒙員吉祥，分定界址，永絕葛藤，特立「貢江碑」一座。

　　此碑質料是漢白玉石。碑通高三點一米。其中碑首高〇點九〇米，寬〇點七六米，厚〇點二二三米。正面上部陰刻楷書「銘刻萬代」四字，背面上部陰刻楷書「鐵案千秋」四字。碑身高一點七二米，寬〇點七三米，厚〇點二〇米。碑身正背兩旁上下雕刻二龍戲珠，中間是斜「卍」字圖案。碑身上頭正、背面是不同形狀的卷雲紋飾，碑身下頭正、背兩面為水浪花紋圖案。碑身正面陰刻楷書碑文共有十六行，七一九字，其中一三七字已模糊不清。碑的背面右方為陰刻楷書四行漢文，背面左方為七行滿文，是由左向右，從上向下豎寫的，基本上都被毀壞。碑座高為〇點四八米，寬為〇點九三米，厚為〇點五五

米，碑座正案面雕刻著牡丹花紋圖案，背面是整齊小卷雲連台圖案。碑外是用青磚砌成的拱形碑坊，現已全部復原，十分壯觀。

為了恢復碑正面的漢碑文，依據遼寧省圖書館所收藏的清《打牲烏拉地方鄉土志》（卷三）中的「貢江碑文」填補了原文掉字之處。現在整個正面漢字碑文，按其原書寫格式恢復全文。

清代在打牲烏拉設總管衙門，專為皇帝貢奉東珠、蜂蜜、松子、鱘、鰉、鱒魚等特產。該衙門周界五百餘里，產丁 50000 多口，曾在它的管轄範圍內，豎立了「貢山碑」。清代《打牲烏拉地方鄉土志》（卷三）等部分，對此碑刻都有明確記載，稱此為「貢江碑」。

它是漢滿兩種文字的碑刻。正面的漢字，絕大部分字跡清晰，古樸遒勁，史料價值甚為珍貴。它不僅記載了清代的打牲烏拉總管衙門和蒙古郭爾羅斯公，向朝廷進貢鰉、鱒魚等和墾荒所確定的地域範圍，同時也介紹了該衙門是在什麼季節、用什麼辦法和採取什麼方式向清皇室貢奉鰑、鰉、鱒魚等史實。

一九八二年九月，長春市文物管理委員會辦公室重新修復此碑並立於原處。近幾年來，一些研究清史、吉林志史的學者，對打牲烏拉的歷史進行了卓有成效的研究，糾正和批駁了國際上有關打牲烏拉研究上的謬誤，引起學術界

▲ 修復後的貢江碑

▲ 貢江碑──吉林省文物重點保護單位

的重視。「貢江碑」是現存關於打牲烏拉歷史唯一的一塊碑刻，具有重要的學術和歷史價值，現已確定為吉林省重點文物保護單位。

附錄：貢江碑碑文及釋文

貢江碑碑文

　　打牲烏拉總管衙門為恪守封疆勒諸貞玟事竊胙土而崇國體任倚屏藩分疆而睦鄰封誼聯唇齒此國家之憲章可監邊陲之經界纂嚴也溯查本衙門設網捕魚每歲冬間本總管奉命出邊督率官弁兵丁等採捕鰉鱒魚並五色雜魚掛冰運署報明將軍會銜分二次呈進恭祭壇廟之要貢委非內庭口味可比嗣因邊裡人煙稠密水淺魚稀前於乾隆二十六年經本省將軍奏明由邊外起南至松江上掌北至下紅石砬子石子灘等處止其間沿江均為捕貢晾網之區由望波山迤下老江身分出一岔名曰巴彥河河西原設魚圈一處魚營二所派員看守唯因埋柵魚圈需費甚巨即令看圍官丁在江干佐近曠地留養條枝高大者作柵圈樟桿細小者為看

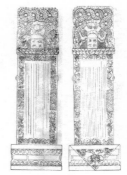

▲ 貢江碑碑文

營柴薪年派員上下川查嚴禁私捕侵占地址如此辦理百有餘年敬謹奉行委無異說無如愚氓窺伺通場為沃土覬覦條旬如利藪從未歇心迭有案據茲遵郭爾羅斯公報請本省將軍請將巴彥河附近通場撤回招佃輪租當經省派委員協領全福烏拉翼領富慶會同蒙古二品頂戴花翎梅楞吉祥等會勘將巴彥河東岸兩岔分脈之間俗名巴彥通此通迤北連脈又名黃花崗淺碟子鯰魚通等處撥給蒙古公經營並巴彥河西岸魚營荒旬一段自西南第二封堆起斜向東北長七里餘由中分界南歸蒙公北歸烏署各得一半其巴彥河西五里通張家灣一捉毛老牛圈並魚圈後花園通及楊家灣等處撥給烏拉永為捕貢之區至於家套仍斷歸登伊勒哲庫站經理與北公輪租如是擬辦均以樂從等情繪圖稟請爵帥將軍希批示著照所議辦理是以於十三年四月間經本衙門署總管富慶會同蒙員吉祥分定界址永絕葛藤旋蒙郭爾羅斯公來咨並諭內云除歸蒙公之巴彥通業已招佃開墾輪租外其撥給烏拉附圈左右南荒場亦令其自行招佃開墾所收租賦津貼魚務以補撤出作養條場之資永無爭兢等因遵此足徵公爺上崇國貢下便民生鴻恩遠沛烏郡難名誠恐年湮代遠罔識遵行故勒銘永志以清蒙烏之接界而杜永遠之爭端永垂不朽云爾[1]

貢江碑釋文

打牲烏拉總管衙門為了嚴格遵守分封土地的疆界,將皇上所賜領地分界事宜刻在碑上,以示尊崇。國家疆土,是依靠各封疆之間的友好和唇齒相依來保證的。國家的憲章可以證明各邊陲之間的管理是非常嚴格的。

追溯本衙門設網捕魚之事,每年冬閒,本總管都奉命到邊外,督促率領從事貢捕的官員和兵丁,到捕貢區採捕鰉魚、鱒魚和五色雜魚,掛冰後運到衙署,稟明吉林將軍共同會簽,分兩次呈送京城,供皇帝祭祀壇廟之用。貢品不

1　為恢復碑文正面的漢文,依據遼寧省圖書館所藏的清《打牲烏拉地方鄉土志》(卷三)中的「貢江碑文」填補了原文掉字之處,按其原文書寫格式恢複全文。

是一般宮廷口味比得上的。

因為柳條邊以內，人煙稠密，水面很淺，魚也很少。在乾隆二十六年時，經吉林省將軍奏明皇帝，由邊外起，南起松花江上掌，北至下紅石砬子石子灘等地止。這中間沿江一帶全都是捕撈貢品和晾曬漁網的地方。此處江道由望波山下游的老江身處分出一岔，名叫巴彥河。河西原來設有魚圈一處，有管魚兵營二所，派人員專門看守。只因每年埋設魚圈柵欄的費用非常之大，就指令看守魚圈的官員和兵丁，在江邊附近空曠之地，栽植留養柳條。高大的用作魚圈柵欄的障桿，細小的作為看營官兵的燒柴。

每年都派專職人員從上游到下游系統檢查，嚴禁私自捕魚和侵占屬地。像這樣已經一百多年了，一直嚴格執行，也沒有什麼其他問題。哪裡想到，當地一些愚民百姓眼饞養條通場地的土地肥沃，把甸地看作是聚寶生財之地。這種侵占從來沒有停止過，都是有據可查的。

現在遵照郭爾羅斯王公報請本省將軍，請求把巴彥河附近的養條晾網場地撤銷，招攬佃戶開墾收租。當時經省派委員協領全福、打牲烏拉翼領富慶會同蒙古二品頂戴花翎梅楞吉祥等共同進行勘察，將巴彥河東岸兩江岔分流之間地帶，俗名叫巴彥通。這片柳通往北相連的有黃花崗、淺碟子、鯰魚通等處撥給蒙古王公經營，一並將巴彥河西岸魚營所屬荒甸一段，即從西南第二個封堆起，斜向東北，長七里多的地段由中間分界，南面歸蒙古王公，北面歸打牲烏拉經營，各得一半。巴彥河西的五里通、張家灣、一捉（撮）毛老牛圈並魚圈後花園通及楊家灣等處，撥給打牲烏拉，永久作為捕撈貢品的區域。至於於家套子，仍斷給登伊勒哲庫站經營管理與繳納租稅。這樣辦理，各方都樂於接受。

以上情況繪製成圖，稟請爵帥將軍。希望批示照以上所議定辦理。此事於（光緒）十三年四月間，經本衙署總管富慶會同蒙古大員吉祥分定界址，永遠杜絕糾葛不清。不久，蒙古郭爾羅斯王公前來咨詢分界情況，並曉喻所屬：「除歸蒙公的巴彥通已經招募佃農開墾輸入租金外，其撥給打牲烏拉附屬魚圈

的左右南荒地也令他們自行招攬佃農開墾，所收租金賦稅用來津貼魚務，用來補償撤出被劃出的養育柳條場地的收入資金。永遠不要再有爭兢。」這足以證明王公對上尊崇國家貢品所需，對下便利民生。這種大恩永遠充沛於打牲烏拉郡，難以稱述。

　　恐怕年代久遠後人不知道遵照執行，所以刻立此碑永遠記載，以澄清蒙古郭爾羅斯與打牲烏拉的接界，從而永遠杜絕爭端，可以說這是一項永垂不朽的盛舉。

青雲觀

　　青雲觀舊址，在現今的德惠市米沙子經濟開發區天吉村的天吉小學操場處。在二百多年的歷史長河中，它曾有過香火鼎盛時期，也曾被荒廢，一度被人遺忘，歷經幾度重建。

　　嘉慶元年（1796 年），有蒙古族人叫「馬天吉」（音譯）的來到這裡落居，招募漢人開荒、賣荒。初來這裡的漢族人為取「吉利」意思，就把此地叫天吉屯。當時的天吉屯周圍荒無人煙，馬天吉身為蒙人，徵得領主首肯，最先來到這裡，四周荒地皆為馬天吉所有，占地達千垧之多。馬天吉靠租、賣荒地大發橫財，蓋起了四合院，做起了燒鍋、當鋪、雜貨鋪、大車店等買賣，成了當地有錢有勢的富戶。這些買賣十分興隆，屯落也隨之擴大，逐漸拉成街基，形成一條街道，人們習慣地稱其為「天吉街」。

　　蒙荒正式開放是自嘉慶五年（1800 年）開始。清政府理藩院同意對蒙地

2008年6月，德惠市地方史工作者勘察青云观遗址。

▲ 德惠市地方史工作者勘察青雲觀遺址

正式實行「弛禁」，實行第一次蒙荒放墾：從前旗游牧地中劃出「北邊永吉窩棚至邊柵百八十清里，東由沐石河到魯克山（今長春大屯鎮富豐山）二百三十清里劃地耕種，給予許可」，同時奉旨設長春廳（治所在長春新立城處）理事通判，下設撫安、恆裕、沐德、懷惠四鄉，管理民人（漢人）事宜，實行蒙漢劃界分治。

嘉慶十年，在這裡修建了青雲觀（當地老百姓稱為天吉廟），並派道士主持。由於當時設治初始，「居民鮮少，困於財政，僅將娘娘殿粗行修起。」當時廟宇很少，方圓百里內的屯落居民都到這裡趕廟會，青雲觀成為「長春東北之名剎」。

光緒十六年（1891 年）當地大戶張人和捐資，為青雲觀修築山門一座，又建了一座「關聖帝君殿」。因青雲觀初為官府所建，占有大片廟產地，現見青雲觀香火鼎盛，當地衙門又將廟產地收為公有。因成為公產，官府又無力經營，遂「一切殿堂多被鳥鼠穿毀牆垣，又被風雨（催）摧殘，儼然傾圮，狀如平地」，致使青雲觀走向荒廢。

▲ 青雲觀遺址

直至民國初年，當地大戶王雲山，「不惜重資，傾囊空篋，竭力補葺（葺）」，使青雲觀重有起色。但王雲山卻不幸在施工期間病逝。為完成王雲山遺願，他的好友楊璉繼續對青雲觀進行修復。為籌集修復廟宇費用，楊璉連年奔走於吉林、黑龍江兩省，獲得大量資金。

　　民國十五年（1926年），當地大戶王秉謙將南海殿（即觀音殿）、馬殿等大殿建成。至民國十六年（1927年），青雲觀被建成有馬殿、關聖帝君殿、娘娘殿、南海殿等四層大殿的大廟。同時，在九台的雞鳴山也修建了廟宇。

　　新中國成立之初，曾盛行一股拆廟之風，廟內道士都被趕走。一九四九年春，當地人民政府為辦學校，將廟內神像拆除，用作學校教室。一九五九年，全縣大興水利。米沙子四家子修建七一水庫，又把用作學校的大廟扒掉，磚瓦被用來蓋房，木材被運到工地做了閘門的閘板。至此，青雲觀被徹底拆除，並在原址建起了天吉村小學。

　　現在，在天吉小學前面臨道處，就是原來的山門，門旁的兩棵大柳樹依然存在，只是左側一株已被雷火將上半部擊毀。柳樹北十幾米處的牆根下靜靜地

▲ 百年老樹憶滄桑

躺著一塊青色花崗岩的高約兩米的一座石碑，旁邊散落著碑座和基石。這就是民國十六年重建廟宇時的功德碑。前面碑額上鐫有「萬善同歸」四個大字，碑文依稀可辨。碑文僅寥寥數行，簡述了青雲觀的修建始末。碑文下即是數百名捐款建廟人的名字和錢數，其中尚有卡倫商會的名字。最左側刻有「中華民國十六年九月九日；主持楊璉；穀旦」等字。碑的背面，碑額上鐫有「千古永存」幾個大字，下面全是捐款人的名字。

青雲觀從初建至今已有二百多年的歷史，雖然幾經滄桑，天吉街與初建時比已面目全非，青雲觀也早已蕩然無存，但兩棵老柳樹及殘存的碑石，卻依然向人們傾訴著百年往事。

青雲觀功德碑碑文

青雲觀　長春東北之名剎也　聞之此觀　始建於前清嘉慶年間　時蒙荒初開　居民鮮少　困於財政　是以僅將娘娘殿粗行修起　迫至光緒十六年　經張君人和又將關聖帝君殿並山門一座修成　後廟地歸公　鮮人經理　一切殿堂多被鳥鼠穿毀牆垣又被風雨催殘　儼然傾圮　狀如平地　幸有王君雲山　不惜重資　傾囊空篋　竭力補葺（葺）　但工未竣而王君又逝　其友楊璉不忍此觀半廢　又接踵修築　始得初成　及民國十五年　經王君秉謙　又將南海殿　馬殿等宇接續築妥　嗚呼　創始難　繼修尤難　如王君雲山者　盡三十餘年之積蓄　慨然助公　不少吝惜　其人頗不多　後即楊君璉　奔走吉黑　歷盡寒暑　未嘗言勞　已屬罕見　時值浩工告成　僅將觀之始末鐫之於石　以為永垂不朽云

主持　楊璉

中華民國十六年九月九日　穀旦

「喇嘛台」

▲「喇嘛台」現狀

立於德惠市區鐵南火車站左前方約二百米的俄式教堂——人們俗稱為「喇嘛台」，在歷經一百多年的風雨後，已經破敗不堪。它是當年俄國人修築的東正教堂。由南向北縱貫德惠市的京哈鐵路，其前身是俄國人在一八九七年開始修築的「中東鐵路」。隨著鐵路的建成，俄國人在鐵路沿線圈占了一大片狹長的土地，即所謂的「中東鐵路附屬地」。在這個區域內俄國人擁有政治、經濟、文化諸方面至高無上的權力，所以當時俄國文化也就借勢在這片土地上傳播開來。

教堂約建於一九〇三年，為俄式建築，瑩白色塗面，外形奇異。建築面積約六百平方米，為不規則的長方形。南教堂屋頂上有一高聳的鐘樓。主體建築為一層，但非常高大，約相當於二層樓，而屋頂上鐘樓的局部可超過三層樓高。屋頂為塗有黑漆的鐵蓋。教堂的東、西、北牆均開門。正門朝北，各門前均築有三層台階，南面無門。各門外都包砌有斗門，從外牆上凸起兩米許。斗門的上頂為圓拱形，被兩根磚砌圓柱擎起，上面刻有桃形花瓣，在東側斗門上有十字架浮雕。教堂內由鐘樓、大廳上下兩部分構成。教堂四周圍以木柵欄，園內植有各種果樹。整座教堂的建築風格同現在保存較好的哈爾濱東正教堂相比較，可謂「具體而微」。

「喇嘛台」堂內大廳，四壁皆有大小不等的窗口，牆面用白灰粉刷，並掛有較為密集的蠟釺。大廳南側牆面為橫式凹壁，內懸巨幅耶穌受難像，前邊是漫圓形神台，正中懸一盛放香油用以燃燒的玻璃缸。大廳上部北側為鐘樓，高四米餘。每面都有拱式窗口，樓簷四面為漫圓形，角端微翹，托出圓柱，塗綠漆，形似壓腰葫蘆，最頂端鑲嵌著象徵教堂的銀白十字架。

近年來，隨著城市的開發，「喇嘛台」附近的平房漸次拆掉，建起了一棟棟樓房。歷盡滄桑的「喇嘛台」，也在默默地注視著身邊的百年變遷……

東正教堂現為長春市重點文物保護單位。

▲「喇嘛台」原貌

鐵南「大白樓」

▲ 鐵南「大白樓」

位於德惠市區鐵道南面，距德惠火車站約百米處有一座「大白樓」，是德惠市內一所歷史悠久的建築物。該樓建於一九〇三年，是沙俄修築東清鐵路時的附屬建築，當時用作俄僑中學。

「大白樓」為典型俄式建築，整幢大樓呈「工」字形。前後兩樓以廊道連接，成為一個整體。該樓共分兩層，建築面積約兩千餘平方米，兩層樓的格局基本相同，有大小四十餘個房間。一層有南北兩門，門寬二點九〇米，大白樓中部對著正門的南北走廊，寬二點六五米，東西向走廊兩條，寬二點一五米。

一九三一年「九一八」事變，日本發動了侵華戰爭，東北地區不久即全部淪陷。偽滿康德二年（1935年），偽滿洲國和蘇聯簽訂了關於讓售中東鐵路的協定。從此，長春以北中東鐵路並入「滿鐵」範圍。當時，「大白樓」是日本高級鐵路員工宿舍，日文名字為「白楊寮」。

一九四五年日本投降後，該樓曾用作德惠中學學生宿舍。一九四六年五月二十五日，國民黨守軍進駐。一九四七年十月德惠解放後，德惠縣委曾駐在「大白樓」。一九四八年開辦德惠中學，又用此樓作為教學樓。一九五七年，德惠鐵路中學成立，曾為鐵路中學校舍。二〇〇四年，鐵路中學劃歸地方，經瀋陽鐵路局和德惠市人民政府聯合下達文件，此樓產權歸德惠市教育局所有，為生產校服的服裝廠。

「大白樓」歷經百餘年，見證了德惠歷史上歷次重大的節點性事件，是地方歷史上具有極為重要價值的標誌性建築物。該樓被列為吉林省重點文物保護單位。

楊林烈士故居

▲ 楊林烈士故居

　　楊林烈士故居，位於德惠市建設街道公路客運站西三百米處。該房建於一九〇三年，係沙俄建築。楊林在珍寶島戰鬥中光榮犧牲，被中央軍委授予「戰鬥英雄」稱號。楊林的名字從此永遠載入我軍史冊。

　　楊林，一九四四年九月生於山東，一九六〇年隨父親來到德惠，在德惠縣第四中學讀書，一九六二年應征入伍。

　　一九六九年二月七日，前蘇聯派出大批武裝部隊，入侵我國神聖領土珍寶島。戰前，楊林寫下請戰書，以保家衛國的大無畏的英雄氣概，參加了珍寶島戰鬥。

　　一九六九年三月十五日凌晨，敵人乘四輛坦克、裝甲車潛入我珍寶島。八點三分，島上響起了激烈的槍炮聲，敵我雙方展開激烈的戰鬥。

　　在戰鬥最激烈的緊急關頭，代理排長楊林奉命帶領三排登島作戰。

楊林和他的戰友們剛剛登到島上，敵人的一輛坦克、三輛裝甲車便向他們撲來，楊林立即轉動炮身，不巧，樹枝擋住了瞄準的視線，戰士杜剛遠為了排除障礙英勇負傷，楊林兩眼射出復仇的目光。他縱身跳上戰壕，不用方向機操縱，用左手把著炮筒，像端機槍一樣直接瞄準，一聲巨響，打中了一輛裝甲車。

　　戰鬥更加激烈了，陣地只剩下他和一個戰友。面對凶惡的敵人，楊林堅定地說：「我倆都是共產黨員，人在陣地在，天塌下來也要頂住！」敵人的坦克、裝甲車離他們只有一百米了。楊林瞄準沖在最前面的一輛坦克，心裡默算著：一百米、八十米……轟！炮彈準確命中目標。只見火光一閃，衝在最前面的敵方坦克冒起了一股黑煙。這時我陣地步機槍同時開火，一下子把來侵的敵人全部消滅。

　　在和敵人的對峙中，楊林身負重傷。右手的三個手指被打斷，左手掌也被子彈擊穿，鮮血染紅了七十五炮，也染紅了綠軍裝。敵人又衝上來了，他把戰友推下土坎，吃力地靠在身邊的一棵小楊樹上，毫不畏懼。敵人兩炮一槍，他單人單炮，然而他以壓倒一切的英雄氣概與敵人展開殊死戰鬥。炮彈，帶著他的滿腔仇恨，帶著他殷紅的熱血，帶著一個戰士對祖國的無限忠誠，呼嘯著飛向最前面的裝甲車。這時，敵人的坦克炮彈也落在了他的身邊，楊林壯烈犧牲，年僅二十五歲。

　　楊林烈士故居被省政府公布為吉林省文物保護單位。

▎高城子景區

　　德惠是個美麗的地方，她的一山一水，都是一幅百看不厭的畫卷，她的一草一木，都是一首萬誦不倦的詩句。你不知道德惠美，是因為你沒來；你捨不得離開，是因為你來了。德惠，不是因為她的富饒而美麗，而是因為她的山山水水、一草一木，都披上了新中國的萬道霞光，才有了真正屬於她的長天的蔚藍和大地的金黃。

　　在德惠的東北方向，有一個美麗的人工湖，她像一顆璀璨的珍珠，鑲嵌在松花江畔，她就是遠近聞名的遊覽勝地——高城子景區。高城子景區地處德惠市松花江鎮的高家城子與茂林村交界的丘陵地帶，距德惠市約三十公里的一〇二國道一一七四公里處，是一九五八年修建的水利工程。後幾經改造和擴建，現集水面積五十平方公里，庫區面積二點一平方公里，總庫容一〇二四萬立方米。一九九二年以來，開發了庫區荒地六十五點五十三公頃，種植作物六十公頃，植樹五點五三公頃。這裡利用水土資源優勢，開展起的水產養殖、旅遊、

▲ 景色優美的九曲橋

▲ 鐵鍋慢燉江魚香

餐飲等綜合項目，引來無數遠近遊人，漸漸地發展成德惠市境內令人流連忘返的景區。

這裡——

冬天一過，鶯歌燕舞，桃李芬芳。情侶們自然不會放過這踏青的絕好佳期，雙雙牽手於這自然的花圃；景區餐廳特有的開江魚、醉蝦活吃和風味獨具的農家飯菜，任遊人盡情分享；遠處綠野間，遊人們三三兩兩地躬身尋找著野菜，當然不是為了充飢，而是要帶回去與家人一起分享這大自然恩賜的綠色。

春天一過，碧波蕩漾，荷花滿塘。伸入荷花與荷葉間的九曲板橋上，興致勃勃的遊客不時按動快門，把人間的美景定格於記憶的長廊；闊大的泳區，清潔的湖水浪花飛舞，洗卻人們暑天的燥熱；頑皮的孩童們腳踏遊船，相互間撩水嬉戲，打濕的盡是快樂的童年；鬚髯皆白的老者彈一曲深沉的古曲，引出歲月變遷的感慨；曲徑通幽的林間小路，則牽著人們走進那丟掉緊張繁忙而後的輕鬆。

夏天一過，層林盡染，秋高氣爽。架上的葡萄熟了，湖裡的魚兒肥了。垂釣者安坐湖邊，垂釣著悠閒與靜雅；晴空飛鴻，落在湖面上的雁鳴，蕩起層層漣漪，搓洗著水面上的白雲；或攜妻帶子，或陪父母同行，或同學聚會，人們帶著響晴的心情而來，來一看這裡的湖光山色，來一品這裡醇香如酒的秋光。

秋天一過，江河凝脂，大雪飛揚，這裡變成一片銀白。晶瑩的湖面有如一塊平展的白玉，鑲嵌在冰天雪地。在這潔白無瑕的世界裡，人們的情操得到了淨化與升華。這裡，松鼠在枝頭跳躍，鳥雀在林間歌唱。喜鵲登枝，報著如願

的喜事。鴉落瓊雪，點綴的是幾滴墨香。而潛在湖底知趣的魚兒，則安詳地等待著春天的回來。

　　高城子景區的春夏秋冬是美麗的，她是一道靚麗的人文景觀，更是大自然垂青於此的傑作。

▲ 垂釣黃昏靜湖邊

▲ 翹望春天的冰凌

德惠公園

　　現代化城市的繁華和喧囂，影響了城市的安寧和雅靜，人們非常需要一個清新優雅的休閒場所。處在鬧市區的德惠公園，正是適應市民的這種需求建立起來的。德惠公園始建於一九八九年，續建於一九九四年，重建於二〇〇一年。總占地面積為十一萬平方米，植樹一百餘種。運動場地、甬路等硬覆蓋面積為二萬餘平方米。

　　正所謂「麻雀雖小，五臟俱全」，公園面積雖然不大，但是休閒娛樂設施齊備，這裡有：充滿情趣的兒童樂園、栩栩如生的十二生肖園、幽靜典雅的釣魚園、四面環亭的廊園、怪石嶙峋的石園；植物種植也很有特色：亭亭玉立的白樺林園、芬芳浪漫的玫瑰園、芳香四溢的丁香園、綠蔭如傘的金葉榆園、婀娜多姿的冬紅柳園、碩果累累的果園等；水域設施也很時尚：既有伴著人們歡

▲ 德惠公園

▲ 水上樂園

歌的小橋流水，還有供成人游泳、兒童嬉水的水上樂園；動物世界更是別有洞天：號稱沙漠之舟的駱駝，在這裡安營紮寨；聰明伶俐的猴子，在猴山上盡情地嬉戲玩耍；而孔雀開屏，則是以它美麗的翎羽，競相與遊人媲美……

　　早晨，天還沒亮，就有人在這裡吊嗓練唱，那高亢嘹亮的京腔京味讓人直感到鼓舞振奮；悠揚古樸的樂曲聲，伴隨著習練太極拳的人們在這裡舒展著南拳北腿，舞刀弄劍；更多的人沿著公園邊緣的甬路競走，從矯健的步履中，可以讓人感受到他們對生活的熱愛與美好的嚮往。

　　白天，公園裡更是熱鬧非凡。生肖亭裡、林中空地上總是聚攏著快樂的人群。小有規模的民間樂隊，一曲又一曲地演奏著或古樸、或時尚的樂曲。那些民間歌手也你方唱罷他登場，引來許多遊人助興、欣賞。適逢節假日，彩妝的二人轉在這裡盡興表演，讓喜歡二人轉的人們一飽眼福。

　　兒童樂園是孩子們快樂的天地，他們在空中索道車上撫摸著藍天；在海盜船上盡情地嬉戲玩耍；而小滑梯、小悠車、小轉馬，又給呀呀學語、蹣跚學步

晚上，這裡靜了下來，健身娛樂的人們漸漸散去，把公園讓給了喜歡安靜的人們和對對情侶。月光下的林蔭路上，漫步的遊人品味著夜色的安詳。而對對雙雙的情侶，則在朦朧的樹蔭下，傾訴著沒完沒了的情話……

▲ 蝶戀花

德惠公園還有一段英雄的歷史。那是在一九九八年九月二十七日，德惠市組織部幹部劉克明領著女兒來公園遊玩，在人工湖附近，忽然聽到急促的呼救聲，他告訴女兒：「爸爸去救人，一會兒就回來。」隨後不顧女兒的大聲哭喊，奔到湖邊。看到兩個孩子正在水中掙扎，不識水性的劉克明沒有多想，迅速撥開人群跳入水

▲ 兒童樂園

中，奮力把一個孩子推向岸邊，當他轉身去救另一名兒童時，卻終因力氣耗盡而英勇犧牲，年僅二十九歲。

一九九八年十一月十一日，長春市委、市政府召開命名大會，追授劉克明為「甘於奉獻、勇於獻身的優秀組工幹部」和「革命烈士」稱號。中共中央組織部又追授劉克明為「全國優秀組織工作幹部」稱號。英雄雖去，英名長存！劉克明在德惠公園的歷史上留下了不朽的篇章。

這就是德惠公園，人們喜愛她，因其小巧，暱稱她為袖珍公園。的確，與北京的頤和園相比，她不足掛齒；與省城的南湖公園相比，她也微不足道。但是，她卻是德惠人民心中的樂土，是德惠人民永遠珍愛的掌上明珠。

▍德惠植物園

　　德惠植物園坐落在德惠市郊西南、高速公路引線北側，是一座純人工建造的園林，占地面積為十四公頃。園內有各種珍貴植物一五四種，建有二十餘個風景區，是一處集生態、科普、休閒、娛樂為一體的綜合性園林。

　　二〇〇四年，市政府發動全市各界力量，在迎新村廢棄的舊磚廠上，經過三年的艱苦努力，建成了這座外有綿延一千餘米、寬五十餘米的天然環形綠色屏障，內有「八景七園一環」的本市最大的生態型公益景區。

　　走進植物園，最先迎接人們的是大門兩側那古老、蒼勁的黑松和樟子松，它們像黃山上的迎客松一樣，伸出熱情好客的雙臂，歡迎人們的到來。穿過天然的環形綠色屏障，「八景七園」的景致就漸次展現在你的面前：丁香園裡的

▲ 青松吐翠迎客來

▲ 盛開的玫瑰

紅、白、紫等十多個品種的丁香,在春天裡開放出她們溫馨的花朵;玫瑰園裡一朵朵象徵愛情的玫瑰,也在為遊人競相綻放。

沿著一條幽深靜寂的月牙小路,就到了水上遊樂園。這裡的人工湖、楊樹園、鑫雨木架橋又會給人們帶來另外一種不同的感受。乘小船泛波水上,讓水面的清風吹散心中的鬱悶,運氣好時還會有魚兒躍上船頭,送給你一份額外驚喜;九曲木橋上,花一塊錢買一包魚

▲ 靜靜的波光

▲ 碧波也欲學健身

食，就可以在橋上逗引著水中的五彩魚兒與你互動，讓你盡觀水中魚兒的歡快；坐在水上涼亭裡，你可以邊喝著飲料，邊觀賞著游魚在蓮葉間嬉戲與蜻蜓點水的畫面。

　　嶙峋怪石在幽處奇立，是植物園又一景觀。水邊濕地上，兀立著一座人工石山，石山上醒目地刻著「魚趣」兩個大字。石中之王自然是那塊產自山西高三點九米、重十七點七噸、形態獨特的天然玉石，它高高地聳立在正門後的平地上。石前是一條幾何圖形的花蹊，種滿了常開不敗的矮牽牛花。養花人真是太有情趣了，這花每年都變換著顏色，有時像一片火海，有時似一畦白雪，有時是一片純紫……眾星捧月般地襯映著這塊玉石。玉石之上，名家的大手筆揮灑出「厚德載物・恩澤惠人」幾個紅色大字。誰都知道玉能養人，因此這塊玉石上鏡率最高，來到園中，人們都要親手摸摸它並和它合影留念。

　　園中還有由德惠市著名建築家自行設計的、造型各異的涼亭，無論是傘

▲ 楓葉先紅報秋來

亭、仿古亭或是與大自然融於一體的蘑菇亭，都體現出設計者獨運的匠心。在涼亭裡小坐，沐浴著徐徐的清風，欣賞著周邊的美景，喝杯飲料，吃點可口的小食品，展開你對大自然隨意的遐想，更是一種難得的享受。

　　獅虎山是植物園重筆書寫的一景，這座完全由人工堆砌起來的假山，惟妙惟肖活像一隻側臥的雄獅。山上種植著不同顏色的灌木，形成了雄獅層次分明的臥姿輪廓。樹木之外，還長滿了閒花野草。山上有五條小路蜿蜒著通向山頂，踏著小路上的石板台階拾級而上，就到了山頂上的平台，站在平台上放眼環望，植物園內景色和周邊樓宇盡收眼底。山頂還塑造著一個巨大的鏤空的獅子頭像，不用彎腰就可以鑽進頭像內，透過鏤在獅嘴處的三個扁孔，可以俯視

▲ 德惠植物園的碑刻

山下的風景和遊人。

　　路邊的野花，也絕對是植物園中的一景。城市的人們不僅喜歡牡丹園裡的牡丹、御花園中的鬱金香，更愛那路邊野花的爛漫。每逢春、夏、秋三季，這裡的野花不畏早春寒，不怕夏雨多，不懼秋風緊，總是那麼豪情滿懷地開放著，把紅的、藍的、白的、黃的花朵送進你的眼簾，讓人感受到沐浴在大自然懷抱裡的那種幸福與安詳。

　　植物園是德惠人民心中的聖地，人們一年四季眷戀她。

鑫園廣場

　　德惠市區的鑫園廣場，位於德信街與民族路交匯處，這裡形同一把剪刀，剪出了一個三角，所以人們又稱之為「三角廣場」。

　　一九四八年，德惠縣成立城關區二小學，校址即現在的信合街（西六道街）三中南校區。那裡新中國成立前是偽滿道德會、郭家油坊、楊家大院等三個相鄰的大院，院內有大草房十多間，青磚掛面瓦房六間。建校時院內坑坑窪窪，地勢極低，雨天便積滿雨水，學校師生一齊動手，從廢棄的西城牆處運牆土，墊平了操場。後來百姓們家裡建房用土，也去城牆挖取，於是這裡的城牆便逐漸消失了。

▲ 鑫園廣場

到二〇〇四年，這一帶進行開發，建成了鑫園廣場。廣場噴水池邊有棵大柳樹，這棵大柳樹飽經滄桑卻依然枝葉繁茂。很早以前這裡是一口大水井，為架轆轆打水，人們埋下了一棵柳樹椿子。俗話說「無心插柳柳成蔭」，這棵柳樹椿子竟生根發芽長出新枝，在人們的呵護下漸漸長成大樹，到現在已有六七十年的樹齡了。二〇〇四年春天動遷時，動遷戶沒捨得砍它。還有不少愛樹護樹的「善男信女」們在樹幹上繫滿了紅布條，奉其為「神樹」。建樓時，開發單位保留了它。這棵柳樹是鑫園廣場資格最老的樹，它是德惠難得的一景，更是歷史的見證。

▲ 鑫園廣場的老柳樹

▲ 美麗的鑫園廣場

第五章 ——

文化產品

和德惠黑土地上火紅的高粱、金黃的玉米一樣，德惠的文化產品是汗水的化身，是心血的結晶。德惠的文學藝術、書法繪畫、民間工藝等猶如盛開的百花，爭芳鬥豔，天下飄香。

德惠人知道，文化創造者其實就是辛勞的農人，只不過他們致力的是生命中精神家園的勞作。在德惠人民的手下，沒有句號，只有逗號。逗號是剛剛發芽的種子，只有勤於耕耘中的思索，苦於思索中的耕耘，才會種下今天的一縷陽光，長出明天的一片燦爛。

鼓板春秋──東北大鼓在德惠

　　東北大鼓最早盛行於瀋陽，清中葉後在德惠生根開花。新中國成立後的五六十年代，聽大鼓書成為德惠民間一項重要的文化活動。

　　有這樣一件事，可以反映出當時人民群眾對東北大鼓的喜愛程度：下鄉掃盲工作小組一行四人，踏著夜色趕赴松花江邊的牛村抓掃盲教育。田野靜悄悄，村莊也靜悄悄。進村的腳步聲驚動了看家護院的狗，於是有人從屋裡迎了出來。幾個人被請進屋裡，只見五間海青房裡擠滿了人，一個挨一個足有百十號。人群中有的流淚，有的哽咽，有的啜泣，有的鉚兒勁吸菸。熱情好客的老鄉給掃盲小組的人擠出幾個座來，他們這才發現，一位老先生正慢閃鼓板，隨著搭檔手中三弦的節奏，連說帶唱地演繹著東北大鼓《洪武劍俠圖》。

　　其實這樣的場面在當時的農村十分常見。人們的喜怒哀樂跟著書走。聽書已成為文化生活匱乏時期人們重要的文化需求。

　　東北大鼓是典型的說唱藝術，一人說唱一人伴奏，也叫攬弦。東北大鼓樂件有三弦、鼓、板；道具有醒木、扇子、手帕。樂件道具簡單，攜帶方便，有個寬敞點兒的地方就可以說唱起來。說書的程序也簡單：說書的往台前一站，先道幾句站台詞。站台詞大都以古詞為主，一般多用《西江月》《滿江紅》《蝶戀花》等詞牌。比如，說書先生道：「世事一場大夢，人生幾度秋涼。夜來風葉已鳴廊，看取眉頭鬢上……《西江月》一首敘過，引出半部大宋傳奇……」於是說書便

▲ 說書藝人的家當

開始了。

　　也有在說正書前先唱個小帽的，如《羅成算卦》《十不該》《劉老六》《小大妞》《老漢背妻》《巧媳婦》《懶老婆》等，或辛辣或幽默，以取悅聽眾。正式開書多以「四大口」開篇，然後進入正書。唱正書時，有的先唱一下書的梗概，也有的開拳就打，如：「殷紂王他本是那商湯之後……」後面的情節便隨之展開。

　　從舊社會過來的書曲藝人，因受日偽亡國奴之苦，都懷有愛國愛鄉之心。他們出於反帝反封建的情懷，曾編寫了一些小段，至今還留在人們的記憶中。

　　當時流傳的憂國憂民的小段有《罵漢奸》：「狗漢奸，作得歡，吃喝嫖賭抽大煙，中國人死活他不管，狐假虎威當漢奸。打精米，罵白麵，打老太太要雞蛋。勒脖子，捅貓蛋，蹲牆根，放冷箭，地地道道的王八蛋！」

　　為了反對毒品對中國人的殘害，他們編了《禁菸詞》：「頭頂牆，腳蹬空，眼前點個照屍燈（大煙燈）。嘴裡叼個打狗棒（大煙搶），手裡拿個吱啦窮（大煙釺子）。抽大煙，把人坑，上癮的同胞快覺醒。」還有《反對紮嗎啡》的詞：「紮嗎啡，真有害，房產土地全都賣。先賣孩子後賣妻，隨後就得披麻袋，死在陽溝任狗拽。」新中國成立後，許多書曲藝人把這些書段都保留下來，有機會就說唱一段，讓人民群眾知道新中國成立前的悲慘與黑暗。

　　新中國成立前後，德惠的東北大鼓，大致可分為東西兩派。

　　東派早期書曲藝人以劉景春、姜雲為代表。他們是松花江沿岸書曲藝術的奠基人。他們的徒弟主要有岔路口的姜悅義，朝陽鄉的孟慶生、于景剛等，後來姜悅義又收下王省三當學徒。王省三有文化，嘴巴俐落，嗓子好，唱做俱佳，很快就成為有名的書曲藝人。

　　東派又可分為江東派和江西派。江東派以劉景春、孟慶生、張鳳蘭為代表。主要特點是細膩、委婉動人，如小溪潺潺、沁人心脾、絲絲入扣。江西派以王省三、姜雲成為代表，主要特點是大刀闊斧、行雲流水、事件推進快、扣子解的快，扔出的頭多懸念多，但鋪墊有序。用老百姓話說，叫趕道、透溜。

他們主要活動於沿江一帶。

　　西派以孫喜才、沈靜恆為代表。孫喜才十五歲學徒，十七歲賣藝，他掌握的曲目比較多，拿手曲目是《響馬傳》。他嗓音洪亮，在唱腔上大膽穿插些影調秧歌調以及地方民歌小調，說書善於鎖扣，故事跌宕，扣人心弦。他屬自創流派的藝人，逢年過節，車馬盈門，爭相邀請。他主要活動於德惠與農安交界處，二十世紀三〇至五〇年代在德惠西部影響較大。新中國成立後，孫喜才在郭家、同太、和平、天台收徒傳藝，他的徒弟較多，天台的失目人姜世斌是他的得意門生。姜世斌比較聰明，吸收書曲各家精華，他後來在曲目上和曲調上取得的成績較大，成為德惠西部知名的書曲藝人。沈靜恆是西派的後起之秀，她嗓音甜潤、高亢，高亢時有穿雲透石之力，甜潤時卻如細雨漫過花香。她在省市舞台、電視台都有過精彩演出，深受廣大觀眾的喜愛。

　　一九五〇年，德惠書曲協會成立，孫喜才任主席，艾文學任副主席，文化館楊柏松為秘書長，龐福林等為委員。從此，書曲活動從農村進入縣城。一九

▲ 東風大車店

五三年縣城有了第一個說書場所──勝利茶社。

說起東北大鼓進城，除了茶館，還有一個地方必須提及，那就是當時德惠街裡的東風大車店。

這個大車店早先是德惠民俗文化的集散地，是說書唱戲的大舞台、大擂台。江東的江西的，南來的北往的，趕集的下店的，算卦的賣藝的，求學的趕考的，看病的賣藥的，五花八門，不一而足。那時候人們文化水平大都不高，但許多人是聽書高手，說書先生要是唱錯了，就會有人出來「挑刺」。例如，當年有一位一瓶子不滿半瓶子晃蕩的說書先生唱《響馬傳》，唱得有些驢唇不對馬嘴。有個車老板子就出來取笑，說：「先生，程咬金不是使斧而是使鋸。」說書的和聽書的都一愣，說書的道：「混世魔王使什麼兵器都不曉得，還跑這關公面前耍大刀，臉皮有點兒不薄吧？」於是，眾人哈哈大笑。車老板子不急不慌，慢條斯理地說：「程咬金上陣使鋸，頭一鋸（句）腔一鋸（句）。」眾人哄堂大笑，先生才知被耍了。當時的車老板子是人中的上等，見多識廣，不

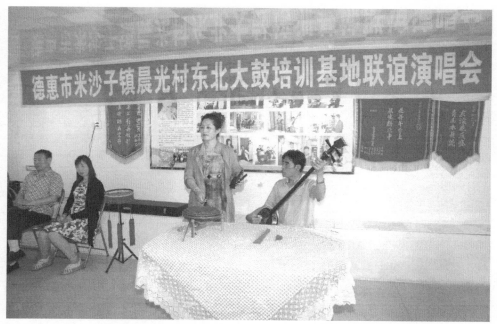

▲ 米沙子鎮東北大鼓聯誼演唱會

▲ 米沙子鎮東北大鼓培訓基地

乏會聽書的高手。

　　而今，隨著文化活動的多樣化，特別是電視多媒體等普及後，東北大鼓的陣地已經越來越小，生存面臨危機，傳承和演出瀕臨後繼無人的局面。為了保護、拯救這一珍貴曲種，二〇〇六年五月二十日，該曲藝經國務院批准，被列入第一批國家級非物質文化遺產名錄。德惠市相關部門也正在採取積極保護措施，目前已建起米沙子鎮東北大鼓培訓基地，市文化部門也已把東北大鼓列入申報非物質文化遺產名錄。

　　說唱藝人在德惠留下數不清的足跡。為讓後人記住東北大鼓在德惠留下的歷史，現把書曲藝人在德惠說唱過的主要東北大鼓書目附錄於下：

　　《封神榜》《十八國臨潼斗寶》《柳展雄》《前七國》（孫龐鬥智）《後七國》（樂毅伐齊）《劉秀走國》《馬乾隆走國》《李金灣走國》《慈雲走國》《三盜九

龍杯》《楊香五探地穴》《李井龍投親》《徐關寶投親》《安良景投親》《單寶童投親》《殷河走國》《響馬傳》《萬寶陣》《混元缽》《三全陣》《大破孟州》《鬧花燈》《大破銅網陣》《羅成掃北》《五虎征西》《唐明皇遊月宮》《薛丁山征西》《楊文廣征西》《楊文廣征南》《楊軍豹下山》《呼延慶征西》《薛禮征東》《大金鞭》《金鞭記》《薛剛反唐》《楊懷玉征西》《佘賽花》《三打陶三春》《鄭事旺大鬧馬家店》《炮轟慶功樓》《呂四娘復仇》《洪武劍俠圖》《大明英烈傳》《大宋傳奇》《武科場》《大俠寶爾敦》《張公案》《徐公案》《老施公》《少

▲ 説書藝人

施公》《海公案》《彭公案》《於公案》《藍公案》《雍正劍俠圖》《三俠劍》《大八義》《小八義》《三俠五義》《七俠五義》《七俠十三義》《小五義》《續小五義》《再續小五義》《白雲瑞掃北》《五女興唐傳》《五峰劍》《十把金扇》《狄青征西》《大刀王懷女》《金沙灘》《郭子儀》《回龍傳》《鄭元和與李亞紅》《呂蒙正》《玉面虎出山》《呼楊合兵》《曹可讓征西》《羅通掃北》《高君寶下南唐》《烈火金剛》《林海雪原》《紅旗譜》《紅岩》《鐵道游擊隊》《平原游擊隊》《平原槍聲》《暴風驟雨》《野火春風鬥古城》《青春之歌》《敵後武工隊》《戰鬥的青春》《苦菜花》《林海雪原》等。

憶海鉤沉 —— 德惠民間文學

　　根據國家文化部、中國民間文藝家協會和國家民族事務委員會的部署，一九九八年，《吉林省民間文學集成‧德惠縣卷》正式出版。該書為五五六頁，計三十八萬字。

　　一九八七年三月，德惠縣委宣傳部、德惠縣文化局組織成立《吉林省民間文學集成‧德惠縣卷》領導小組，時任副縣長的孫世娟任組長、縣委宣傳部副部長李中華任副組長；成員有武振華、呂藝輝等；編委會由武振華、李治中、李雁北組成。

　　該書前言部分，對德惠的地理、人文、自然等狀況進行了扼要的說明。並把德惠的民間文學，概括為「三美」，即：由於歲月的更迭，時代的變遷，民族的交往，積澱厚重，漣漪可見，折射著歷史多姿之美；地居遠離京畿，人跡你來他往，文化進程舒緩，呈現著原始之美；位於松遼平原腹地，天高野闊，草木芬芳，江河秀麗，散發著自然清幽之美。闡述了此書的形成，係來自各個歷史時期各族人民口頭文學的歷代相傳。其特點是：根植生活，題材廣泛，內容豐富，寓意深刻，人物各異，栩栩如生，表現了生活在德惠這片沃土上的人民，對光明的追求，對生活的熱愛，對幸福的嚮往以及對腐朽與邪惡的鞭笞與抨擊。是一部記錄德惠風土人情，名人軼事，習俗信仰的百科全書。

　　全書分民間故事，民間歌謠，民間諺語三個部分。

▲《吉林省民間文學集成‧德惠縣卷》

▲ 德惠民間文學分布圖

民間故事二二二篇，共分五個類別。地名類的有：《半拉山子的傳說》《龍鳳山的傳說》《黑魚泡的傳說》《大青嘴的傳說》《蓮花泡的傳說》《雙榆樹的傳說》《狼洞的來歷》等。人物類的有：《夏大刀畫雁》《吳俊生報仇》《巴音告狀》《包老爺借貓》《公冶長的故事》等。動物類的有：《雞是這樣來的》《貓狗仇》《牛喝髒水》《熏蚊子的故事》《馬、猴、兔》《蛐蛐的故事》《老鼠的下嘴唇為啥短》等。風俗類的有：《叫魂及姑娘穿壽衣的由來》《插楊柳枝》《山裡人不坐伐木墩》等。神話類的有：《太白金星考秀才》《龍王廟》等。

民間歌謠一〇四首，記錄了在各個不同歷史時期人們的遭際並發出的感喟

▲「三集成」編委會在編審稿件

和吟唱，如寫偽滿時期的有《滿洲國，要完蛋》：「滿洲國，要完蛋，跟鬼子，講親善，窮苦人，遭塗炭……齊心趕走小日本，百姓早把天日見！」寫人民盼望翻身解放的有《盼八路》：「想中央（指國民黨中央軍），盼中央，中央來了更遭殃；想八路，盼八路，八路來了窮人富。」集成裡的歌謠都很簡短，但短短的幾句歌謠卻深刻地反映了近百年來德惠人民的心酸血淚史，同時也寄托了人們對未來的無限憧憬和對幸福生活的熱切渴望。

民間諺語八十七條，分時政類、事理類、修養類、社交類、生產類、生活類、自然類及其他行業類。

該書附有德惠籍的省民間文藝家王紀（原名王恩仁）的《王紀小傳》；編委會成員李治中以《一個殘疾人的心血》為題撰寫的民間故事搜集者盧升晨事跡。書的後面還附有《勞工歌》《八路軍好比一條魚》《翻身樂》《翻身歌》《蝶兒飛》《張秀蘭放哨歌》《窮人愁》《德惠城西北》《松花江上的月亮》等民間歌曲。

該書採編人員，歷時一年時間，足跡遍布德惠縣二十四個鄉鎮，或在鄉村的大樹下，或在老百姓的炕頭上，做了大量艱苦細緻的收集挖掘整理工作。編撰中堅持科學性、全面性、代表性的原則，盡量再現了口述者講述的原貌。

《吉林省民間文學集成·德惠縣卷》一書，是一部比較完整的來自於民間的文學巨著，是留給德惠人民的一份寶貴的精神財富。他們留下的字字句句，將永遠在歲月中閃光。

▲「三套集成」領導小組在討論民間文學普查工作

藝苑飄香——德惠文壇書刊

　　文學藝術之花，離不開黨的雨露陽光，同時也需要良好的社會氛圍為人們提供施展個人才能的平台。德惠文學藝術界為之做出了許多努力並收到了成果。德惠作家協會先後出版了大型文學叢書《綠葉》《江花》。書中刊登了數十名作者的小說、散文、雜文、報告文學、詩歌等各類文學作品達上百萬文字，推動了德惠文學隊伍的發展與壯大。

▲ 德惠作家協會召開《江花》出版發行會

　　由德惠文聯主辦的文學刊物《德惠文苑》，在德惠文壇產生了較大影響，培養、造就了許多文學愛好者，並得到外界的廣泛贊譽與關注，北京、上海、

▲《德惠文苑》

深圳、廣州、海口、瀋陽、哈爾濱等許多外地作者也紛紛投稿，累計投稿量已達五千份之多。

由德惠文廣新局主辦、文化館承辦的《德惠文化》季刊，為宣傳德惠、營造區域文化氛圍、提高人們的文化修養起到了良好作用。由德惠郭家鎮文化站主辦的文學雙月刊《泥香》，設有《小說叢林》《散文天地》《泥香詩韻》《關東風情》《校園風鈴》《攝影作品》等欄目，現已綻放出扎根泥土的芬芳。德惠詩社編輯的《德惠詩詞》已出版十期，作者隊伍不斷壯大，作品累計已達數萬首之多，在省內外乃至國家級詩壇上都獲得了一定聲譽。

百花爭豔，離不開爭豔的百花。只有通過眾人的努力，才會呈現出百花盛開的局面。德惠的新老文學愛好者，通過數十年的辛勤耕耘與心血澆灌，綻放了朵朵文苑之花。

▲《德惠詩詞》

惠風奇葩——詩歌

詩歌是炎黃子孫五千年文化中的瑰寶。傳承中國文化，詩歌是一面壯觀今古的旗幟。

詩歌歷來是反映人們心聲的最直接、最活躍的文學載體，是對人生、對生活、對社會認知、感知和思考的、最貼近人民的一種表現形式。社會在前進，詩歌也必須隨著時代的發展而發展。德惠詩界的作者們，在詩歌的傳承和發展中，不斷探索、不斷拓新，無論在新體詩還是舊體詩方面，都取得了一些可喜的成果。

詩人崔立興，堅持詩歌創作已有數十年，寫了七千多首新體詩歌，出版了十七本詩集。他的詩歌哲理性強，在省內外有較大影響。他的名字被編入《中國文藝家傳集》《中國當代藝術界名人錄》等。筆名為泉聲的詩人呂樹坤，早在二十世紀六〇年代的求學時期便開始在省內外發表詩歌、散文作品，詩歌《打麥姑娘》獲吉林省慶祝建國十周年徵文佳作獎。並著有新詩集《十月的公社》、舊體詩集《耦耕集》等。他的名字被編入《中國詩人大辭典》。于樹軍的詩歌清新典雅，意境幽深，很受讀者喜愛。他的詩與歌形同姊妹，他寫的歌詞譜曲後唱紅網絡歌壇，點擊率已達上千萬次。東方達人秀楊成軍的詩歌樸實、敦厚，作為一個農民工，道出了勞動人民的真情實感，多次被中央電視台《焦點訪談》等欄目報道。李文斌的詩歌富於哲理，關愛人生，注重意境，他出版的詩集《365 個日子裡的哲思》，獲第三屆長春文學獎銀獎，並在首屆長春君子蘭文藝評獎中獲提名獎；詩歌《家鄉，我可愛的家鄉》獲第二屆長春詩歌散文大賽一等獎。趙欣的詩歌詩情入畫，組詩《印象淨月》獲「淨月杯」金冠全國詩歌大賽金獎。初明的詩歌詩意清新，耐人品讀，《關東的風》獲二〇一三年「華夏情」全國詩歌散文邀請賽一等獎，並被收入《「華夏情」全國詩歌散文精品集》；詩歌《鄉心入夢》獲二〇一四年中外詩歌散文邀請賽一等

獎。王瓊的詩歌立意新穎，娟秀細膩，詩歌《北方之戀》獲長春市第二屆詩歌散文大賽三等獎，《親切的事件》獲全國「華夏杯」中學生作文大賽優秀獎。張守權的詩歌注重內涵，視野開闊。詩歌《青春德惠》獲長春市首屆群眾詩歌散文大賽三等獎。張廣生筆下的歌詞，充分體現了東北人粗獷、豪放的性格，他的《老婆孩子熱炕頭》，在二〇〇八年「中國杯」新創作歌曲、歌詞、音樂論文暨演唱評選活動中，獲作詞一等獎。

▲ 崔立興詩集

▲ 初明《關東風》被收入《「華夏情」全國詩歌散文精品集》

錦繡華章——散文

多年來，德惠散文作者，形成了較大的隊伍，寫下許多膾炙人口的佳作。

呂樹坤的散文文思穩健，語言平實。他的小品集《永遠的心痛：舊事煙痕錄》，追思往事，品讀生活，感動了許多讀者。李若鴻的散文文筆厚重，立意新奇，她的作品曾在《散文》刊物上發表。她發表在《深圳特區報》的作品《一塊石頭被自己硬死掉》先後被《青年文摘》《讀書文摘》《雜文選刊》《龍源期刊》等刊物轉載。其《缺口》《指間蛛》《九月百合》等散文被編入中國社會科學出版社出版的《情愛森林》一書，二〇一二年榮獲長春第二屆「百名文藝新秀」稱號。王秋菊的散文作品構思精巧，運筆細膩，她的作品曾發表於《散文》期刊。她在新作家報社舉辦的「新作家杯」全國文學大獎賽中，獲三等獎；在吉林省自考辦舉辦的「我與自考二十年」徵文中，《自考——圓我讀書夢》獲一等獎。李文斌散文落筆沉穩，新巧幽默。他的散文《海棠嫂》獲東三省四市徵文大賽三等獎，並收錄《北國四重奏》一書。趙欣散文富有激情，

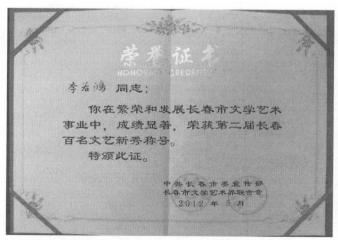

▲ 李若鴻榮獲長春第二屆百名文藝新秀稱號

▲ 張廣生獲獎證書

他的《願陽光灑滿一路》獲吉林省委宣傳部、吉林日報「我的中國夢」徵文獎，並榮獲二〇一四年中外詩歌散文邀請賽一等獎。王瓊散文空靈雋秀，《給老媽帶一碗豆腐腦》《記住鄉愁，守望幸福》分別獲長春市第二屆、第三屆「群眾詩歌散文大賽」三等獎、二等獎。王洪祥散文文筆細膩，《沐德當懷惠》獲長春市群眾文化藝術大獎賽三等獎，《一次次夢裡回故鄉》獲長春市第三屆「群眾詩歌散文大賽」二等獎。張守權散文風格質樸淳厚，他的作品《從粉筆到鼠標》獲長春市第二屆「群眾詩歌散文大賽」二等獎。散文《爸爸的老年畫》獲長春市關東年俗文化「感悟幸福，迎接春天」有獎徵集活動三等獎。

▍神馳沃土──小說

　　德惠的小說創作，也如雨後春筍般生發開來。特別是在黨的十一屆三中全會以後，老中青相結合的創作隊伍發展迅速。他們的作品接近地氣，貼近生活，既反映了中國改革大潮中前所未有的輝煌，也體現了百花齊放、百家爭鳴的鮮明個性。

　　趙欣出版的短篇小說集《丈夫的諾言》，二〇一四年在首屆「長春君子蘭文藝評獎」中獲提名獎。另有中篇小說《當愛已成往事》獲《參花》雜誌年度優秀作品獎；小說《出事兒之後》獲中國小說學會「文華杯」全國小說大賽一等獎。初明的小說立意新穎。小小說《母豬生兒》獲《中國當代作家書畫家代表作文庫（2013卷）》特等獎；短篇小說《少小離家》獲中國小說學會二〇一四年「文華杯」全國短篇小說大賽二等獎。劉彩霞的作品構思奇巧，語言風格獨特。小說《胡同裡的二蝶》獲二〇一四年「文華杯」全國短篇小說大賽三等獎；小說《風從山岡上吹來》獲短篇小說雜誌社「短篇小說之友」獎。王瓊的作品語言清新，筆觸細膩。小說《只要一把花》獲「文華杯」全國短篇小說大賽三等獎。李治中的民間故事《老頭和黑魚》獲吉林省「東北三寶」民間文學獎。青年作家徐曦，現任吉林省文聯《小說月刊》雜誌社首席編輯。她的筆下有著張愛玲式的浪漫和聰慧的情調，寫自己喜歡的文字，娛人娛己娛世。她的行文有一種豔麗的透明感，甚至有一種詭異清冷的格調在裡面。有很多人迷戀她的文字，她的書打動著一代人裡的一類人。她的短篇小說集《都是有情人》得到讀者的鍾愛。她的六十餘篇作品分別在《酷斃點COM》《儷人·私語版》《愛上愛》《秘密花園》《儷人·蜜糖版》《銀版·愛人坊》《金版·愛人坊》等全國各大雜誌期刊上發表。二〇〇八年獲鄭州小小說大賽優秀編輯獎、二〇一〇年獲吉林省第四屆文學期刊優秀編輯獎。青年作家初航，曾連續榮獲第七、八、九屆「中國少年作家杯」徵文大賽一等獎；二〇〇九年度獲「中國百名青

年作家」稱號;二〇〇九年、二〇一一年,榮獲中國青年作家「小說十佳」稱號;二〇一四年,《青禾年華與狂妄行徑》獲「文華杯」全國小說大賽一等獎。

鳳舞龍飛──書法

　　德惠書法隊伍不斷發展壯大，人才輩出，他們的許多作品得到省內外業內人士的好評。

　　朱海德：早年習書，帖學為主。曾臨習趙孟、王羲之、米芾等多家字帖。書法作品風格典雅，筆墨自然，師古不泥，飄逸靈動，意境清新，開合有序。曾獲「全國首屆硬筆書法大賽」三等獎；「吉林省青年書法大賽」三等獎；「吉林省世紀書法展」銀獎；「長春市書法國畫攝影大展」書法一等獎；「第十五屆吉林省群星獎書法展」一等獎。李岱林：書法作品，落筆大膽，墨色豐富，俊秀飄逸，雅俗共賞。作品曾獲長春市「白山黑水大草原」書法作品三等獎；「中華全國當代書畫精品展」三等獎；「吉林省萬幅春聯大賽活動」二等獎；吉林省「99 迎新春萬幅春聯、窗花大賽」二等獎；「世界華人藝術家書畫精品大賽」優秀獎；「吉林省春聯剪紙大賽」一等獎、書法二等獎；「長春市反腐倡廉書畫展」一等獎；「中國書畫繪有情赴日大展」中，其作品在神戶等三十多處展覽。李連祺：一九八六年出生，一級聽殘。他以超人的毅力，克服了語言交流的困難，歷經了艱難的裡程，走上成功之路。在書法、繪畫、篆刻等藝術領域，取得了豐碩成果：獲全國書畫等級考核八級；中國美術學院社會美術水平考級山水專業九級；國家和社會保障部三級高級技能職業資格。其作品曾獲「吉林省第九屆科技藝術大賽少年組書法」二等獎；「吉林省首屆少年書法大展」金獎。朱鴻林：自幼與藝術結緣，擅真草隸篆，對行草情有獨鐘。書法作品飄逸靈動，蘊含灑脫，法度天成。作品曾參加吉林省書協組織的書法展；國家書協組織的建黨七十周年書法展。程指生：書畫作品，墨色多變，筆調靈活。作品曾參加長春書協組織的書法展、吉林書協組織的書法精品展並獲獎，吉林與成都書法展、吉林與南京書法展、吉林與韓國書法展。徐欣：書法作品功底深厚，風格古樸，典雅雋秀。猶以篆書見長。馬國有：書法作品運筆老

成，風格獨到。作品曾獲「弘揚傳統文化，傳承孔子文明」全國書畫名家作品展優秀獎；首屆「黃河杯」國際書畫大賽優秀獎；「東方物探杯」中國石油書法篆刻大賽優秀獎；「中國石油職工書法篆刻精品展」三等獎。時成義：博采眾長，兼收並蓄。出版的《雅玩集》硬筆書法集，獲全國硬筆書法大賽二等獎。楊光江：書法作品俊秀空靈，作品獲「吉林省首屆臨帖展」三等獎、「吉林省慶祝建黨八十周年書法大展」銀獎。張維忠：運筆遒勁，功底深厚。作品獲「全國美術教師書法大賽」三等獎、《長春市美術教師書法展》三等獎。劉冰：結構嚴謹，章法自然。作品獲「長春市青年書法大賽」一等獎、「吉林省第四屆臨書展」三等獎。

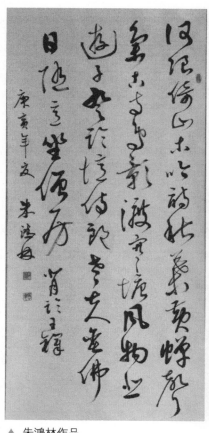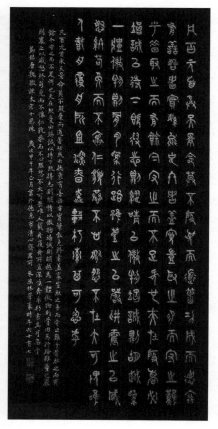

▲ 朱鴻林作品

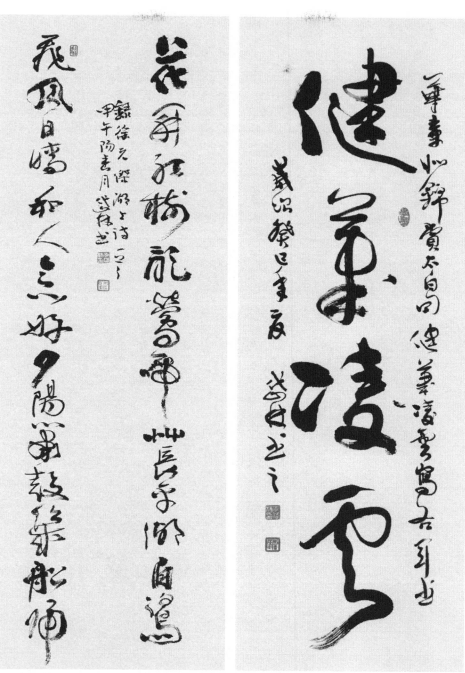

▲ 李岱林作品

▲ 朱海德作品

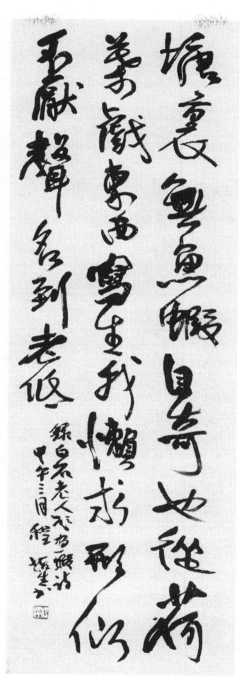

▲ 程指生作品

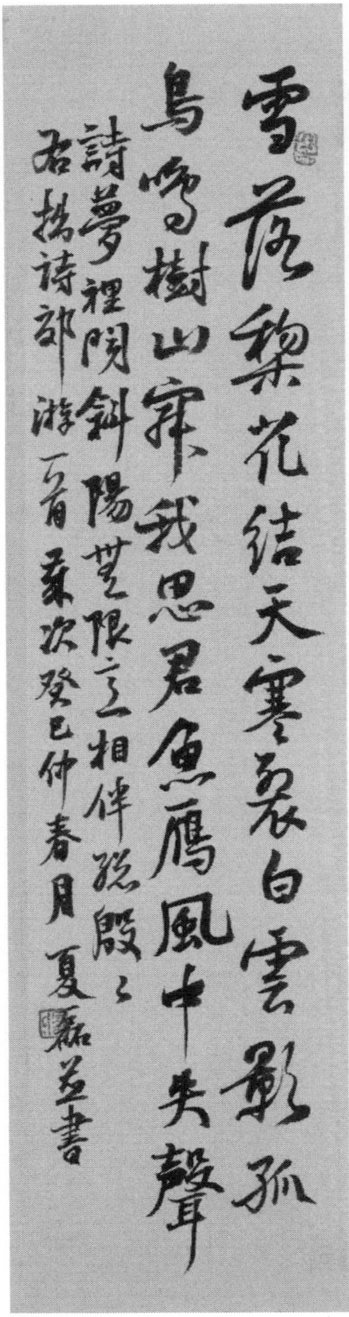

雪落梨花結天寒襄白雲影孤
鳥鳴樹山寒我思君魚鷹風中失聲
詩夢裡閱斜陽無限之相伴聰殷之
君攜詩部游一首桑次發巳仲春月 夏磊益書

名山靈水畫而輕百劍光鎧如
斷風三晉三傳三魏骨真書極
剛在茲中 庚寅初秋 楊光江書

▲ 夏磊作品 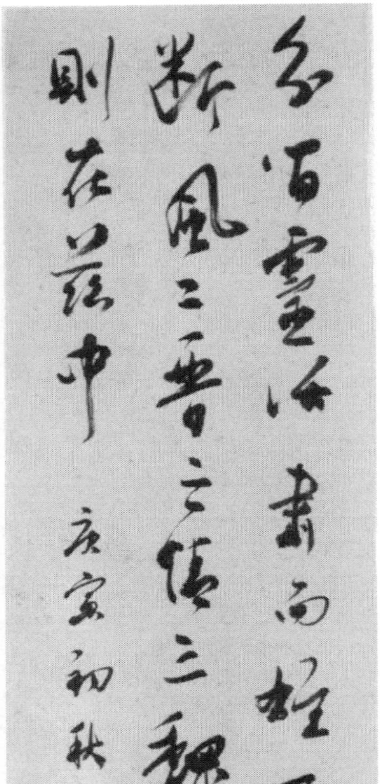　　　▲ 楊光江作品

▲ 徐欣作品

妙筆生輝──繪畫

　　馮連武：從事中國畫創作五十餘年，長期生活在白山黑水間。以長白山為素材的作品傳統基本功紮實，面貌渾厚、嚴謹而又不失新意，尤以雪景見長。二〇〇〇年移居海南，以熱帶山水植物為創作內容，結合北方山水畫的語言頗有新意。孟慶雨：筆墨著中有潤，構圖平中寓奇，色彩薄中見厚，意境淡中求深，個性鮮明而不乖張，題材平易不俗。韓景華：自幼喜歡繪畫，擅長國畫花鳥，特別擅長寫意牡丹。其畫風古樸、典雅，筆墨酣暢，色彩和諧。田海鷹：其畫意境悠遠，功底深厚。作品《生肖圖》獲吉林省美展二等獎；《那達慕》參加第十一屆亞運會美展；剪紙作品《京譜》赴日本奈良展出並被收藏；《壁掛》獲第二屆吉林省民間美術展一等獎；《黃土地》獲全國群星美術大展優秀獎；《途》入選「紀念反法西斯勝利五十周年」國際美術作品展；吉林省群眾攝影大賽中，絨繡作品《鬧新春》獲三等獎。李連祺：作品曾獲吉林省第二屆殘疾人書法二等獎、繪畫三等獎；「雙龍杯」全國少年書畫競賽金杯獎；「中國鄭州──澳洲悉尼第八屆世界和平書畫展」國際青少年兒童書畫銀獎；長春市殘疾人職業技能競賽（海報設計）第一名；吉林省首屆聾人優秀美術作品展二等獎。

▲ 馮連武作品

▲ 孟慶雨作品

▲ 韓景華作品

▲ 李連祺作品

▲ 邢慶庚作品

筆耕梨園——戲劇

　　戲劇影視創作也取得了較好的成果。李文斌創作的拉場戲《一家人》，獲一九八一年長春戲劇「百花獎」創作一等獎等；拉場戲《賒豬記》，獲一九八一年長春戲劇「百花獎」三等獎；一九八六年，大型評劇《烽火三姐妹》，在長春市文化局、長春戲劇家協會、長春電視台、長春日報社舉辦的長春首屆戲劇、電視劇本徵集評獎中獲三等獎。一級編劇邵學友寫下大量的戲劇影視作品。小品《熱在三伏》獲東北三省「爭雄杯」二等獎；多場次話劇《日落新京》，榮獲吉林省第九屆戲劇文學「飛虎獎」；五場話劇《小巷風流》，獲吉林省第十一屆戲劇文學「飛虎獎」；電視短劇《鄉路奏鳴曲》獲吉林省國慶四十周年電視短劇電視小品徵文大賽二等獎；短篇電視劇《經濟衛士的風采》由長春電影製片廠和國家工商行政管理總局聯合拍攝，並在全國工商管理系統發行。艾興利以出品人、製片人、藝術總監等身份，獨立或合作，創作了《真假哥窯瓶》《春分雷雨夜》《夜不藏奸》《黃雀在後》《會飛的草帽》《雙喜臨門》和《謎案追蹤》等二十多部電影和兩部電視連續劇。他的代表作影片《北極雪》，被中紀委、廣電總局推廣為全國優秀影片，在全國廣大觀眾中產生了較大反響。

往事悠悠——志書

　　文化離不開歷史，歷史又豐富了文化的內涵。德惠人在史志編撰上付出了很大努力，留下了一筆可貴的財富。德惠文化館主編的《德惠文化館五十年1948-1998》刊發五十萬字的各類紀念文章八十餘篇。德惠市政協、文史資料委員會等部門編撰的《在德惠這片沃土上》《崢嶸歲月》《德惠黨史文匯》等志纂對德惠的歷史做了翔實的記載，起到了教育人民的作用。《走進德惠》（上卷1-2分冊）計七十八萬字。全書設環境、歷史、人物、經濟、社會、文化等六個篇目，從不同側面敘述了德惠的地理位置、自然環境、資源情況、建制變革和各個不同歷史階段的重大事件，以及改革開放以來發生的巨大變化。全書共收錄了二百餘篇文章及數十幅珍貴的歷史照片，為德惠留下了珍貴的歷史資料。

▲ 部分德惠志書

書海揚帆——個人著作

　　文學隊伍的不斷發展壯大，使德惠文壇呈現出百花齊放、爭芳鬥豔的局面。他們的作品源於生活，貼近地氣，有力地反映了城鄉的火熱生活和時代的精神風貌。

　　德惠女作家金國芳，多年來筆耕不輟，嘔心瀝血，她手寫的書稿摞起來有一米多高。先後由吉林人民出版社出版的長篇小說《夢斷冰河》、文集《長河追夢》、長篇回憶錄《夢回知青》等已達上百萬字。她的作品或以家鄉人文景觀為背景，或以個人生活感受為素材，筆觸細膩，真摯感人，受到人們的喜愛。李九田是一位七十多歲高齡的農民作家，作為一個普通農民，他對文學的追求、熱愛並為之付出的艱辛，得到了德惠人民的尊重。他用幾十年時間耕耘，收獲的是心血的結晶。先後由北方婦女兒童出版社、香港天馬圖書有限公司、吉林音像出版社出版的長篇小說《白雲在飛》、散文集《歲月之歌》、詩歌集《青年寄語》等著作得到讀者的認可。已故作家梁世五，生前寫下大量文字。他諳熟東北民俗，喜愛詩詞格律，先後由吉林人民出版社、內蒙古人民出版社出版了自傳體長篇紀實文學《信以為真》，格律詩詞集《耐寒芸窗詩存》，東北民俗系列叢書《歲令時俗》《婚喪嫁娶》《世態萬象》等，為德惠留下了可貴的文化遺產。劉彩霞的小說《那間草屋》，由銀聲音像出版社出版，李岱林編著的《楷書結構百例注解三字經》及顏世斌、張國東等數十位作者出版的小說集、散文集、書畫集、格律詩集等，都為德惠文壇增添了亮色。

書壇之友──《楷書結構百例注解三字經》

寫一手好字，是書法家的追求，也是眾多書法愛好者夢寐以求的夙願。那麼如何深入淺出、形象生動地指導初涉書壇的書法愛好者盡快成長，便成了一個重要課題。為此，德惠書法家李岱林，經過數年的深思熟慮，嘔心瀝血，終於出版發行了由當代中國書壇泰斗啟功先生題寫書名的書法工具書《楷書結構百例注解三字經》。

李岱林之所以選擇以楷書為著眼點進行書法講解，是有許多考慮的。我國書法藝術有著悠久的歷史和獨特的風格，在歷史的沿襲中形成了篆、隸、楷、行、草五大書體，其中楷書是人們所喜愛的書體之一。它大約萌芽於東漢，成熟於漢末魏晉時期，盛行於隋唐時代。由於它有結構端莊，用筆灑脫，易學易認等特點，故不斷被人們認同。

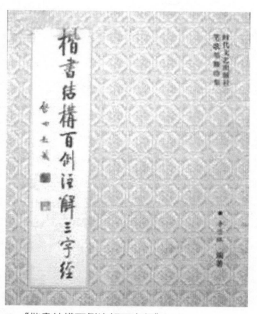

▲《楷書結構百例注解三字經》

楷書，也稱「真書」或「正書」。有人說，楷者就是楷則，即規矩工整的意思。宋代大書法家蘇東坡曾作過生動的比喻「楷如立，行如走，草如奔」。與行草相比，端莊是楷書的特點，書寫時必須筆筆依法，寫出具有鮮明的筆鋒特點。楷書由於端莊肅穆，法度森嚴，靜態立勢，鋒角整齊顯露而被譽為楷模，適合於比較莊重的場合使用，縱觀歷史上著名書法家（晉唐以後）沒有一個不擅長楷書的。練字當從楷書入手，因為楷書是上

人	之	初	人剛出生的時候.
性	本	善	本性都是善良的.
性	相	近	各人的品性彼此相近.
習	相	遠	因后天的社會影响不同才相距遠了.

▲ 《楷書結構百例注解三字經》範例

溯其源的依據,是下求其流的基礎,是祖先經過千錘百煉後最終定型的書體。它是漢字的本相,只有學好楷書,書法根基才能紮實。

學習楷書和學習其他書體一樣,必須堅持經常臨帖,即通過照帖練習,逐步掌握基本筆畫的寫法和字的結構規律,特別要在筆法和結構上下工夫,弄清筆法和結構的關係。

為了幫助習書者更加快捷地掌握楷書的間架結構規律,李岱林結合自己多年習書的體會和對碑帖的理解與書法教學的實踐,在歷代書法家關於結構法則論述的基礎上,編寫了《楷書結構百例注解三字經》。編寫採用古代三字訣的文體,讀起來合轍押韻,朗朗上口,易誦易記,淺顯易懂。如:「學書法,重鑽研,墨池潤,筆不閒」;「上覆者,蓋其下,地載者,托其天。讓右字,右伸放,謙左字,左昂然」。並按其字的美學構成特點和規律選了一百個範例,每例舉三個範字,對每例特點做了簡要的分析並加以注解。供習書者按其規律特點進行參考臨摹。對於初學書法的讀者,先熟背每組字的字訣,然後對照所舉的範字進行結構分析,找出其規律、特點再進行臨習,自然會收到事半功倍的效果。現在,李岱林的《楷書結構百例注解三字經》已經在習書者的隊伍中起到了很好的效應,相信德惠會有更多的書法後人一天天茁壯成長起來。

為了明天——活躍在舞台上的兒童劇

　　青少年是祖國的未來。對青少年的教育問題，歷來是黨和政府及社會各界關注的重大課題。德惠市文化館對此高度重視，並付出了極大努力。他們發揮舞台形象化的藝術優勢，先後排演了三部兒童話劇，為德惠青少年教育做出了貢獻。

　　一九九三年，德惠市文化館排演的兒童話劇《托起明天的太陽》，產生了轟動性效應。整個戲以「排戲」為中介，圍繞「五個教育」為主題，通過對不同人物性格的刻畫，不僅讓觀眾得到了藝術欣賞上的滿足，還讓廣大青少年受到了深刻的愛國主義教育。

▲《托起明天的太陽》劇照

　　《托起明天的太陽》通過反映一對母女的人生觀、價值觀上的矛盾糾葛，真實地揭示了影響青少年成長的家庭教育問題。告訴人們，父母的價值觀，對子女的影響起著決定性的作用。

　　《托起明天的太陽》以其獨特的藝術處理方式，形象地深化了愛國主義教育這一永恆的課題，收到了異乎尋常的效果。

　　《托起明天的太陽》演到高潮處，整個劇場悄無聲息，全場所有的觀眾站

▲《六年一班日誌》劇照

立起來，久久地凝望著台上那面鮮豔的五星紅旗，許多人流出了激動的淚水。

在本市演出後，劇組又先後到榆樹、雙陽、九台、大屯等地演出一五〇餘場。還專門為聾啞學校演出十餘場，場場爆滿。在省孤兒學校演出時，數千名中小學生，無不被真摯而生動的劇情感動得熱淚盈眶，受到了極大的愛國主義教育。觀看演出的長春市第九中學校長激動地說：「青少年是祖國的未來、民族的希望，二十一世紀的競爭，歸根到底是人才的競爭，如何教育引導青少年樹立正確的人生觀、價值觀，是我們長期思考的問題。《托起明天的太陽》給學生們上了最生動最現實的一課。」省孤兒學校的教師們也萬分感慨，他們說：「我們學校是亞洲最大的孤兒教育單位，上千名沒有父母的孩子，多麼需要全社會的關心，多麼需要真善美的撫慰與滋潤，你們演出的《托起明天的太陽》，無疑是一場化雨的春風。真的是太及時了，衷心地感謝你們！」

《六年一班日誌》，是一部由德惠市文體局戲劇創作室邵學友策劃、構思，與戲劇創作室孟祥偉共同創作，德惠市文化館排演的兒童話劇，該劇以學校和家庭生活為背景，反映了社會關注的重大課題。作品從細小的生活畫面切入，以班級日誌為結構形式，編寫成八個相對獨立的故事，多側面地反映了學生在校內外的生活，內容豐富多彩，主題深刻，生動感人，上演後引起社會強烈反響。省文化廳及長春市相關部門領導曾專程來德惠觀看演出，對此劇演出的社會意義以及劇組的表演藝術，都給予了充分的肯定和高度讚揚。

一九九九年三月二十四日，德惠市文化館將邵學友創作的七場兒童話劇《沒有寄出的信》搬上舞台，該劇以一封寄給貧困山區學生的信為主線，多角度、多側面地反映了中學生校內外豐富多彩的生活。劇中所折射的問題，大都是現實生活中師生們十分關注的問題。演出後，在廣大師生中乃至全社會引起了強烈反響。劇中的角色全部由文化館的幹部扮演，充分體現了館裡文化幹部的綜合實力，家鄉人看自己熟悉的人演自己熟悉的事，倍感親切，連續演出數十場，場場爆滿，受到家鄉人的廣泛好評，時至今日，說起劇中的人和事，人們還津津樂道，記憶猶新。

▲《群眾文化研究》發表劇照及演出節目單

話劇新編——《熱土》

　　德惠市戲劇創作室創作員、國家一級編劇邵學友創作的大型無場次歌舞故事劇《熱土》，是一出改革創新、貼近生活的傑作。該劇通過一樁刑事案件的偵破工作在社會上引起的種種沖突以及在各類人群內心激起的陣陣波瀾，熱情地塑造了以孟華為代表的一批綜合治理人員與政法公安幹部的感人形象，深刻地揭示了為改革開放和經濟建設創造安定祥和的社會環境的重要性。全劇貼近改革開放現實，善於把握生活的主流和支流，集思想性和觀賞性於一身，在演出過程中，不斷激起觀眾的陣陣掌聲。此劇的排演，對於戲劇藝術如何為「兩個文明」建設服務，如何走向演出市場，具有很大的啟迪作用。

　　《熱土》的創作與表演，充分體現了主創人員和演職人員的創新意識，在戲劇的表演形式上進行了大膽的突破，於話劇的主流形式中揉進了現代的音樂和舞蹈，令人耳目一新。劇本被四平市話劇團採用，由遼寧省人民藝術團著名

▲ 邵學友創作的話劇《熱土》《沒想到是你》

導演丁尼執導，於一九九三年四月二十五日，在四平市人民劇場進行了首場演出。省委主要領導親自帶領省政法委、省公安廳和文化廳的領導專程到四平觀看了首場演出。演出圓滿成功，受到了省領導的肯定，並讚揚《熱土》編得好、演得好，真可謂「熱而不土」。此後，四平市戲曲劇團也趕排了此劇，與四平市話劇團共同赴全省各地巡回演出了三五八場。獲得了社會效益和經濟效益的雙豐收。四平市話劇團排演的大型無場次歌舞故事劇《熱土》，還受邀為吉林省第六次黨代會做匯報演出。演出結束後，省委書記等領導走上舞台接見了全體演員，並與全體演職人員合影留念。

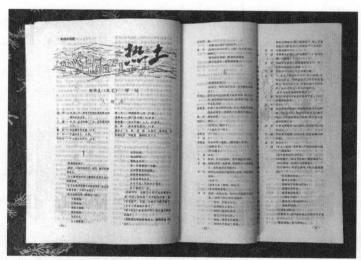

▲ 邵學友創作的話劇《熱土》劇本

赤誠之聲——德惠原創歌曲唱紅網絡

「這裡有你忙碌的身影，這裡有你跋涉的腳步，你把淚留給自己，汗水化成誰的雨露。」這是歌曲《公僕》中的幾句歌詞。二〇一三年，在紀檢監察系統舉辦的廉政歌曲徵集活動中，由德惠選送的原創歌曲《公僕》在參賽作品中脫穎而出，位列長春地區第一名，隨後又被吉林省紀委選中，上報中紀委，被中紀委作為廉政歌曲典型，在全國傳唱。這首歌曲的詞作者，是現任政協德惠市委黨組書記、主席，德惠市文聯主席，省作家協會會員、省音樂家協會會員于樹軍。

二〇一二年以來，由于樹軍創作的歌詞譜寫的歌曲，猶如從黑土地上刮起的春風，一時間吹遍大江南北，唱紅網絡歌壇。于樹軍的名字也迅即被廣大歌友所熟知。在他的帶領下，僅一年多的時間，德惠的原創歌曲便在網絡世界引

▲ 歌曲《公僕》視頻片頭

起極大轟動，被廣大網友冠上了「爆紅歌曲」的標籤。現網絡總點擊量已突破二〇〇〇萬，僅在優酷一家網絡媒體上的總點擊量就已達到七三〇萬次。

現在，于樹軍創作的歌曲已有數十首之多。歌曲一經上傳到網絡，便引起強烈反響。他創作的代表作《中國夢》《公僕》《農民工》《媽媽》四首歌曲點擊量超百萬次。原創歌曲已被新浪、搜狐、酷6等全國知名網絡媒體轉載。歌曲《農民工》被360視頻轉載後點擊量達一九七萬，每首歌曲的網絡轉載都超過一百個視頻鏈接。

歌曲《公僕》獲得成功；《中國夢》登上央視《百姓春晚》；《食品安全之歌》得到國家食品藥品監督管理總局領導人的高度評價。《吉林日報》《長春日報》《長春晚報》對于樹軍所創作的歌曲也進行了專題報道。

于樹軍創作的歌曲，之所以受到人民群眾的喜愛，源於他的作品貼近時代、貼近人民、貼近生活，體現了大眾的心聲。他在《公僕》中寫道：「大地無語，花草無助，誰把熾熱的情種在了這方熱土？」自然而樸實，聽後讓人感

▲《公僕》優酷視頻上的畫面

動。《媽媽》則把最真摯的情感滲透到每個家庭：「媽媽您是我心中珍藏的溫暖，雷雨的夜晚擁在你的懷間。」《農民工》道出的則是成千上萬農民工的心語：「我是農民工，離鄉又背井，日落他鄉外，思皺了幾多情。」此外還創作了一些抒情歌曲如《茶的訴說》《紅塵吟》《心曲》等；讚美家鄉的歌曲《幸福吉林》《夢中的小河》《鄉音》等。還有一些清新俊美的歌詞，如「風拂過，鄉愁纏繞著秋波；晴天後，鳥語溫暖了寂寞」等意境優美的好詞，給人留下了深刻的印象。

　　許多網友聽了他創作的歌曲後，紛紛寫下評語，表達他們對歌曲的感受。「這是我聽過最好聽的媽媽之歌了，媽媽，我想你了，今年春節，我一定回家看你，不給我假，我就是辭職也要回家！」這是網友「淡淡花香」對歌曲《媽媽》的評價；「聽了這首歌，我的淚水止不住地流，我的父母就是農民工，謝謝有這樣一首情真意切的歌唱給他們，我會第一時間把這首歌傳到父母的工地。」這是網友「隨緣」對歌曲《農民工》的評價。這樣的評價還有很多。聽眾的評價是對于樹軍原創歌曲由衷的喜愛和認可，同時也是對他心血與汗水的付出給予的最高獎賞。

底納千層 —— 關東布鞋

　　娃娃從走路開始，鞋便伴隨著他的一生。如今的人們，腳上穿的大多都是皮鞋。走進鞋的專賣店，各種款式的鞋讓你目不暇接，有娃娃穿的虎頭鞋，有老人穿的平底鞋，年輕人穿的，更是百怪千奇，多種多樣。早先的人們，卻難得有這樣的享受，唯一可穿在腳上的就是媽媽、媳婦精心製作的布鞋。

　　做布鞋要從打袼褙開始。所謂打袼褙，就是在光滑的木板上塗滿糨糊，然後把從舊衣服上拆下來的布片，一塊塊貼上去。

　　木板貼滿之後，再在上面的布上塗滿糨糊，然後再把布片貼上去。如此反覆操作。有三層的、五層的，但絕無四層或六層的——在做鞋的問題上，老百姓特別忌諱四六，四六不上線嘛。「四六不上線」在德惠農村的語意是不講道理，有誰稀罕那樣的人。袼褙打好之後，三五天就乾了（你看，偏不說四六天）。揭下來，掛在牆上，備用，再打下一張。

　　打袼褙是有講究的，首先必須用白麵做的糨糊，因白麵打出的糨糊細膩、黏度高，打出的袼褙平整光滑，柔韌好用。所以那時的人們，寧可少吃一頓餃子，也要攢下麵來打袼褙。再就是打出的袼褙必須整齊方正，掛在牆上才能成為一道風景。風景是給屯鄰們看的，但也並非只給屯鄰們看。那時候，就連相親的親家們，進得屋來，也要左一眼右一眼地覷看牆上的袼褙，因為這也是一門婚事成敗的要素之一。在農村，那時打袼褙的水平，是衡量女主人是否能幹的標誌。掛在牆上袼褙質量的優劣，是這個家庭是不是

▲ 撥拉錘

正經過日子人家的佐證，所以十分重要。

　　袼褙打好了，只是完成了做鞋的第一步，接下來還要打麻繩。

　　打麻繩的材料是線麻。首先把麻皮撕成細長條，將麻皮纏在掌上，捻出個頭來，這叫打麻捻兒。把捻出的麻捻兒放在笸籮裡，積攢到一定數量，就可以打麻繩了。打麻繩的工具是撥拉錘，也叫紡錘。早先的撥拉錘是用動物的棒骨製成的，也有用木棒替代的。木棒多用棗木或杏木，因這兩種木材質地堅硬，沒有蟲眼。其做法是，截取一段長短適宜的圓木棒，削成中間細、兩端粗的形狀。細心打磨後，中間穿個鐵鉤，一個撥拉錘就製成了。經過長期使用的撥拉錘，會變得鋥明瓦亮，可相傳數代。

　　打麻繩是個耐心活。首先要把撥拉錘懸掛在屋頂的鉤子上，大都垂掛於炕的中間。打麻繩的人坐在炕上，一手牽著繩的一端，一手撥拉著撥拉錘，令其旋轉，旋轉的同時不間斷地續上麻捻兒，隨時把擰在一起、上了勁兒的麻捻兒纏在撥拉錘上，這時的麻叫麻徑。有了兩團麻徑，用同樣的方法，便可以擰成麻繩了。

▲ 納鞋底

　　有了袼褙和麻繩，就可以做鞋了。做鞋是個手藝活。首先是納鞋底。鞋底的製作程序是：按鞋碼的大小不同，將袼褙裁成鞋底的形狀。一般是每五片黏為一摞。然後用麻繩納結實。有沿周邊納成圈狀的，也有按橫向納成排列的，針腳密密麻麻，針針都勒得袼褙喘不上氣來，那才結實。這就叫千層底。

　　鞋幫要按腳的大小，剪下兩片三層的袼褙，裁成弧狀，黏上布面，熨平。鞋幫要用布條沿口，然後將鞋幫用麻繩納在鞋底上，一雙鞋就做成了。

　　做鞋有講究，穿鞋也有講究。現在的鞋，都分左右腳，叫作「認腳鞋」。

以前做的鞋，不分左右，叫「便腳鞋」。所以可以經常調換。這樣的鞋非常科學，因常人走路時，靠外側的鞋跟和鞋底容易磨損，這麼左右一調換，鞋的壽命就延長了一倍。現在的鞋你調換一下兒看看？人家會說你弱智，不知反正，即便別人不笑，自己也笑倒了。

▲ 繡花鞋

娃娃們穿的鞋前面繡個小老虎，怪可愛的；姑娘媳婦穿的鞋，前面繡朵花，怪好看的；老太太穿的鞋，小巧玲瓏，怪舒服的；而漢子們穿的鞋，銅幫鐵底，樸實莊重，怪踏實的。

如今，有誰能穿上用鄉情納出的一雙鞋，在鄉間小路上一賞天然的風光，那該是怎樣的感覺？說啥呀，啥也別說了，那就是幸福。

▲ 虎頭鞋

掌上乾坤——剪紙藝術

剪紙又叫刻紙，是一門古老的民間藝術，就是用彩色的紙張，通過藝術加工形成各種圖案，效果獨特，優雅別致，深受人們的喜愛。通常在過年或喜慶的日子，把它掛在牆上或黏在玻璃窗上，以增加喜慶的氣氛。精美的作品也可裝裱成畫或放入鏡框，掛在顯眼雅靜的地方供人欣賞。

剪紙創作手段有兩種：一種是用剪刀剪，另一種是用刻刀刻，但表現出來的藝術效果基本相同。德惠的幾位女藝人和她們的作品，便是其中的代表。

劉淑琴　劉淑琴受滿族家庭和母親愛好民間藝術的影響，從小就對薩滿文化產生了極大興趣。她在兒時就愛上了剪紙藝術，十幾歲就能為街坊鄰居剪刻窗花喜字、絮花描雲。劉淑琴老人最擅長剪的是薩滿圖騰民間圖案，比如《兔子娶妻》《八仙過海》等。再就是擅長剪民間吉祥圖案、花鳥、動物、人物等。

▲ 老藝人在剪紙

劉淑琴老人剪紙不用刀刻，均在紙的背面自己設計圖樣，有些圖樣就在心裡。整個作品，均用剪刀完成，其工藝完全是傳統的剪紙手法。在農村居住期間，沒人把它看作是什麼藝術，在人們眼裡，她也只是個會刻刻剪剪的巧女而已。

自一九八四年搬入德惠市後，她獲取了一些參展信息。剪紙作品先後參加了德惠市首屆民間美術展、長春市民間美術展、吉林省民間藝術展。曾獲過三等獎及優秀獎等獎項。一九九二年四月，剪紙作品及業績見諸《長春晚報》。

▲ 劉淑琴老人的剪紙作品

▲ 劉淑琴館藏證書

一九九六年接受長春電視台專題採訪，並錄製了《剪紙老人劉淑琴》專題節目在電視上播放。一九九八年春節期間，德惠電視台再次進行了專訪，也製作了專題在電視台《社會瞭望》節目滾動播放，得到了社會的普遍讚譽和好評。在她的影響下，兒子成為當地很有名氣的書法家，孫子也從事藝術方面的工作。二〇〇一年十月，她的個人業績、手稿、照片、作品等資料被長春市檔案館收作個人館藏，被評為首屆優秀個人館藏作者，並獲得了榮譽證書和收藏證書。

二〇〇七年三月，老人因病去世，享年九十歲。當時政協李宗遜先生代表

▲ 崔丹在傳授學員剪紙技藝

文化界為老人贈送了「淳樸善良，美德堪稱典範；嘉行厚重，遺風昭示後人」的輓聯。

崔丹　在崔丹家裡，牆壁上、門窗上、衣櫃上，到處貼滿了她的作品，一幅幅精美別致、栩栩如生的刻畫，令人賞心悅目。

崔丹童年時就喜歡畫畫，夢想成為藝術家。二〇〇八年北京奧運會期間，她從電視上看到一位中國的殘疾人將八百多幅刻畫作品贈送給外賓並得到贊許，受到啟發，開始了自己的繪畫、刻畫嘗試。經過多次精心雕琢和反覆試驗，她的第一幅山水畫出爐了，雖然看上去手法有些稚嫩，線條也有些粗糙，但還是讓她興奮不已，愛不釋手，從此便痴狂地愛上了這門藝術，一發而不可止。

崔丹畢業於中醫學校，理當從醫，開始學習剪紙的時候，父母認為她不務正業而持反對態度，但她堅持自己的愛好，依然執著地鑽研刻畫藝術。

▲ 崔丹剪紙作品

　　堅持不懈的藝術追求和持之以恆的苦心探索，使崔丹的刻畫技藝日漸精湛，作品受到很多人的歡迎，並有人登門求購她的作品，家人也逐漸改變了態度，並給了她大力支持。有了家人的鼓勵和幫助，她的技藝進步更快了，天生的靈氣得到了深度挖掘。

　　成功的機會總留給熱愛生活的人，崔丹的作品受到越來越多人的喜愛，她的名氣也越來越大。二〇〇九年十月，在市婦聯的推薦下，崔丹成為德惠市婦女手工藝品協會的第一批會員。作品先後在德惠市首屆婦女手工藝品展覽中榮獲優秀作品獎，在長春市第三屆農民文化藝術節上榮獲一等獎。二〇一一年五月，《十二花仙子》《吉祥娃娃》《百虎圖》《金陵十二釵》《十二生肖》《京劇臉譜》等作品參加長春民博會展銷，獲得專家和觀眾的好評，部分作品出口日本或被海外友人收藏。

　　崔丹多次受到市委、市政府表彰，榮獲「巾幗致富女能手」「三八紅旗手」的稱號。如今，她的剪紙作品已經形成規模，成立了「風雅軒」剪紙藝術有限公司。崔丹還被市人力資源和社會保障局聘為義務指導員，到各鄉鎮傳授刻畫技藝。

▲ 鄭麗偉剪紙作品

對於未來，崔丹躊躇滿志，信心十足，她立志要把刻畫技藝深化到更加純熟的境界，進一步發展壯大隊伍，形成產業化鏈條，在傳承民間剪紙藝術的同時，開闢出一條屬於自己的致富路，圓更多人的致富夢。

鄭麗偉　很小的時候，鄭麗偉就喜歡看奶奶剪紙，並愛上了這門藝術，十幾年後，她終於與剪紙結緣，開啟了她人生新的一頁。二十世紀末，德惠市供銷職工學校的教室成了培訓基地，培訓的第一個項目就是剪紙。鄭麗偉有機會接觸到了這門她喜愛的藝術。她雖然不是學員，但這個有心人，不放過每個學習機會，仔細觀察，認真揣摩，並經常向授課老師進行請教。她備下了蠟版、刻刀等必備的工具，開始學刻。她孜孜不倦地苦練，到了廢寢忘食、通宵達旦的地步，手上的白泡磨成了老繭。工夫不負有心人，通過艱苦的學習和不斷的探索，鄭麗偉不僅學會、精通了剪紙藝術，還把剪紙藝術變成了事業，在校領導

▲ 鄭麗偉剪紙作品

的鼓勵下，在家庭的大力支持下，二〇一二年，她辦起了「德惠市惠發街道偉輝手工藝坊」，帶動周邊三十多個留守婦女走上了就業道路。她的作品曾參加第三屆長春創業就業博覽會。同年德惠市市長出訪日本，將鄭麗偉的《八駿圖》《醉八仙》《五十六個民族》《十二花仙子》《東北十大怪》《十二生肖》等

▲ 馬淑華剪紙作品

作品餽贈給日本企業家，受到日本企業家的喜愛。二〇一三年，歷經一年多時間完成的長達八米的剪紙作品《清明上河圖》，在第四屆長春市創業就業博覽會上，得到長春市委主要領導和與會者的高度評價，業內人士對其作品予以五萬元的估價。鄭麗偉剪紙刀法精湛，構圖精巧，獨具匠心，贏得同行的一致好評，為德惠非物質文化遺產的傳承做出了貢獻。鑑於鄭麗偉突出的剪紙業績，德惠電視台《百姓時刻》欄目組對她進行了專訪。鄭麗偉現為長春市民間文藝家協會會員，她的剪紙作品已經銷往東北各地，受到人們的青睞。

馬淑華　她初次接觸剪紙，是在畢業後工作前夕的同學聚會中，有同學拿出一組舞獅子的剪紙作品，一下子就吸引了她。回家後，她便開始嘗試剪紙藝術創作。雖然初始手法顯得有些笨拙，但不成熟的作品還是帶給了她成功的喜悅。從此她愛上了剪紙藝術。

她的剪紙創作是從美術教學開始的。她是一位美術教師，在傳授課本知識技能之餘，她又開始本校剪紙課程的開發，借助網絡、搜集書籍，整理編寫剪紙教材，向有經驗的老藝人學習，傳授學生剪紙技法。在她的帶動下，學生學習剪紙的熱情空前高漲。在她的指導下，那一年的藝術節大賽中，學生創作的剪紙作品榮獲兩個特等獎、三個一等獎，她的剪紙也喜獲教師組一等獎。

經過幾年的實踐探索，她的個人業務綜合素質得到了大幅度提升，積累了

▲ 馬淑華剪紙作品

萬字的剪紙實踐經驗材料。在二〇一〇年四月長春市中小學課堂教學優質課評選活動中榮獲一等獎，並在八月份獲得德惠市青年教師有效課堂教學大賽一等獎。教學論文《在剪紙教學中培養學生的創作能力》在首屆中小學教師優秀研究成果評選中獲一等獎。指導學生創作的剪紙作品多次參加省市藝術大賽，成績優異。個人的剪紙作品也多次參賽並獲獎。其中剪紙作品《龍騰虎嘯》被收入《吉林省美術教師優秀作品集——美在生活》一書；剪紙《龍馬精神》被收入《德惠市書畫作品集》；教學設計《剪紙》收入《美在設計》一書中。

追求永無止境，信念將無限延伸。馬淑華的藝術生涯，在她孜孜不倦的努力下，必定會走向更新更美的明天。

王薇　在二〇〇〇年德惠文化局舉辦的藝術節活動中，王薇的剪紙作品，第一次在藝術節展覽中取得優異成績，得到了同事們的一致稱讚。

王薇開展剪紙教學以來，在實踐中，培養了學生靜心、細心、耐心的良好習慣，開掘了學生的潛質，促進了學生整體素質的提高。

課上課下，她和學生一起創作，針對學生的水平特點，採用循序漸進的原

則，研究探索剪紙技法，摸索改進剪紙工具，使剪紙藝術水準得到了很大提高。在德惠文體局舉辦的藝術節上，她創作的作品和指導學生創作的剪紙作品都獲得了獎項。在第四屆藝術節上，她個人作品獲得了一等獎，學生作品分別獲得了一等獎及二等獎。

時至今日，王薇創作了很多精美的剪紙作品，相信在不久的明天，我們會欣賞到她更多優秀的剪紙作品。

▲ 王薇剪紙作品

青絲競秀 —— 髮繡藝術

王媛媛一九七三年四月出生，
德惠人。她雖為普通農家婦女，但
自幼就對藝術有執著的追求，她既
心靈手巧，又有凌雲壯志。

從二〇〇四年開始，這個好強
的女人在丈夫和家人的支持下，開
始了刺繡藝術的嘗試。起初針法不
太規範，配色也不夠自然，有時為

▲ 繡女王媛媛

了繡好一幅作品，要拆毀幾十次。對一個未經專業訓練的農家女子來說，每前
進一步所付出的代價，是可想而知的。一針一線，都浸透著心血；一分一寸，
都布滿了艱辛。為了繡好《蘭花》，她對著家中的花盆冥思苦想；為了繡好
《麻雀圖》，她請人抓來幾隻麻雀進行觀察，真可謂煞費苦心。功夫不負有心
人，經過長期的苦心鑽研，耐心琢磨，虛心請教，她的刺繡技藝終於達到了爐
火純青的境界。

走進她家寬敞明亮的客廳，一幅幅精美的刺繡作品便展現在人們的面前：
活靈活現的《貓戲》、韻味十足的《四美圖》，讓你耳目一新；高雅清秀的《蘭
花》、圖文並茂的《麻雀圖》讓你拍案稱奇；更讓人意想不到的是一幅長四
米、高三十釐米的《清明上河圖》，居然是作者用自己的髮絲繡製而成。畫中
以精細的刺繡技藝，再現了舉世聞名的北宋畫家張擇端《清明上河圖》的全
貌。髮絲繡出的五百多個人物神態、衣著各不相同，栩栩如生。每道波紋的走
勢、每個枝頭的搖曳、每座商鋪的商幌，還有茅屋、車橋、流水、老樹、扁
舟、碼頭、街道、茶坊、酒肆、廟宇，乃至人物中的男女老幼、士農工商、三
教九流；大到原野、河流、城郭，細到舟車上的釘鉚、攤床上的商品、市招上

的文字，無不繡得活靈活現，淋漓盡致。誰能想到，這幅巧奪天工的作品竟出自一位普通的農家之女手中。

王媛媛發明的髮繡技藝得到專家們的肯定和同行的好評。獨特、精美的作品深深地吸引了外商，有的作品被外商高價收購珍藏。她的作品曾參加吉林省、長春市二〇〇六年至二〇〇八年農博會展出，在德惠市手工藝製品展覽上榮獲一等獎。她的事跡和作品先後被吉林電視台《守望都市》欄目、《吉林鄉村》欄目、德惠電視台多次報道；《吉林日報》也以《巧手比織女，青絲繡丹青》為題做過專題報導。她

▲ 王媛媛刺繡作品

本人被德惠市人民政府授為「巾幗致富女能手」光榮稱號。

現在，她的經典之作──髮繡《清明上河圖》正在申報「吉尼斯大全」。

▲ 王媛媛刺繡作品

枯木逢春──根雕藝術

　　都說朽木不可雕也，然而德惠市邊崗鄉
慶豐村的周德忠老爺子卻偏偏對一個個樹
根、樹杈著了迷。這些東西到了他的手裡，
經過精心雕塑，便變成了一件件藝術佳品。

　　周德忠的根雕作品以筆筒、茶几系列居
多，還有各種動物造型，件件生動逼真。老
人以獨到的眼光，給他的作品起了些非常有
寓意的名字，如：《烏鴉反哺》《母女情深》
《龜兔賽跑》《望子成龍》《梁上君子》等，
反映了老人對生活的透視，發人深省，意味
深長。

▲ 枯木逢春

　　根雕的藝術魅力在於自然之美，獨具匠
心，妙趣天成。周德忠老人與樹根結下了不解之緣，也是無意中的偶然。

　　一次，他在道邊發現一個被水泡了兩年的樹樁，其形有些獨特，就挖出來
用車推回了家。這東西看起來像個畫筒，旁邊有兩個鬚子像條龍，加上一個樹
疙瘩像個球，還有幾個小凸起，順其自然，可以組合成筆掛。就這樣，經過深
度加工，一個畫筒加筆掛的根雕便形成了，他給它起了個名字叫《龍戲珠》。

　　周德忠沒有藝術功底，也沒有文化底蘊，全憑著多年的生活經驗和積累。
看見道邊或果園有廢棄的樹枝、樹墩就撿回來，閒來無事就琢磨著造個型。一
來二去，讓他入了迷，三天兩頭就往家裡搬些枝枝杈杈，他還專門騰出了一個
小屋作為工作間，還瞞著孩子們偷偷買來了電鋸。

　　周德忠迷上了根雕，沒白沒夜地鼓搗起來。根雕是集天地之靈氣、召喚人
心之靈感的藝術。只有不斷觀察，才能發現美；具有了美的靈感，才能創造

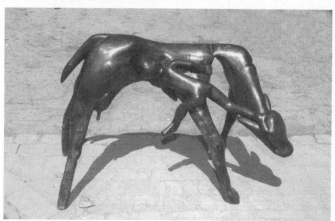

▲ 周德忠根雕作品

美。周德忠的作品純樸自然，注重天然的神韻和奇特的造型。好材料可遇不可求，遇到了絕對不會錯過。他去成都看望兒子時還不忘背回幾件自己心愛的木頭。他還去過吉林、長白山、四平等地「尋寶」。不過他的大部分寶貝還是從村子裡淘來的。

周德忠的根雕作品雖然有了些眉目，但怎樣著色、怎樣打磨，才能看起來更加光彩奪目，並且不腐、不爛、防蟲、防潮，都是一門深奧的學問，可他對此卻一無所知。於是，在二○○九年九月，他隻身前往吉林市拜師求藝，找到了當地很有名望的陶師傅。熱心的陶師傅教給老爺子著色、上油、打蠟等技藝。回來後，他開始細心研究，加上看書學習，自己也總結出一套方法。一件成功的作品，除了選材到主題的確定而外，還要經過煮沸、修整、陰乾、火烤、打磨、著色、上油、打蠟等八九道工序才能完成。完成一件好作品，有的要歷時三兩個月，有的甚至要歷時幾年時間。如今，周德忠已經創作了大小作品三百多件。

用柳木根雕的《孺子牛》和《中華魂》，是周德忠的得意之作。《孺子牛》表現的是小孩在牛的身旁嬉戲，趣味橫生。它的靈感來源於鄰居小孩捉迷藏的遊戲。而《中華魂》雕有四人、一龍、一鶴、一驢，皆因其形自然而成，盤根錯節，枝杈相連。周德忠說：「它代表的是國泰民安，生活富足的意思。農民種地國家還給倒補錢，自古以來沒有過，農民的日子越過越好，真得好好感謝黨的富民政策啊！」

周德忠說他現在的全部樂趣，就是他的根雕藝術。這棵生生不息的老樹，正煥發著鮮活不朽的青春。

金色之夢──草編藝術

具有獨特魅力的草編藝術，是自然和生活天成合一的融匯，是藝術和靈性的珠聯璧合，它既有著純樸的民間特色，又有著豐厚的文化內涵。在民間有許多不為人知的草根藝術家，他們親近自然，感悟生活，他們的草編作品自然天成，孕育著生命的靈動。德惠市菜園子鎮四合村的村民張廣東，就是這一藝術領域的佼佼者。

▲ 草編藝人──張廣東

張廣東的創作室裡，掛滿了一幅幅精美的草編作品，這裡有群山環抱的山水畫，有活靈活現的花鳥魚蟲畫，還有磨礪心志的自勉畫等。這些作品的獨到之處在於它別具匠心的工藝手法，以及所選草編創作材料的獨特。

張廣東的秸稈畫，就是將選好的玉米秸稈，剝去其中的瓤，用外皮被稱作「糜子」的部分，破開成條，黏貼成畫。這其中要經過選材、泡製、剝削、黏貼、熨燙、繪畫、成板、烙色等十八個步驟才能完成。它是集美術、木工、裁

剪等多種功夫於一身的綜合藝術。

　　一截截極普通的玉米秸稈在張廣東手裡變成了一幅幅精美的畫面，成為人們愛不釋手的藝術珍品。是什麼給張廣東帶來的靈感呢？這還得從一次旅行說起。有一次他到河北旅遊，發現白洋淀有一種用蘆葦黏貼而成的掛畫，很受當地人和旅遊者的喜愛，發展前景看好。於是他就有了把蘆葦黏畫的技藝引進家鄉的想法，回家後就開始了嘗試。但因受到地理、氣候的影響，東北的蘆葦韌性太強，質地太硬，蘆葦鋪不平，黏出的畫效果不盡人意，幾次實驗沒有成功，只得遺憾地收場。

　　但是不服輸的張廣東並沒有就此放棄自己的追求，蘆葦不行，能不能利用其他材料代替蘆葦呢？他開始在周圍留心尋找合適的替代材料。後來經過反覆琢磨，大膽試驗，終於找到了適合在東北黏畫的材料——玉米秸稈。但在選材上卻十分講究，只能用秸稈上邊靠稍部分的二至三節，因柔性好，軟度也適中，適合黏畫。

　　經過多次鍥而不舍地努力，秸稈畫終於初具雛形，但由於其顏色單

▲ 張廣東的玉米秸稈畫作品

一，做出來的掛畫缺乏生動性和趣味性。由於秸稈表面過於光滑，塗上去的顏色時間長了就會自動脫落，使作品面目全非。善於思考的張廣東，開始琢磨如何讓秸稈的顏色歷久彌新、不變色也不褪色的課題。有細心觀察習慣的他，在秋季燒荒時發現，玉米秸稈被燒成「火燎桿」之後，出現了許多顏色，有黑色的、有黃色的、有紫色的、有紅色的，由於燒的程度不同，顏色的深淺也有所不同，且有光澤。於是他聯想到了

▲ 張廣東的玉米秸稈畫作品

烙熨工藝，並開始嘗試，得到了意想不到的收獲。經過烙熨的畫面，在燈光的照射下，竟能產生金光閃閃、耀眼異常的效果，給他用玉米秸稈進行藝術創作增添了更大的信心。

　　為了掌握全面的專業知識，他多次外出學習取經，拜師訪友，虛心請教。就這樣，經過不斷地發現、探索和嘗試，張廣東的玉米秸稈黏畫技藝日臻完善。

　　經過多年的努力，現在張廣東的玉米秸稈黏畫作品，已經形成了正規化和商品化的模式。除了使用玉米秸稈原料外，高粱秸稈、稻草、樹皮等也都成了他的創作材料，在他的手裡變成了精美別致的藝術佳品。目前，他的主要草編工藝品有提籃、提箱、麵包盤、首飾盒、果盤、坐墊、茶墊以及拖鞋、草製地毯等。

　　獨特的草編藝術，在德惠流傳廣泛，至今已有百餘年的歷史。為了把這門民間藝術普及、傳承下去，二〇一一年，在菜園子鎮政府和德惠市文化主管部門的扶持下，張廣東創辦了草編基地，並開辦學習班，招收門徒，傳授技藝。他要讓這門藝術，在德惠這片沃土上生根、開花，結出更加豐碩的果實。

剪下生花——布藝藝術

　　走進王桂傑的家門，迎接你的會是一件件她親手做出的精美布藝作品。《吉慶有餘》《金雞報曉》《富貴滿倉》《合家歡樂》《夫妻恩愛》《嫦娥奔月》，荷包、花鳥魚蟲以及《紅樓夢》《西遊記》等系列人物作品，掛滿了小屋，真可謂琳琅滿目，趣味橫生，散發著濃濃的民間藝術氣息。

　　王桂傑，一九四八年出生。六十歲時開始對民間布藝飾品產生了極大興趣，她雖然沒經過專業的藝術學習，但她天生聰慧，心靈手巧，做什麼像什麼。年輕時家裡四個孩子的衣服、鞋子都由她自己裁做，衣服上的裝飾圖案也是她親自設計。一年春節，女兒花了一點五元錢買回一個布藝玩偶，老人看了看，琢磨起來，然後對女兒說：「今後女兒喜歡什麼盡管跟媽說，媽給你做。」從那時起，孩子們喜歡什麼，她就做什麼。看到報紙、雜誌上有好的圖案她便隨時剪下，收藏起來，照著樣子製作，而且越做越多，越做越嫻熟，受到周邊人們的喜愛。開始她經常把作品送人，後來多有愛好者登門求購，她的創作熱情便愈發高漲起來。針頭線腦成了她的寶貝，她廣泛搜集整理資料，連香煙盒、連環畫上的圖案也不放過。有時晚上做夢夢到好的構思，也要起身把它記下來。

　　一分耕耘，一分收獲，她的作品已成為深受人們喜愛的文化產品，前來請教取經者、拜訪求學者、上門訂貨者越來越多。她的作品曾多次參加吉林省、長春市民間藝術博覽會、農博會等一些展覽、展銷活動。省市電視台及報刊曾對她進行多次報導。二〇〇五年二月二十一日《長春日報》用整版篇幅對於她的創作經歷和作品，做了報導，受到社會的普遍關注。她的部分作品已被海外友人收藏。現為長春市文藝家協會會員、德惠美術協會會員。

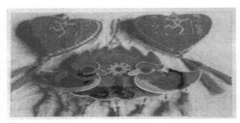

▲ 王桂傑手工布藝作品

第六章———

文化風俗

與煙花三月的江南相比，關東的景致總會顯得有些粗獷，然而白楊般的性格，
恰似拴在歲月橫梁上的搖籃，搖出的盡是嘎嘎作響的歡樂聲，還有長大以後，
那些奔跑在黑土地上的、直來直去的、實在豪爽的風情……
俗話說，一方水土養一方人。德惠的水土自然有其自生自長的風韻。如果說有
什麼相似，那是因為有著共同的根。如果說有什麼異樣，那是因為不會有一樣
的枝葉。不同的枝葉有著不同的搖曳，但演繹而出的，卻是德惠地域文化風俗
自在的縮影。

遠逝的蹄聲——天吉街火種場的明滅

　　現德惠境內的米沙子鎮天吉村，在長春廳設立初即歸撫安鄉管轄。「天吉」這一地名，據說是由於一名叫馬天吉的蒙古人最早來此開荒占草而來。馬天吉靠出售荒地發家，做起了燒鍋、當鋪、雜貨鋪、大車店等生意，天吉村由此發展起來，屯落逐漸擴大，形成一條街道，人們稱之為「天吉街」。撫安鄉官府於嘉慶初年在這裡設立了「火種場」，南至長春境內頭道溝、北至郭家屯、西至合隆屯、東至飲馬河等方圓百里的人們都來這裡取火。當時尚無「火鐮」之類的原始發火工具，人們生活用火只能靠從長燃不熄的火種場取火。火種場其實只是一間草房，火是用火爐裝著的，放在屋內，由官府派專人看管，不間斷地添柴草，保證火不熄滅。這樣，人們可以隨時騎馬帶上火筒到這裡來取火。取火的路途一般都很遠，能夠保證火不熄滅，靠的是火筒的作用。火筒是個圓柱形鐵筒，兩端有許多大小適中的通風孔。空氣從小孔進入，維持筒內點燃的棉絮燃燒。到家後，將火筒裡的棉絮取出，吹成明火，才算是一次取火的成功。此後，除了天吉火場外，德惠境內還曾於朱城子、大房身設立過火種場。過了數年，隨著生產的發展，科學的進步，人們有了新式的取火工具——火鐮，於是便結束了騎馬取火的歷史，火種場也隨之熄滅了日夜燃燒的火種。

▲ 天吉街火種場

▲ 火種燃起的炊煙

不是節日的節日——鄉村野台子戲

　　鄉村野台子戲，是新中國成立後產生在農村的新生事物。農村沒有劇場，農民需要戲劇娛樂，於是，就產生了在廣闊天地裡搭台唱戲的田野文化，即野台子戲。野台子戲也叫「唱大戲」，過去童謠裡唱的「拉大鋸，扯大鋸，姥家門口唱大戲」，指的就是這種野台子戲。野台子戲往往是由就近的幾個村屯聯合出資，在中心地帶找一塊地勢較高的空地，搭個簡易的舞台，然後請來劇團唱戲。

　　唱野台子戲在農村是一件甚至比過年還隆重的大事，一般都是在夏天農村掛鋤後舉辦。每次都要連續唱幾天，唱十幾齣戲。野台子戲是農民渴盼的「精神大餐」，比豬肉燉粉條子的誘惑力還大。消息靈通的人，早在幾天前就開始興奮地奔走相告。於是，人們紛紛提前做好準備，打理好家裡的事務，就等著大戲開台。

　　到唱戲那天，十里、二十幾里地外的村民都會趕來看戲，場面非常壯觀。人們帶上板凳、烙餅、花捲、黏豆包、煮雞蛋一類特製的節日飯，還有的帶著黃瓜、西紅柿、杏子、李子或瓜子等好吃的東西，早早地來到這個天然的大劇場，等待著好戲登台。

▲ 台上、台下

野台子戲是一個多媒介的載體。它不但帶來老百姓看戲的歡樂，還帶來了物質交流的契機。唱野台子戲的地方就是臨時組合起來的農村大集。十里八村的人們，有到這裡賣自家農副產品的；有賣冰棍、汽水、綠豆糕的；有賣燒雞、肘子、豬頭肉的；有吹糖人的；有崩爆米花的，應有盡有。就連城裡的小販都會趕來兜售些農用、民用的商品。你挑我選，人頭攢動，十分熱鬧。

▲ 為臺上台下忙碌的人們

　　除此之外，這裡還是不掛招牌的臨時「婚姻介紹所」。有些保媒拉縴的——介紹對象的中介人，趁機把男女雙方約來，讓他們躲在暗處偷偷相看，為以後的正式說媒打個前站。大膽一點兒開放一點兒的，甚至偷偷見面，品味一下農村青年男女自由戀愛的幸福。可以說，農村野台子戲的文化含量，就其內容的豐富而言，是當今豪華劇場所不能比擬的。

摸黑兒講故事──「瞎話」

東北的冬夜是漫長的。早年間的冬夜尤其漫長，因為那時候沒有現代的華燈初上，更沒有萬家燈火的通明，入夜後便是一片漆黑。人們無樂可取，又不能天一擦黑便倒頭呼呼大睡，於是便開始說閒篇、講「瞎話」了。

「瞎話」，顧名思義，是閉著眼睛瞎說的意思。然而這裡所說的「瞎話」並非如此。這裡的所謂「瞎話」講的都是故事。

解放初期，老百姓平時生活中基本沒有什麼文化活動可言，於是講「瞎話」便成了一種常見的文化表現形式。這裡的「瞎話」還有一層意思，那時候老百姓家裡都很窮，別說「洋蠟」（即蠟燭，那時候的蠟燭都是從國外進來的，所以叫「洋蠟」），即便是「洋油」也是點不起的，所以故事的情節大都是從吹燈過後的一片漆黑中展開，所以叫「瞎話」。

「瞎話」屬於一種民間的口頭文學，實際上講的大都是民間故事。有的「瞎話」以娛樂為主，講的是令人開心、取樂的笑話。這類「瞎話」講傻子的故事較多，比如《傻子相親》《傻子打醋》《傻子學話》《傻子數數》等等。《傻子數數》講的是：村裡有一個傻子，天天對著井裡喊：「十三，十三。」有個過路人好奇，便去問傻子：「你喊什麼呢？」傻子不理他，接著喊：「十三，十三。」過路人於是自己去看。腦袋剛探到井邊，傻子一腳把他踹了下去，接著喊：「十四，十四。」於是摸黑聽講的人都哈哈大笑起來。

▲ 亮在昨夜的燈光

教育孩子的故事也比較多。比如牛郎織女的故事，說「七夕」那天晚上，躺在黃瓜架下，就能聽到牛郎和織女說的悄悄話，但只有

不說謊的孩子才能聽到。告誡孩子們從小就要養成誠實的品行。「瞎話」當然不是只在夜裡講的，還是睜眼說「瞎話」的時候比較多。比如穀垛旁、大樹下、牛棚馬圈、草灘大壩、田間地頭、葡萄架下等等，凡是有人群的地方，就會有這種一不用鼓板，二不用弦琴的民間口頭文學的存在。

民間的「瞎話」成千上萬——有《聊齋》裡的鬼狐，有大鬧天宮的猴子，有除惡揚善的，有因果報應的，有嚮往美好的，有鞭笞黑暗的等等，不勝枚舉。

「瞎話」中的笑話或民間故事，有積極向上的精華，也有低級庸俗的糟粕。然而就當時的社會文化背景而言，無論「瞎話」還是民間故事，都給人們帶來了許多歡樂。所以說這「瞎話」講得不算白瞎。

「哨」——活躍於民間的口頭文化

德惠沿江地區有一種口頭文化，當地人稱之為「哨」。所謂的「哨」，就是兩人對陣，你一言我一語，唇槍舌劍地打嘴仗。「哨」純粹屬於嘴活，不像挑土籃子，有勁兒就能幹得了。能「哨」的人，必須具備思維敏捷、反應機敏、能言善辯的基本功或天賦，用老百姓的話說，你得能煽會編嘴有尿。

「哨」是集歇後語、俏皮嗑、打油詩、疙瘩話、鳥皮詞、詼諧語、四六句於一身的綜合口語文化。看上去「哨」是兩人對陣，實則都有強大的後盾。贏不是一個人的贏，輸也不是一個人的輸，輸贏都代表著一個群體。所以一旦「哨」起來，對陣雙方的人，都會跟著「哨」的進程或喜或憂，暗中較勁。

能「哨」的人不多，他們是村民心服口服的能人，深受村民的尊重。公眾認可將其推到一個特殊位置，就好像「短衣幫」裡站定的一個「白領」，並因之領受些常人沒有的特殊「待遇」。例如，在興修水利的大壩工地上，每個民工大隊都會選出一名能「哨」的人，代表大隊參「哨」。這個人不吃白菜幫子燉土豆，享受的是專門為之服務的「小灶」，有點兒像農村裡的「高幹」。不幹活，還得掙高分，專靠嘴拱。

「哨」，大都在平和的氛圍中開場，隨著「哨」的向前推進，會越說越快，越說越激烈。例如東村甲與西村乙相遇開「哨」，一個說：「早聽說你是個大才子。」乙說：「不行，趕不上你這個大能人。」一個說：「聽說你二尺鉤子撬癢癢，是把硬手？一口氣能把牛吹到天上。」乙說：「也不行，這些牛從天上掉到地上，就被你的嘴吹成牛皮了。」這麼「哨」來「哨」去的，「葷」的「素」的就都上來了。一個說：「沒有三把神砂，誰個敢倒反西岐？」一個說：「沒有伶牙俐齒，哪個敢對付你這鐵齒銅牙？」一個說：「沒有你二嫂的大腳片，顯不出你老嫂的小金蓮。」一個說：「沒有你大妹的大夾襖，顯不出你這個小薄衫。」兩個人對著對著，惱羞成怒罵了起來。一個說：「你是土地佬賣貧

紫——鬼色！」一個說：「你是黑瞎子照鏡子——熊樣！」一個說：「你覺著你連毛鬍子茬挺硬，我一天刮三遍讓你露不出頭來！」一個說：「你覺得你山東倔縣的還夾個棒，我讓你夾個棒子爬回山東去！」說著說著兩人越湊越近。雙方觀敵瞭陣者見兩人要急，擔心文鬥變成武鬥，趕快鳴金收兵。各自擁著各自的「哨主」分享各自的勝利去了。

雖然「哨」的目的大都是要把對方「撂倒」，但也有「哨」出皆大歡喜的佳話來的。一般地說，會「哨」的大都是男的，女的很少。但如果遇到女將，那可就是硬茬。

在一次賽詩會上，一個少男遇到一個少女，可謂棋逢對手，將遇良才。漢族的「哨」男與滿族的「哨」女鬥起嘴來。他們開始說學文化的好處，嘮豐收後的喜興。說著說著竟鬥起「古」來。男的說：「什麼東來什麼西？什麼高來什麼低？」女的說：「那得看在哪兒了。」男的說：「菜園子。」女的說：「那就是，東瓜東來西瓜西，黃瓜高來茄子低。」女的說：「那我問你，在朝廷，什麼東來什麼西？什麼高來什麼低？」男的說：「在朝廷，那是文站東來武站西，皇位高來臣位低。」人們為這對少男少女的學識拍巴掌叫起好來。

有人覺得還不夠勁，讓他們來點「懸」的。於是「哨」男說：「俺牛窩鋪的人能喝酒。」「哨」女對：「俺馬家店人也能喝。」男的說：「黃花瘦，鯉魚肥，俺牛窩鋪人喝酒怕過誰？」女的說：「摘黃花，把魚熬，俺馬家店人喝酒架水筲。」男的說：「我給你來道菜，清蒸鯽魚牆香透。」「我還你一道菜，努爾哈赤黃金肉。」二人你來我往，最後以滿漢全席結局。後來二人因情投意合喜結連理，成為松花江邊的佳話。

「哨」是德惠鄉村土生土長的口頭文化。它於質樸中透著幽默，調侃中充盈著智慧。在文化清貧的年代，「哨」也可以說是文化餐桌上一道很不錯的精神大餐了。

炕頭上擲出的歡樂——嘎拉哈

　　傳說金國大名鼎鼎的金兀術從小不愛習文練武，阿骨打便讓他獨自到外闖蕩。金兀術在闖蕩中遇到一位老者，老者說：「如果你追上狍子取其嘎拉哈，我會讓你成為最靈巧的人；如果你射死野豬取其嘎拉哈，我會讓你成為最勇敢的人；如果你能殺死黑熊取其嘎拉哈，我就讓你成為天底下最有力氣的人。」金兀術歷盡磨難，終於取到了狍子、野豬、黑熊的嘎拉哈。後來，金兀術果真英勇無比，智慧和膽識超過其他兄弟。從此，收集嘎拉哈便流傳開來，久而久之，玩嘎拉哈便成了民間盛行的遊戲。

▲ 嘎拉哈

　　歘嘎拉哈，是德惠境內廣泛流傳的傳統娛樂，玩者以婦女居多，豆蔻少女更是把一副嘎拉哈整天揣在衣兜裡。

　　玩嘎拉哈不分季節，只要有閒，就可以玩；也不論地點，夏天的榆樹下，

秋天的打穀場，都能看到姑娘媳婦們歘嘎拉哈的身影；玩嘎拉哈也不限人數，無論是少女還是少婦，湊上幾個，就可以熱熱鬧鬧地玩上半天。

在漫長而寒冷的冬季，在電視和電腦進入家庭之前，玩嘎拉哈是最好的消閒。熱得燙人的炕頭上，女孩兒們歘著嘎拉哈，像一群快活的小鳥嘰嘰喳喳，玩到可樂之處，一陣銀鈴般的笑聲拔地而起，盡顯德惠姑娘的爽朗火辣。

嘎拉哈是哺乳動物後腿膝蓋的一塊獨立的骨頭，不染色的質樸淡雅，染色的精緻可愛。將乾淨的嘎拉哈放進紅紙水裡煮上一個小時，小巧玲瓏的嘎拉哈便穿了一身鮮亮的胭脂外衣，看上去喜氣盈盈。

狍子嘎拉哈，據說是最好的，但不常見。人們常玩的嘎拉哈通常是豬或羊的。羊嘎拉哈小巧而方正，染色之後紅紅的一把，托在手心一看，就像新生嬰兒那幼嫩可愛的小腳丫，又像五朵小花盛開在掌心。但羊的嘎拉哈也是比較少的，如果哪個女孩兒能從口袋裡掏出一副小巧玲瓏、光滑細膩的羊嘎拉哈，會

▲ 歘不夠的嘎拉哈

讓同伴們羨慕不已。過去家家都要殺年豬，所以豬的嘎拉哈容易積攢。

一攢就攢上百個，不玩時在一個小口袋裡裝著，乾乾淨淨地掛在牆上。東鄰西舍的女孩兒湊到一塊，只要有一人提議，立即有熱烈的響應。「嘩」的一聲，成百的嘎拉哈倒在炕上，熱熱鬧鬧的欻嘎拉哈便開始了！

玩嘎拉哈的方法有很多種，但基本都大同小異。嘎拉哈的四個面分別稱「針兒」「驢兒」「坑兒」「背兒」，就拿這四樣講遊戲規則。在德惠，最簡單的玩法是將一堆嘎拉哈擲開，找兩個相同花色的嘎拉哈相彈相碰，而不能碰到別的。一聲清脆的碰撞之後，贏家就可以拾起一枚收入囊中。

欻嘎拉哈講究就多了，所謂「欻」，就是五個大小相似的嘎拉哈為一副，一把擲在地上，抓起其中的一個拋向空中，在沒落地的時候，把其餘四四嘎拉哈全抓在手上，接住空中那個，這就算一個回合。

欻嘎拉哈中難度最大的是「搬針兒」。所謂「搬針兒」，就是把五個一副的嘎拉哈擲開，將其中一個拋起的一瞬間，把地上四個嘎拉哈中「坑兒」、「背兒」不同的面都搬挪成「針兒」，待四枚嘎拉哈都成「針兒」了，再一把抓起來。因為要從不同位置上分別翻，又不准碰動其他嘎拉哈，擲開以後，四個嘎拉哈分列四方，搬難搬，抓難抓，難度相當大。

但再難也難不倒愛玩嘎拉哈的女孩兒。搬「針兒」的女孩兒，一邊氣定神閒地咬著菇娘皮兒，一邊蜻蜓點水似的將不同的面「搬針兒」。等候「搬針兒」的女孩兒，在別人搬的時候，悠然地嚼著甜桿，吃著鍋炒爆米花。

玩嘎拉哈，需要眼疾手快，反應靈敏，那歡快的氣氛，又讓人情悅神怡，所以德惠的女孩兒個個心靈手巧，漂亮聰明。

微型「水果樂器」——菇娘兒

　　德惠境域，遍布著一種矮小可愛的草本植物——菇娘兒。無論是城鄉小院，還是山坡溝坎，到處都可見這種植物的蹤影。

　　德惠菇娘兒主要有紅、紫、黃三種。

　　紅菇娘兒多為野生，珊瑚珠般的果實外罩著一身緋紅的外衣，霜降之後，愈發顯得豔麗可人，好像一串串火紅的燈籠掛在枝頭。紅菇娘兒是一味消炎去火的良藥，只是微酸中透著些許清苦。紅菇娘兒會續根，牆角溝邊，只要有幾墩菇娘兒存活下來，此後每年深秋，它

▲ 大紅燈籠高高掛

們的子孫必定會捧出一大片火紅，如同德惠人堅韌、豪爽、熱情的性格。

　　紫菇娘兒大如鴿蛋，好像紫色的小柿子，不太甜，有點兒澀澀的味道，連吃幾個舌頭會發麻，那獨特的滋味會深深地印記於你的腦海。

　　黃菇娘兒和紅菇娘兒長得相似，它色如黃玉，有一股醇厚的甜香。秋日暖陽的照射下，珠圓玉潤的果實在暖黃外衣的籠罩下，好似美女穿著紗衫。每摘下一個，都給人小小的驚喜。它滋味香甜，深受人們喜愛，已經成了一種大規模種植的新型水果，在德惠的各個市場上都可以買到。

　　之所以被稱為菇娘兒，是因為它和姑娘有著千絲萬縷的連繫。它好吃，秀美。在菇娘兒將要成熟但尚未成熟之際，女孩兒們能將它做成一件小小的樂器，置於唇齒間，「吱吱嘎嘎」地咬響。

咬菇娘兒，並不是將菇娘兒摘下就咬，那樣就成了吃菇娘兒了。咬菇娘兒是指咬掏空菇娘兒內裡果肉餘下的果皮。那柔韌的菇娘兒皮，在姑娘的嘴裡，就成了一種小巧可愛的樂器。

什麼時候是咬菇娘兒的最佳時節，女孩兒心中有數。在女孩兒密切的關注下，菇娘兒日漸長大。終於在夏日的某一天，它們被一雙小手採下，於是開始步入一段嶄新的生活。

撕開罩在菇娘兒外面的那層連著果臍的衣服，不要急於剝掉，首先將菇娘兒揉捻至軟，然後揉捏外皮與果實相連的部分，待到火候成熟，輕輕一拉外衣，就會帶出果皮與果臍相連的肉塞，菇娘兒果實的封口才算打開，然後慢慢地、一點點擠淨裡面的籽粒，一個菇娘兒皮就成了。如果不慎弄掉了菇娘兒的外衣，就取一根細細的小棍，將菇娘兒圓圓的果臍刺開，一小滴清涼的汁水就會冒出來，用嘴吮了，再刺，再吮，幾個回合，輕輕地擠，就會有白色的小扁籽排著隊冒出來了。按捺著玩的渴望，耐心地將籽擠淨，一個小巧的、半透明的綠色小燈籠便脫穎而出。現在，它已經不是一個普通的菇娘兒，而是可以含在嘴裡咬響的微型樂器了。

女孩子將它含在口中，輕輕將它吸飽空氣，舌尖將它推至唇邊，牙齒輕輕咬動，它便發出清脆的聲響。隨著嘴唇與舌頭的嫻熟承接和送遞，使它不停地鼓起來，癟下去，一種忽高忽低、連綿不絕的聲音便在女孩兒隨心所欲的演奏下誕生了。它雖然有點兒單調，聽的人卻不會覺得煩，如同那鄉間的柳笛草哨，悅耳而親切。

▲ 菇娘花開美人間

一個菇娘兒皮兒，咬一天也不會壞。睡前將它包在嫩草葉裡，第二天還能咬。咬菇娘兒的女孩兒是樂此不疲的，菇娘兒在嘴裡含著，不影響玩耍，更不會耽誤幹活。咬得巧的一次能將兩個同時咬響。女孩子若是湊了堆兒，「吱吱嘎嘎」咬菇娘兒的聲音此起彼伏，像是溪邊的蛙鼓，更像是一場比賽。她們還會吐出自己的菇娘兒，比比誰的更大，誰的更好。

　　咬著菇娘兒，甩著兩根長辮，扯著皮筋，小鹿般歡快地蹦跳著的女孩兒，那真是德惠大地上令人贊嘆的生靈。

不可小覷的戰鬥——「碰拐」

　　二十世紀五六十年代，有一種遊戲活躍在城鄉的男孩兒中，叫「碰拐」。因為沒有官方的統一規定，所以也有叫「碰拐子」「撞大腿」的，還有好聽一點兒的叫「角鬥士」。叫法不一，玩法一樣。這裡之所以強調男孩兒，是因為女孩兒從來不玩這個。不像男孩兒可以和女孩兒一起「丟手絹」，她們不玩。男孩兒「碰拐」的時候，她們寧可站在一旁「賣呆兒」，也絕不參加。大概是嫌這種玩法有點兒「野蠻」。

　　「碰拐」的要求是這樣：用一條腿站立，左右腿均可。將另一條腿盤起，雙手在腳踝處抱定，即呈「金雞獨立」之態。然後以凸出的膝蓋為「矛」向對方發起攻擊。倒地者或所盤之腿散開、雙腳站地者為敗，反之為勝。

　　「碰拐」的戰法有兩種：一是單打獨鬥，即兩個人進行角逐；一是群體作戰。群體作戰的戰鬥單位人數可多可少，三五個為一隊也可，七八個為一隊也行，沒什麼硬性規定。「碰拐」的戰法有點兒殘酷，因為一方要把另一方完全「消滅」，絕無憐憫之心，大有「宜將勝勇追窮寇」，從來不學楚霸王的英雄氣概。是有點兒狠，怪不得女孩兒不玩。

　　「碰拐」是一種簡單的遊戲，一不需要舞台，二不需要道具，有腿就行，且沒有成本。但「碰拐」又不是一種簡單的遊戲，因為這種遊戲有著許多的玄機和學問。

　　先說單兵作戰。單兵作戰，不是「狹路相逢勇者勝」那麼簡單。人高馬大的，不一定是勝者；脖細腿短的，不一定是敗將。以單腿支撐身軀，首先要不停頓地顛腳運動，以保持自身的平衡，這是取勝的先決條件。而後要有不間斷的閃、轉、騰、挪、高、低、進、退的巧妙運用，方能處於優勢。衝、撞、砸、挑不可拘泥於一式，要視對方的優劣定勢確定作戰方案。舉一戰例來說：一體單勢弱者與一體壯如牛者對陣，切不可以採取先聲奪人的閃電攻擊戰術，

因為你在「質」上沒有優勢，這樣做無異於以卵擊石，或者說是用腦袋去撞大樹，那就慘了。似這樣的對陣態勢，弱者必須首先鎮定自若，堅定必勝的信心，然後採取靈活機動的戰術，方能扭轉敵強我弱的態勢。一般而言，體壯之人，往往會有一種居高臨下、盛氣凌人之態，他們的戰法大都是採取迅雷不及掩耳之勢，一如猛虎下山，以猛烈地衝擊將對方置於死地。對付這樣的敵手，羸弱方必須採取避實就虛的方略，發揮小巧靈活的優勢，方能扭轉戰局。如強者急速衝來之時，弱者可顛腳後退，但不要左右閃挪，直待敵方衝到近前的剎那，猛地閃開，並迅速轉其背後，單腳躍起，以凌空之勢撞其後背，借助敵之衝力來一個順腿敲擊，無不取勝。倘弱者和強者膠著作戰，那就要格外小心，努力尋找敵之破綻，一擊而勝。如當對手以泰山壓頂之勢向你壓來時，你可在腿與腿相交未交之時急速閃開，然後將腿在對手腿上只需輕輕一點兒，對方猛烈的下砸之力與你的點力結合，強敵的嘴必定會與眼前的泥土顯得格外地親近。然弱勢一方需迅疾閃開，否則亦會被對方強大的衝力撞倒。

再說群體作戰。群體作戰講究的是作戰方略。首先要做好戰前準備，做到知己知彼，方能百戰不殆。這裡簡述幾種戰法：集中優勢兵力，對敵陣的領軍人物實施毀滅地攻擊，這叫擒賊先擒王，樹倒猢猻散，動搖其軍心；以上者對其中者，以中者對其下者，這叫充分發揮我之優勢，運用的是田忌賽馬的策略；先取守勢，避免衝突，消耗對方體力，這叫以逸待勞，後發制人。群體「碰拐」之戰與戰場上作戰一樣，需審時度勢，敵變我變，不可墨守成規，在此不一一贅述。

「碰拐」是一種很好的遊戲，它可以增強人的勇氣和鬥志，培養人的理智、韌性和集體榮譽感，激發人的聰明才智，的確是一種看似簡單實則並不簡單的遊戲。現在很少能再見到這種遊戲了，現在的孩子們從小就玩電腦，電腦比「碰拐」複雜得多，只是缺少了點兒鍛煉，現在的孩子們沒有過去少兒的腿腳硬朗。

不過有一點兒需要糾正，那就是這種遊戲的背後也還是有成本的，好好的

棉褲，因為「碰拐」的緣故，膝蓋處會早早地綻開，露出白花花的棉花，還要母親燈下一針針仔細地縫合。

街頭奇觀——雜耍

　　新中國成立初期，德惠鎮雖然很小，但位置優越，四通八達。所以，南來北往的江湖藝人常常來此走穴。所謂的藝人，其實不過是那些賣大力丸的、賣狗皮膏藥的、賣追風散的、賣耗子藥的，帶上一些戲法、耍猴、玩蛇等「絕活」來打場子。

　　這些藝人往往帶著他們未成年的子女或收來的孩子同來賣藝，讓孩子們做些常人難以忍受的動作，以動觀眾的惻隱之心，好讓人從兜裡掏出錢來。

　　什麼也不賣，單憑一身功夫賺錢的也是有的。這些人各個都身懷絕技，嘴皮子也相當厲害。在寬敞一點兒的街頭，把家什一擺，就把錫鑼敲得震天價兒響。他們一點兒也不愁小鎮上沒有觀眾，鑼聲就是磁場，人們很快便會循聲而

▲ 街頭巷尾耍猴人

▲ 街頭雜耍

來，圍得水洩不通。每當這時，雜耍藝人就會把銅鑼倒拿在手，往裡面倒點兒水，還假裝往裡吐點兒唾沫，隨後用鑼錘從底下往上敲，水花就濺了出來，人們紛紛向後面躲，於是場子便打開了。

藝人們演練之前常常是雙手抱拳，深施一禮，然後道：「老少爺們兒，俺一家老小千裡迢迢，初來寶地，還望您多多周全。有錢的幫個錢場，沒錢的捧個人場，沒有君子不養藝人。」說完這些熟練於口的行話之後便開始表演。所謂的表演，有的是耍耍花槍，有的則是動真功夫。真功夫裡有吞鐵球、吞寶劍、油鍋取物、卸膀子等。也有的把鋼絲纏在腰上，用鐵鉗子擰緊，然後氣運丹田，一聲大吼——開！話音未落，鋼絲瞬間而斷。於是觀眾大悅，喝彩聲連連。多半在這個節骨眼兒，藝人手下的小伙計便手捧銅鑼，開始走圈收錢。這時候會有人扔進個一毛半角的散錢，絕無大票，而有的人則溜走了。街頭雜耍的景觀今不復在，可在小城那文化生活匱乏的年代，畢竟給人們帶來了一些歡樂。

少兒的樂園 ——「小人兒書」攤

　　二十世紀五六十年代，有一種六十四開本的連環畫冊，可能因為書上畫的都是小人兒，看書的也都是小人兒的緣故吧，所以都管這樣的連環畫冊叫作「小人兒書」。「小人兒書」在那時存在十分普遍，少兒們的手上幾乎都會有那麼幾本，可自己手裡的這幾本書遠遠滿足不了求知欲，於是，大家就互相串換著看，串換著看也還是滿足不了孩子們的需求，於是，「小人兒書攤」便應運而生了。

▲「小人兒書」

　　書攤一般都設擺在行人較多的大街兩邊的樹下。在地上鋪一塊布，把「小人兒書」一本一本地平擺在上面。有的攤主還在旁邊設一些小板凳供閱讀者使用。沒有板凳的小孩就坐在馬路牙子上或地上看。書攤上的「小人兒書」很多，孩子們可以挑選著看。但在這裡看書不能白看，一般情況下是一分錢看一本，好看的、新的、頁數多的「小人書」也有兩分錢看一本的。有時天氣不好，來看書的人少，攤主也會「打折」，讓孩子們一分錢看兩本，或者有人看

▲「小人兒書」

多了，攤主還會贈閱一本。

那時，家家都比較困難。孩子手裡的零錢極其有限。每一分錢都是相當寶貴的。有的孩子為了看書，把父母給買食物或是其他用項的錢都拿來花到書攤上了。也有的孩子為了能到書攤上看「小人書」，借父母讓他們打醬油醋的機會，從專款中扣留一分，然後跑到書攤那兒去看書。醬油醋不能天天買，所以，孩子們十分珍惜這一分錢，看書時就非常認真。有的孩子看完一遍捨不得放下，就從頭再看一遍。這種做法攤主是允許的，只要不轉給別人看就行。

據不完全統計，五六十年代，德惠街頭的「小人兒書」攤有三四十個之多。在老廣場附近，還曾有幾個規模較大的書攤。攤主用蘆席圍成個棚子，把書陳列其中。棚裡的書遠比外面地攤上的書要多出幾倍或十幾倍，已經是很了不起的讀書場所了。當時縣城裡只有一個不大的閱覽室，滿足不了眾多少兒閱讀的需求。可以說，「小人兒書」攤在那個年代，對孩子們的求知、成長所起到的作用是功不可沒的。

「我有一個金娃娃」——德惠民謠

　　民謠是民歌、民謠、兒歌、童謠的統稱。民謠歷史悠久，源遠流長。流行在德惠的民謠有很多，大人唱，小孩說，劃拉劃拉裝滿車。

　　民謠雖小，卻充滿著濃郁的地域風情，反映了一定時期的社會風尚及文化習俗。流傳於德惠的民謠，也體現了民謠源於民間的特點，有著它一定的地域性、時代性、社會性。之所以說民謠有一定的時代性、社會性，是因為有的民謠有一定的政治性，例如建國初期德惠有一首《猴皮筋，我會跳》的童謠：「猴皮筋，我會跳，三反五反我知道。反貪污，反浪費，官僚主義也在內。」說的是國家大事，孩子們都知道，說明民謠雖小，道理不小。

　　二十世紀五六十年代，流傳於德惠的民謠，更多的是反映生活中小情小景的，直白、幽默、生動、活潑。有一首《拉大鋸》的民謠是這樣的：「拉大鋸，扯大鋸，姥家門口唱大戲，接姑娘，喚女婿，小外孫，也要去，一個巴掌打回去！」是啊，小孩子家，讓你去，你就去，不讓你去就別去，所以「一個巴掌打回去」！告訴孩子們要聽大人的話，只是以大壓小，多少有點兒不大平等的意味。也有逗孩子玩兒的，如：「小小子兒，坐門墩兒，哭著嚷著要媳婦兒。要媳婦兒，幹什麼？點燈，說話兒，吹燈，拔蠟。」還有：「小耗子，上燈台，偷油吃，下不來，嘰裡咕嚕滾下來」。

　　德惠民謠中，孩子們的童謠比較多。那時候社會上的文化娛樂場所非常少，孩子們的娛樂空間就更小了，所以孩子們除了從事簡單的玩耍，就是唱兒歌了。兒歌簡單、易記，一學就會，所以有些兒歌流傳得相當廣泛。像「小燕子，穿花衣，年年春天來這裡，我問燕子為啥來，燕子說，這裡

▲「拉大鋸」的娃娃

的春天最美麗」。這首兒歌，積極向上，充滿了對美好生活的嚮往，當時的孩子們都會唱。有些兒歌是關心莊稼院裡的大事的，例如，天旱了，孩子們就唱「老天爺，雨快下，高粱穀子沒長大」；天澇了，就唱「老天爺，別下雨，包子饅頭都給你」。體現了孩子們渴望豐收年景的心情。《小板凳兒》是反映孝敬老人的：「小板凳兒，四條腿兒，我給奶奶嗑瓜子兒。奶奶說我嗑得香，我給奶奶熬雞湯。奶奶說我沒擱油，我給奶奶磕個頭。奶奶嫌我嗑得慢，我給奶奶煮雞蛋。」生動、活潑，一幅「王祥臥冰求鯉魚」也似的畫圖。批評不忠不孝的也有，如《黑老鴰》：「黑老鴰，尾巴長，娶了媳婦忘了娘。」告誡人們，到什麼時候也不能忘記爹娘的養育之恩。

還有些是反映孩子們志向的，如：「大雨嘩嘩下，北京來電話，叫我去當兵，我還沒長大，等我長大後，當兵保國家。」「一朵花，紅又紅，劉胡蘭是英雄，從小學會愛國家，長大成為女英雄。」更多的兒歌是反映孩子們生活情趣的，這些兒歌短的一兩句，長的十幾二十幾句，描述的大都是生活中的情景。其中有歌頌友情的，如「找呀找呀找朋友，找到一個好朋友，敬個禮呀握握手，你是我的好朋友」「兄弟同心土變金，大樹底下好遮陰。世事都從苦裡過，老天不負有心人。」有善意嘲諷戲謔的，如「小丫蛋兒，上井沿兒，打出溜滑兒，摔屁股蛋兒。」「一年級小豆包兒，一打一蹦高兒。」有反映孩童天真爛漫情趣的，如《金娃娃》：「我有一個金娃娃，金胳膊金腿金腦瓜。我把金娃娃弄丟了，我哭，我哭；我把金娃娃找到了，我笑，我笑。我把金娃娃送學校，老師說它年紀小，它背著書包往家跑，跑、跑、跑，跑不了；了、了、了，了不起；起、起、起，起不來；來、來、來，來上學；學、學、學，學畫圖；圖、圖、圖，圖書館（管）；管、管、管，管不著；著、著、著，著火了；火、火、火，火車頭；頭、頭、頭，大饅頭」。有虛擬遐想的，如《幾丈高》：「賣鎖來，什麼鎖，金剛打馬琉璃鎖。幾丈高，萬丈高，騎大馬，挎大刀。大刀長，宰豬羊，豬羊血，挎老鱉，老鱉不下蛋，滴了嘟嚕一大串」。還有按數字編寫的兒歌，如《拍手歌》：「你拍一，我拍一，黃雀兒落在大門西。你拍

二，我拍二，黃雀落在樹當間兒。你拍三，我拍三，三三見九九連環。你拍四，我拍四，四個小孩寫大字。你拍五，我拍五，五個小孩兒打老虎。你拍六，我拍六，六碗包子六碗肉。你拍七，我拍七，七個小孩撢野雞。你拍八，我拍八，八個小孩吹喇叭。你拍九，我拍九，九隻胳膊九隻手。你拍十，我拍十，十隻鴨子下水池。」再如，《馬蓮花》：「小皮球兒，架腳踢，馬蓮花開二十一；二五六、二五七、二八二九三十一；三五六、三五七、三八三九四十一；四五六、四五七、四八四九五十一；五五六、五五七、五八五九六十一；六五六、六五七、六八六九七十一；七五六、七五七、七八七九八十一；八五六、八五七、八八八九九十一；九五六、九五七、九八九九一百一。」這些兒歌，充分表達了孩子們純真無瑕的內心世界和求知好學的心理。通過兒歌的背誦、唱讀，既開發了孩子們的大腦、增強了記憶、鍛煉了口才，又因為兒歌是合轍押韻的，所以對日後韻文的撰寫，也起到了潛移默化的作用。小時候記住的兒歌，不會隨著歲月而流逝，往往一輩子也不會忘掉。

當然，民謠中也有不健康的，應予以摒棄的東西。如，新中國成立初期，從舊中國走過來的德惠，經濟文化還都比較落後，城鄉普遍缺醫少藥，孩子有了什麼毛病，沒錢治療，有的便迷信巫術，在黃紙或紅紙上寫上：「天皇皇，地皇皇，我家有個夜哭郎，過路君子念三遍，一覺睡到大天亮。」反映的是明顯的封建迷信思想。再如，《斗簸謠》：「一斗窮，二斗富，三斗四斗開當鋪，五斗六斗背花簍，七斗八斗繞街走，九斗一簸，穩吃穩坐。」反映的則是唯心主義的宿命論。二十世紀五〇年代，小學滿分為五分制，就有了「三分好，三分好，不貪黑，不起早」這種缺乏進取精神的兒歌。這些有著特定年代烙印的、消極的民謠，早已被發展的時代所淘汰。什麼「天皇皇，地皇皇」也早已變成人們茶餘飯後的笑談了。

好的民謠與諺語一樣，都是來自於民間的智慧的結晶。舒放著花香的民謠是有強大生命力的，直到現在，依然在人們的口頭上流傳，就像「月兒明，風兒靜，樹葉遮窗櫺……」的搖籃曲一樣，會代代相傳下去……

說怪不怪——姑娘叼個大煙袋

▲ 十七八歲的大姑娘叼個大煙袋

「姑娘叼著個大煙袋」為東北三大怪之一。德惠的大姑娘也毫不遜色，只不過這都是早些年間的事了。

東北的男人下地幹活，女人也照樣下地幹活。男人喜歡在地頭抽一袋菸，以解勞作之苦，女人為什麼不能也點一袋菸，以解勞頓之乏？所以男人抽，女人也抽，互不干涉，這便成了東北早期男女平等的一種文化現象了。

其實東北女人抽菸的習慣，是從小就培養起來的。一是環境影響形成的一種慣例；二是那時候文化、物質匱乏，孫女孫子哭鬧，奶奶拿不出金髮洋娃娃或者變形金剛什麼的去哄，只好捲一支「喇叭筒」，說一聲：別哭了，奶奶給你點上。孩子就不哭了，學著大人的樣，「吧嗒」「吧嗒」地抽起來，「吧嗒」來「吧嗒」去，不幾歲的孩子就「吧嗒」成合格的菸民了。

在德惠農村，男人抽的煙袋和女人抽的煙袋是不同的。男人抽的煙袋桿一般都比較短，因為男人外出幹活、趕集下店的時候多，帶著方便。尺把長的煙袋，裝上一袋旱煙，「刺啦」一下用火鐮點著，再「刺啦」「刺啦」地抽個火星子亂蹦，過完癮，抬起一隻腳來，啪啪啪！將煙鍋子在鞋底子上一頓猛扣，煙鍋子裡的菸灰就磕打出來了。再三下五除二地把煙口袋往煙桿上一纏，然後往腰帶上一別，走人。那時候女人給男人做鞋特別講究鞋底的厚度，一錐子一錐子要納出千層底來，因為女人們知道男人勁兒大，鞋底子必須抗敲，像現在的薄底子鞋包括北京老字號的布鞋都不行，煙鍋子在鞋底上「當」「當」幾下

就敲漏了。

　　老太太的煙袋和男人的就不一樣了。特別是德惠農村的老太太。農村老太太的煙袋桿子特別長，常見的有一米多長。煙袋鍋子倒是不大，抽個十口八口的就沒了。這麼長的煙桿子，將菸嘴含在嘴裡，除了通臂長猿，人的胳膊是夠不著煙鍋的，怎麼點火？其法有三：冬天好辦，大煙袋桿子往火盆上一觸，「吧嗒」「吧嗒」幾口，著了；夏天用不上火盆，用火盆得把人烤死。也有辦法，那時家家都有自家搓出的火繩，一大盤一大盤的，整日整夜地燃著。想抽菸了，把煙袋鍋子往香菸頭也似的火繩上一觸，「吧嗒」「吧嗒」幾口，著了，這是第二種辦法；第三種辦法沒有季節的區分，屬於人工點菸。一般地說是兒媳婦給婆婆點菸。「刺啦」一聲，著了。老太太「吧嗒」「吧嗒」幾口，抽完了。過不大會兒，又是一袋，兒媳婦顛顛地又來點著。一方面老太太盡享了天倫之樂，另一方面又充分體現了晚輩對老人的孝敬之心。真的是一幅很不錯的家和萬事興的人間畫圖。但從未見過兒媳婦給老公公點菸，盡管老公公也有長輩之尊，但兒媳婦不伺候。也許這就是男人的煙桿必須要短些的緣故罷。

　　女人和女人抽菸也不一樣。大姑娘聚堆，嘰嘰嘎嘎，圍坐一圈，煙鍋子和煙鍋子掐著架玩，逗的是一團和氣。老太太抽菸大都坐在炕裡，脈脈地顯得格外深沉。農村人鄰里親和，串門的自然是長年不斷。來的客人一般不會往炕裡坐，自然要坐在炕沿上。抽菸人在菸的辛辣刺激下口水就多，而那時農村也沒有什麼痰盂可用，於是老太太便練就了遠程彈射口水的絕活。吐口水之前，老太太會將雙唇緊閉，屏住一口氣，然後靠舌尖的推力和氣體瞬間迸出的爆發力，將口水彈射出去。炕裡到屋地總會有兩三米遠，然而距離難不住老太太。更令人稱奇的是，這口水可以越過炕沿上小孩的頭頂或準確無誤地穿過人群中的縫隙，落在原本想落的地方。這是功夫活，是幾十年練出來的。絕非打哪兒指哪兒，而是絕對地指哪兒打哪兒。「彈著點」之精確，令人咋舌。只是這一絕活，隨著歲月的流逝，走遠了，看不見了……

　　大煙袋的故事太多了。它是吸菸的工具，也還是身份和威嚴的象徵。孩子

耍彎，說不聽，一煙袋鍋子過去，立馬老實。兒媳婦做錯了事，當當當幾煙袋鍋子敲在炕沿上，兒媳婦就知道該如何反省了。

縱然東北的大煙袋，蘊含了諸多的民間文化，但抽菸畢竟有害健康，還是將東北大煙袋的「輝煌歷程」，交給往事來回顧罷。

說怪也怪——窗戶紙糊在外

　　糊窗戶是多少年前的事了。南方糊，東北也糊。南方的窗紙糊在裡，東北的窗紙糊在外，南方人見了就奇了怪了。南方的窗紙糊在裡面，各式各樣的窗格，就顯擺出它的雕鏤織巧的美麗了。東北不比南方，冬天一到，寒風呼嘯，大雪紛飛，大地都凍裂開來。室內外溫差很大。如果把窗紙糊在窗裡，撲在窗格上的積雪，就會被屋裡的熱氣融化而凍結成冰，什麼樣的窗紙能經得起這樣的折磨？不消三兩個回合，就得敗下陣來。白糊了不說，誰能受得了那冰天雪地裡的冷？糊在外面情景就不一樣了，雪花在光滑的窗紙上站不住腳，紛紛落地，窗紙完好無損，也就守住了千家萬戶的溫暖了。怪不怪，有點兒怪，然而這一怪恰是關東人的聰明所在。

　　早年間，德惠農村和東北其他農村一樣，年年都要糊窗紙。那時候德惠農村的窗戶，都是上下兩開的。下面的一半固定在窗台上，上面的一半可以從窗扇下沿向上掀起，然後掛在從天棚垂下來的鉤子上，於是就可以把無限春光放進屋裡來了。冬天就不開了，因為開窗放進來的只能是西伯利亞的寒流。德惠農家的窗櫺，可沒有南方的什麼「盤腸」「燈籠錦」也似的花樣，結構十分簡單，只有橫豎木條構成的方格。窗紙糊在化整為零的方格上，就有了筋骨，變得十分結實，也便不怕風吹雨打了。

▲ 金亮的陽光透窗來

窗戶紙是當時店鋪裡必有的物件，那是供百姓專用糊窗的紙。窗紙不像畫家用的宣紙，一戳一個窟窿。窗戶紙是東北老鄉用蘆葦、蒲棒、線麻、舊絮等自己造出的紙，有韌性，結實得很。再在紙上塗上豆油或者蘇油，然後讓女人板板整整地糊在窗櫺上，風啊雨呀的，就什麼都不怕了，用《沙家濱》裡阿慶嫂的一句唱詞來說，「那就是一堵擋風的牆。」有人說這樣的窗紙用拳頭都打不破，誇張了，要是有誰真想這麼幹，酒足飯飽而後，氣沉丹田，力聚拳上，還是可以打破的。但沒人這麼幹，打破了幹啥？打破了還得糊。

　　窗戶紙糊在外，不過是視覺中的一種表象，然而表象往往牽連著內裡，一個普普通通的民間風俗，卻道出了關東人實實在在的性格。一張糊在外面的窗紙，整個的就是塊一覽無餘的大「白板」，不好看。關東人不管這個，暖和就行，帶褶的靰鞡腳下踹，狗皮帽子照樣戴。風俗離不開環境，環境又造就了人的性格。「白板」就是一塊「雪地」，這塊「雪地」，就是關東人豪爽、坦白的襟懷。《隨園詩話》中有詩云：「金針刺破南窗紙，偷引寒梅一線香。」美是夠美的了，可關東人不幹，他們才不拿金針刺破南窗紙呢，因為他們知道，大冬天的，窗外沒有寒梅，只有風雪。他們只記住了這樣一句諺語，叫作「針鼻兒大的窟窿，能鑽進斗大的風」。

　　一方水土養一方人，然而隨著時代的變遷，人們的習俗也隨之發生著改變。現在去德惠農村，再也見不到窗口上的那道風景了，那承載著歲月寒暖的窗紙，已飄進人們記憶的雲煙。

▲ 秋風未盡先糊窗

說怪真怪——養個孩子「吊起來」

在一對夫婦一個孩子的今天，有誰會捨得把孩子「吊」起來？出生後，把孩子從護士手中接過來開始，這個寶貝便有了眾多的「守護神」。今天奶奶抱，明天姥姥親。稍大一點兒，爺爺、姥爺們便搶著領出去買零食、購玩具，在眾人面前顯擺——看，我家的寶寶多有派！然而早先德惠的孩

▲ 悠車

子卻沒有這個待遇，一出生，便被「吊」了起來。你說怪不怪，說怪也真怪。

「吊」孩子的用具叫悠車。悠車是關東人傳統的育兒工具，狀如小船，前後兩端的左右側，分別固定上兩個環，用長皮條或繩穿於環內，懸在梁上。這就是「悠車」。

早期，處於氏族社會的滿族人以漁獵為生。男人狩獵，女人採集山貨野果。傳宗接代嘛，生孩子是必然的事。但怎樣帶好孩子，卻是件麻煩的事，將孩子放在家中吧，無人照看，不放心。帶在身邊吧，又影響勞作，況且山林中野獸出沒頻繁，幼兒的安全會受到威脅。於是他們發明了一個辦法，用樹皮或者獸皮捆紮成籃袋，將嬰兒、幼童放入其中，然後用繩子高高懸吊於樹上。這樣，孩子的安全就有了保障。《東陲紀行》中有文字道：「縫皮為囊，納兒於中，懸諸森林，歸而哺之。」這便是「悠車」早期的歷史記載。

出於取材的方便，後來的悠車，大都由樺樹皮製成。把樹皮彎曲成橢圓形，用繩子或者皮條結成網，這樣的悠車結實而且好用。關東的牧民們，經常生活在馬背上，被稱為馬背上的民族。逐水而居，擇草而遷，居無定所，每當

遷移時，就把孩子放在悠車裡掛在馬背上。落腳時就把悠車掛在帳篷頂上的木桿上。孩子放進悠車，母親就可以做自己的活了。聽到孩子的哭聲，就趕緊跑過來，推一下悠車，孩子在忽忽悠悠中就會停止了哭聲。悠車的產生，體現了濃郁的游牧文化特點和先人的智慧。隨著生產方式的演進，有了固定的居住場所，人們就把悠車掛在房梁上了。後來，大批移民闖關東來到東北，見這招好用，也便沿襲下來，由此而形成了東北的一怪——養個孩子吊起來。

孩子睡悠車有很多講究。首先，要在底板上鋪一個內裝蕎麥皮的布口袋，叫「糠口袋」。糠口袋既防潮又透氣，孩子睡在裡面十分舒適。孩子的胳臂、雙腿還要用布帶捆起，以防孩子翻身從悠車中掉下來，這樣做還能保證孩子肩平、腿直。男孩子長大後腰寬背闊，好娶個好媳婦。女孩子長大後亭亭玉立，好找個好婆家。悠車的「推」法，也是有講究的，孩子在欲睡前，悠車要順著推，這樣孩子在悠來悠去中就睡著了。母親要和孩子交流時，就把悠車橫著推，讓孩子始終和母親保持相近的交流距離，孩子的臉上就會露出嬌嫩的笑容。會爬的孩子就不能使用悠車了，因為把會爬的孩子放在悠車裡，他們就會採取「越獄行動」，突破悠車的防線，掉到他不該掉到的地方去了。

▲ 農家的搖籃

哄孩子入睡時，母親通常要哼唱搖籃曲，搖籃曲有流傳下來的，如：「月兒明，風兒靜，樹葉掛窗櫺……」也有的是德惠人自哼自唱的：「悠悠啊，悠悠啊，悠悠寶寶睡覺吧！貓兒來啦，狗兒來啦，小貓兒小狗兒要睡了。」「小寶寶，快長大，騎駿馬，踏踏踏，挎大刀，嚓嚓嚓，隨你阿爸闖天下……」這樣哼著唱著，孩子就睡著了……

而今，隨著社會的進步，無論

是城市還是鄉村，「悠車」悠來晃去的影子早已銷聲匿跡，然而，那悠車晃來晃去的影子，還印在人們的記憶之中。

鋪開一片豪爽——打飯包

孔子在《論語‧鄉黨第十》中云：食不厭精，膾不厭細。所以南方人吃的是細小的「雞毛菜」；還用牙籤挑食米粒大的田螺肉。然而在德惠這地方，卻和老夫子的指導背道而馳。這裡沒有精巧細緻，一切都是囫圇的、簡單的——肉是大塊的，三斤的，五斤的，一塊塊扔進大鐵鍋裡煮；菜是整鍋地熬，八月份新鮮油豆角上桌，不放鹹肉，一個人就得一小盆；放了鹹肉的，就得用大盆。德惠人對食物的精細度要求不高，吃什麼都風捲殘雲。這裡要說的打飯包，就是一種豪放而粗糲的美味。

在德惠，打飯包是一種人人認可的美食，無論你住城裡還是鄉下，聞見打飯包散發出來的香味都會邁不開步子。城裡那些常年經營打飯包的小販，而今大都變成發了家的老板，靠的就是它。

▲ 馳名關裡關外的德惠大飯包

不知是誰發明了這種吃法，反正孩子們吃，孩子的媽媽吃，孩子的媽媽的媽媽也吃。如果真要考證起來，也許在咸豐年間，先人們闖關東之時，便率先採用了這種吃法。因為這種吃法，不用碗筷、不用飯桌，牆根、旮旯哪都可吃。南方人見到這種吃法往往會睜大了眼睛，莫名驚詫地說：「你們這麼吃？生的？還用手捧著！」

也許，這種吃法的確少了一點兒雅相，但必須承認，打飯包是一種科學的吃法。飯包裡包的是營養均衡且青菜生吃，維生素也不會流失。最重要的，是它對味，它合乎我們東北人粗糲的口味。

要說好吃的飯包，還得說農家打的飯包。灶台上的大鐵鍋裡，撈好的黃澄

澄的小米飯的周圍，圓溜溜地擠著烙得焦黃麵得起沙的土豆，一下子就勾起打包的欲望。菜園子裡白菜、香菜、臭菜、生菜、水蘿蔔、小蔥等等應有盡有。紅的鮮靈，翠的動人。可著心情去摘、去薅。再加上一碗通紅油亮的辣椒醬，還有一碗黃澄澄的蔥油雞蛋醬，說不打包，怎麼能行？

打飯包跟日本壽司做法有點兒像。把白菜葉鋪好，它就是包飯的皮。各種小菜撕成段，放在白菜葉的中間，如同一座碧綠的小山，撒上辣椒油，攤上雞蛋醬，將小菜一拌，新鮮的香味就出來了。把米飯、捏碎的土豆與小菜攪拌，然後像包包袱似的包起，雙手捧住，張嘴，嘴巴要大張，咬，大吃大嚼。

春蔥長得最壯的時候，葉子比手掌還要寬。挑最肥的揪幾管，破開，可以代替白菜葉打包。這樣的飯包，需把蔥葉在碗裡交叉著鋪成一個包袱皮子，把拌好的飯菜往碗裡一壓，再把碗外的蔥葉剩餘部分交叉攏起，封了碗口，倒出，捧住，一只碧綠的碗形飯包就打成了。

窗根底下，日頭暖陽陽地曬著，手捧碧綠的飯包，坐在一只榆木小凳上大吃。東邊看雲，西邊看山，不吃個唇紅齒白，也吃個膚色光亮。說實在話，這是吃飯包，說得文雅點，這不就是一幅大筆揮就的寫意畫嗎？可以給它起個名字，就叫——一捧青山白雲飛。

春去秋來話桑麻 —— 莊稼院裡吃法多

　　盛夏的德惠，一望無際的青紗帳，波湧成綠色的海洋，及至秋風漸起，長空雁鳴的時候，綠色的波浪，則凝結成一壟壟成熟的詩行。一青一黃，著色的不僅僅是莊戶人家的汗水，還有那從青春到老年的莊稼，從紮根的那一天起，便開始饋贈給人們希望。

　　大暑過後，小麥灌漿。都知道小麥磨成麵後，可以用來蒸饃烙餅包餃子，卻少有人知，灌漿飽滿之時的麥粒，也是一種美味。將灌漿盛期的麥穗採下，埋進灶膛微紅的餘燼，只消片刻工夫，迅疾拿出，磕去灰，搓去芒，燒熟的麥粒便展現於掌上，用舌尖舔起三兩顆碧綠焦香的麥粒，細細地嚼，慢慢地品，唇齒間溢滿的是夏日裡難以言表的清香。

　　玉米青翠之時，便開始服務於人類。一穗穗飽滿嬌嫩的果穗或在灶上的鍋裡噴香或在灶下的火裡泛黃，牽來的盡是老幼歡愉的目光。還可以換一種吃法，用插板擦出青玉米濃稠的漿汁，放鹽少許，上屜蒸熟，趁熱而食，遠遠地勝過了陳糧。倘在玉米漿汁中放入蔥花細鹽，打上仁倆雞蛋，再攪進味素、十三香等相應的佐料，或用平鍋，或用馬勺，油熱七分，舀一勺置於鍋內，攤平，翻轉，烙至金黃兩面，即成佳品，張張軟糯，口口噴香，但需切記節量，否則會吃得香溢兩腮，「溝滿壕平」。就是說，美味不可多用，免得消化不良。

　　玉米老成而後，吃法多多。最簡易的做法是大鍋貼餅子。貼餅子的麵研磨得不

▲ 青青的麥田

可過細，過細則黏實，「死個丁」的，難吃。將玉米麵磨成小顆粒狀，貼出的大餅子才會有蓬鬆的口感。大米白麵有吃夠的時候，而農村鍋貼的大餅子，有人說一輩子都吃不夠。可信！苞米糊糊不去說了，與大楂子粥一樣簡單。有種吃法也算不上複雜，但卻好吃。做法是：將玉米麵燙成富有黏性的一坨，待鍋水燒開之後，把和好的玉米麵放在笊籬上輾壓，燦燦的游絲便會落入沸騰的鍋裡，煮好，撈出，海碗裡盛了，澆上鹹肉豇豆滷、雞蛋滷、辣椒醬，喜歡啥放啥，筷子均勻地攪了，挑起一箸，或仰頭，嘴，大張，將麵條款款放入口中，或收頷，將口貼近碗邊，深深地吸上一口，呲溜進去了。那滋味，說不出來的地道。

說玉米，忘不了黃豆。黃豆也有青黃兩種吃法。先說青黃豆。青黃豆籽粒已見飽滿之時，可摘下豆莢，用鹽水清煮，撈出即食，就這麼簡單。營養不亞於大魚大肉。一盤湛青碧綠的鹽水煮豆，往老院兒的榆木桌上一放，順手捏起一盅錫壺中斟出的老酒，耳聽溪旁蟲鳴鳥唱，眼望籬笆小橋遠霞……盡享的，那就是個人間的美好。

用黃豆生豆芽、做豆腐，是些深加工的吃法。在農村，有種黃豆的吃法是城裡人難以踐行的——燒黃豆。燒黃豆的季節是秋天。用來燒吃的黃豆，已是橫躺於鐮下的，熟透了的枝枝莢莢。燒法有兩種。一是先攏起一堆火，在火將熄未熄之時，將摘下的豆莢，放進餘燼裡，蓋上些許豆秧，盡管繼續揮鐮割地，不去管它。待割上幾壟而後回來，撥開餘煙裊裊的灰燼，撿出燒好的豆莢，放進嘴裡，稀酥嘣脆，滿口都是熏香的秋光；另一種燒法更加簡單，抱一摟黃豆，連秧帶豆一起點著，可謂燒豆燃萁了。這種燒法，人不可以離開，得看著，需要掌握好火候，憑經驗，恰到好處時必須立即將火撲滅。豆燒好了，撿著吃吧，別問味道咋樣了，大館子裡的油酥豆比它差遠了。只是吃完後，再看吃豆人的嘴巴，個個都黑巴溜秋的，相互一笑，露出的都是滿口的白牙。

莊稼院裡的故事講不完，莊稼院裡的吃法也講不完，盡管平常，甚至極其平常，但總是平常得那麼生動。

金黃的臘月——包豆包、撒年糕

進入臘月的德惠鄉村，漸漸地又開始忙碌起來。淘黃米，蒸豆包，撒年糕，家家戶戶的屋頂開始繚繞起裊裊的炊煙。

進入臘月中旬，離年就不遠了。預備「年嚼穀兒」之前，家家就開始淘黃米了。淘黃米不是為了做飯，而是要把黃米變成豆包和年糕的原料——黃米麵。把大黃米或小黃米，用水泡上，水要沒過米麵，漿一晚上（漿，方言「泡」的意思），撈出來裝進口袋，放在熱炕頭「焐」上一段時間，然後就可以把「漿」好的米鋪在碾砣上，拜托小毛驢將米碾壓成麵。毛驢的眼睛要用布蒙上，要不然，小毛驢會趁人不備偷嘴吃。碾出的麵過篩後就可以用來包豆包、撒年糕了。蒸豆包的黃米麵，要摻進些小米麵或苞米麵，否則太黏，黏牙。牙不好的真有把牙黏下來的危險。包豆包之前，要把芸豆、紅豆或小豆得熟熟的，用豆杵子搗成黏狀，然後攢成圓圓的豆餡，把熱炕頭上發好了的黃米麵，揪下一疙瘩，將豆餡團團圍住，一個豆包就算包好了。由於各家往黃米麵裡摻的小米麵、苞米麵多少不同，豆餡豆質、大小不同，麵發的程度不同，所以蒸出來的豆包口味也不同。就像農家下的大醬一樣，一家一個味兒。不過怎麼著都是上好的豆包。

▲ 毛驢，你大膽地往前走

包豆包是個工程量不小的活，哪家都得成千成千地包，把大缸小缸裝得滿滿的，整個正月都少不了它。早年間，農村人進城探親訪友也沒什麼可拿的，拿上點豆包、年糕，也算是挺好的禮物了。城裡人都稀罕，因為鄉下的豆包不但好吃，而且團團圓

▲ 蒸黏豆包

圓的還有著濃濃的鄉情。

年糕的做法要比豆包費事多了。豆包是包，年糕是撒。這一撒就撒出了許多學問。撒年糕的黃米麵要乾濕適度，恰到好處，才能攢得住，撒得開。撒年糕之前，在大鐵鍋裡添好水，鋪上簾子，把事先炒好的芸豆撒在簾子上。厚薄由撒糕人定奪，以不往鍋裡漏麵為底線。撒完一層，等到蒸汽上勻後，再撒第二層、第三層、第四層……撒年糕性急不得，不待蒸汽上透就撒下一層，就會出現生一塊、熟一塊的夾生糕。撒年糕的火候很重要，不可以大火熊熊，也不可以忽明忽滅，加熱均衡，才算燒得好火。撒完後將鍋蓋蓋嚴，上圓汽後再燜一會兒，年糕就蒸好了。吃年糕的時候要將年糕切成片或塊，所以年糕也叫「切糕」。

蒸豆包，撒年糕，是農家一幅生動的畫面，這畫面就是一首詩歌，於是有德惠詩人寫出這樣的小詩——

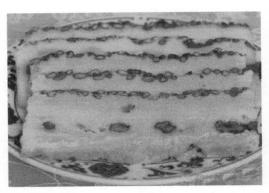

▲ 年糕

撒年糕

黃米麵，盛滿大瓦盆，
熱氣鬧，忙歡撒糕人。

簾上雲，下著金色毛毛雨，
甜絲絲，香噴噴……

撒喲，夏鋤摟住的金輝，
撒喲，秋鐮割回的黃昏。

撒喲，田間溢出的甜蜜，
撒喲，指縫攏不住的歡欣……

熟了，金子一樣的希望，
樂了，火爆富庶的鄉村……

▲ 年糕

黃豆佳話傳今古——德惠農家大醬香

　　早年間，德惠有這樣一首兒歌：「嗚哇喤，嗚哇喤，娶個媳婦尿醬缸。」農村的孩子這麼唱，城裡的孩子也這麼唱，可見這首兒歌的流傳之廣了。唱這首兒歌的人到現在，大抵總也該是六七十歲以上的人了。但盡管過來了這麼多年，估計也不會有誰弄得清楚，娶媳婦這事和醬缸有什麼關聯。唯一讓人可以知道的是，把娶媳婦這樣的大事和醬缸相提並論，可見醬缸在當時家庭中的地位，是何等的重要。

　　過去，德惠農村家家都做大醬。正因為如此，德惠那時候有個製造大缸的缸廠，專門生產各式各樣的大缸。農村下醬的缸，一般五六歲的孩子搆不著缸沿兒，可見那缸的大了。做少了不行，那時候家家孩子多，你戳一下，他戳一下，盤子見底了，所以做少了不行。

▲ 精選出來的醬豆

　　做醬的方法不外是選黃豆、烀黃豆、剁黃豆、做醬塊子，然後是用紙包起來，放在屋裡棚板或櫃頂上，讓它慢慢發酵，這些事要在年前完成。過去，下醬的日子有說道，德惠人一般都選農曆的四月初八、十八、廿八下醬，十八為最好，為什麼？不知道。

　　家家做醬，家家醬的味道都不一樣，說不清味道別於何處，但能吃出來。說起醬的味道，德惠農村個別地方有過這樣一種說法：「正月洗腳臭大醬」。那意思很明了，就是告訴人們，為了醬香，一個正月裡絕對不可以洗腳。其實，洗腳盆子和醬缸怎麼著也攪不到一起，再說，醬缸的壁那麼厚，腳上的味兒即便再濃再重，也透不進去，實在是沒有道理的擔心，就像娶媳婦和醬缸沒

有根本上的關聯一樣，不過是一種風俗罷了。

大醬的由來可謂久矣。早在隋唐時期，滿族的祖先靺鞨人就開始種黃豆做大醬了。相傳努爾哈赤統一了部落，開始對明朝征戰，由於長期缺鹽，將士們的體力明顯下降。老罕王想出了一個辦法，打仗時每到一處，都要向女真部落徵集大醬，急行軍時抹上大醬打個飯包，既吃了菜蔬又食了鹽，於是戰鬥力大大提高，打了許多勝仗。古語說「兵馬未動，糧草先行。」到了老罕王這就改成了「兵馬未動，大醬先行」了。滿族民間搬家時，金銀細軟放在後，大醬塊子先上車，可見大醬受到的青睞程度。

大醬從古老的村莊一路走來，而今依然受到人們的喜愛。從營養學的角度而言，大醬乃用黃豆製作而成，黃豆含有豐富的蛋白質和不飽和脂肪酸，可以防止亞麻酸等膽固醇堆積體內，可促進血液循環，有益身體健康，被人們稱之為「長在田裡的肉食」。再就是方便、快捷、長久、好吃、下飯。大醬有很多吃法，春天的時候，到田野裡挖些小根蒜、婆婆丁、苣蕒菜、苕菜、車軲轆菜

▲ 大醬塊子做成方

▲ 茅草屋前搗醬缸

▲ 蘸醬菜

回來，洗一洗，蘸上生醬，往往能把飯盆裡的飯吃個精光。煎餅捲大蔥，是德惠名吃，但絕對少不得大醬，沒有大醬你根本吃不出個子午卯酉。大醬還可以用來醬菜，醬黃瓜、醬茄子、醬蘿蔔、醬芹菜、醬香菜、醬包菜、醬苤藍、醬香瓜等等說不過來。用大醬醬出的鹹菜，那味道絕對

▲ 鯰魚燉茄子

是鹹菜中的上品，讓人吃了上頓想下頓。許多熟菜也是少不得大醬的，什麼醬燉茄子、醬燉豆角、醬燉鯽魚、醬土豆、醬骨頭等等也說不完。東北餐桌上有這樣一個說法，「鯰魚燉茄子，撐死老爺子。」這道菜還得說農家做得好吃，大鐵鍋裡，把蔥花、辣椒、花椒等佐料一爆鍋，然後倒進撈飯的米湯，再把鯰魚、茄子往裡一放，灶下燒的是豆稈或玉米秸，大鍋蓋一蓋，鍋蓋四周用抹布捂嚴，燜著去吧。這道菜端上來，會讓人的眼睛放出燦爛的光芒。但有一條是要牢記的，那就是，這道菜裡必須要放進適量的、自家釀造的大醬，否則「撐死老爺子」這話就相傳不到今天了。

大醬還有許多用途。把豬身上的五花肉，用大醬一抹，掛在屋簷下風乾，就成了農家自製的臘肉，燉豆角、炒黃瓜切上幾片，菜就格外地香了。小孩子不慎被開水燙了，或者被蜜蜂蜇了，不用去衛生所，那時候也沒有，當媽的在傷口上抹上大醬，不幾日，好了。用大醬療傷，不知是怎麼來的，也不知有何科學依據，但確實有這方面的功能，這是人們從生活實踐中摸索出來的。現在的人碰破點兒皮，不見有人抹大醬，早早地就去醫院或者診所消毒包紮去了。

至今，德惠農村依然有許多人家年年做大醬，城裡人也有做的，但少。現在農村人進城，除了給城裡的親戚朋友帶點兒豆包、切糕什麼的外，有的還要帶上一小壇兒大醬，一般情況下，都是城裡人點著名要的。

作坊裡的風采——關東大豆唱歡歌

有德惠詩人寫過這樣一首小詩——

磨坊裡的歌

毛驢的蹄印千百次重合，
磨道圈一曲吱吱扭扭的歌，
大豆嬉戲著擠進磨盤，
磨盤咀嚼著金黃的秋色。

是瓊漿、玉液還是銀亮的小河？
涓涓豆汁染白黎明的曙色；
是春種、夏鋤還是秋天的收割？
磨盤裡研磨著辛勤的勞作……

是豆漿熏香了農家的歡樂？
是滷水點起玉立、富有的姿色？
不，是黑土地上那火熱的陽光
濃縮起莊稼院鮮嫩的生活！

　　小詩中描繪的是一幅農家豆腐坊裡勞作的生動畫面，是富庶祥和的德惠人發自內心的歌唱，也是德惠人對於大豆情有獨鐘的真實寫照。德惠盛產大豆。德惠的大豆舉世聞名，德惠的豆製品也因之而名聲在外。
　　德惠人喜食豆製品。尤其喜歡大豆腐和乾豆腐。德惠的大豆腐起源於什麼

年代，沒人能說得清楚，可以說自打有了那漫山遍野的大豆也便有了豆腐的歷史。以前，德惠人買豆腐不說買豆腐，而說「撿豆腐」，比如說「給我撿兩塊豆腐」，就是買兩塊的意思。在農村，那時候可以拿錢買豆腐，也可以用大豆換，這樣就可以把賣雞子兒攢下的錢，用來買油鹽醬醋火柴什麼的了。

▲ 鄉間豆腐坊

德惠人喜歡說大豆腐，之所以在豆腐的前面加一個「大」字，是因為德惠的豆腐塊大，且論塊不論斤，經濟實惠。一塊豆腐配上些許青菜，就能燉出滿滿一盆熱騰騰、顫巍巍的美味，往飯桌上一放，一下子就能勾出人

▲ 風雪不誤送溫情

們席捲全盆的食慾來。德惠的豆腐不但塊大且白嫩、耐燉。俗話說「千燉的豆腐，萬燉的魚」，就是說豆腐燉得越久越好吃，久燉而不碎的豆腐才堪稱豆腐中的上品。而德惠的大豆腐就特別耐燉，所以好。

豆腐有上百種做法。最簡便的吃法是生吃。其實豆腐做出來時已經是高溫處理過的了，所謂的生吃就是涼拌。把小蔥撕成條狀，或切成蔥段，覆蓋在豆腐上面，撒上鹽麵，滴上香油，「咔」「咔」一拌，夾一大筷頭兒，往嘴裡送，嚼的就是個「一清二白」。

大豆腐可以鮮吃，也可以凍起來吃，人們稱之為凍豆腐。冬季裡青菜少了，凍豆腐就成了「香餑餑」。食用前，用涼水一「浣」，然後刀切成塊，放

▲ 這樣吃的味道也不錯

進肥肉酸菜裡一塊兒燉，燉得咕嘟咕嘟地直冒泡，滿鍋的香味就都鑽進凍豆腐的縫眼裡去了。用牙一咬，湯湯水水的就溢滿了口，咬上一口大餅子或扒拉一口二米飯，嚼出來的就是個香！

德惠沿江一帶有一種豆腐的做法，是尋常飯桌上沒有的。江邊上的人家能打魚，所以少不了河溝江叉裡的泥鰍。他們把蔥薑蒜等佐料爆鍋後，放進涼水，然後將小一點兒的活泥鰍放進鍋裡，泥鰍在鍋裡暢游，喝著帶有佐料的湯湯水水，體內就有了佐料的香味了。而後點燃灶火，鍋裡的湯水便逐漸升溫，泥鰍受不了湯熱，在鍋裡東奔西跑，無處藏身。這時候將豆腐塊放進湯裡，泥鰍們便一個個鑽進瓦涼的豆腐塊裡納涼去了。及至豆腐被煮得千翻萬滾的時候，豆腐塊裡的泥鰍早就睡得香噴噴的了。擼起袖子，筷子伸進去，「白玉藏龍」的美味便可咂咂入口了。

再說說德惠的乾豆腐。德惠的乾豆腐也堪稱一絕。特點是一薄二結實。別看薄，薄得就像一張紙，但柔韌有餘，筋道得厲害。一沓乾豆腐，一頭握在豆腐匠手裡，另一頭啪啪的在豆腐盤上使勁地連摔帶打，依然像絲巾一樣完好無損。知道的這是摔打乾豆腐，顯擺乾豆腐的能耐，不知道的還以為是金蛇狂舞呢。有打趣者說，用德惠的乾豆腐軋一條褲衩，打一場籃球下來，都不帶開線的。這話說得未免有點兒誇張，然而德惠的乾豆腐不說是舉世無雙，大概也得

說是數一數二。

乾豆腐有好多種吃法，而德惠人最喜一種較為粗獷的吃法：飯桌上，把乾豆腐平鋪開來，在上面放一兩棵剝好的拇指般粗細的大蔥，在蔥上抹一層大醬，醬要生醬，生醬有大豆來自天然的味道。然後用乾豆腐捲起來，有大麻花那麼粗。雙手握住，往口裡送。吃

▲ 用作「國菜」的乾豆腐

法大致有兩種形式：一是將入口的那一大截用門牙用力切斷，然後努力地嚼吃；另一種吃法是，將乾豆腐捲用虎牙或大牙咬住，然後頭和手分別向相反的方向使勁兒掙，因為德惠乾豆腐特別有韌性，所以必須使勁兒，方能將口與手中的豆腐捲活生生地撕裂開來。然後目視前方，旁若無人地大吃大嚼。那滋味畫筆難描。

到飯店用餐，許多德惠人都喜歡點兒的一道菜叫「尖椒乾豆腐」。十塊八塊的，好吃又便宜，滿滿的、上尖的一大盤子，十個八個南方人一頓都吃不完。德惠人管它叫「國菜」。「國菜」不但省錢，還給足了人們風光歡喜的面子，人們咋個能不喜歡？

德惠的大豆腐和乾豆腐的故事，必定會一路生輝、代代相傳下去。

數九寒天春意鬧——農家火盆

多年前，德惠的莊稼院裡，家家都有火盆。火盆是冬天必不可少的，因為那時的農家沒有其他取暖設備。

每年秋收過後，家家戶戶便開始打造火盆。火盆是用泥做的。泥，多為黃泥，黃泥泥質好，無沙礫雜物，且黏稠細膩。若無黃泥，黑泥也可替代。首先把亂麻、舊繩，拆細剁碎，是為「麻刀」，摻和在泥裡，然後用瓦盆作「型模」，盆口朝下扣在地上，盆外敷一層草木灰，然後把泥拍貼在瓦盆上，放在陰涼處二三日，取出「型模」，泥成盆狀，是為半成品。再進行加工：收口，加底，拍平，用碗片揎光，置陰乾處十天半月即成。嚴冬一至，即可盛火取暖。做好早飯後，趁灶膛裡的火還沒燃盡，將炭火扒出來，放進火盆，要一邊放一邊用灰耙壓實。每個火盆都要配有一把鐵製的扒火鏟，用來把燼化的炭灰撥開，露出紅紅的炭火供人取暖。一盆炭火可用一天甚至直到半夜，第二天早晨把灰倒掉，換上新的，於是又開始了新的溫暖的一天。

北風呼嘯，大雪紛飛，關東奇冷。東鄰西舍的老姐妹們前來串門，趕緊用烙鐵把火扒得紅紅旺旺，說一聲：「快來烤火！」顯露的盡是主人的熱情。一把把瓜子撒過去，道一聲：「先嗑著！」再拿過煙笸籮，老姐兒幾個每人裝上一袋家產的蛤蟆頭，用火盆裡的火點著，盤腿打坐地圍著火盆，

▲ 多少鄉情雲霧中

聊些家長裡短，說些兒女情長。老姐妹們就這麼嗑著、抽著、嘮著，什麼簷下的冰雪，窗外的風寒，全都化為了烏有，那場景真是其樂融融。

趕集歸來的老漢，摘下狗皮帽子，嘶嘶哈哈地湊近火盆，一邊搓著手，一邊烤火。屋裡的趕緊放上炕桌，端來飯菜，酒自然是少不了的。用長滿老繭的手，把錫製的酒壺往火盆上一墩，瞧著燒酒冒了熱氣，便提起壺，一手抹去壺身上的炭灰，傾斜酒壺，將酒斟入牛眼珠大小的錫製酒盅，然後用拇指和食指穩穩地捏起來，不是仰脖一飲而盡，而是低頭將嘴唇湊近酒盅，但聽「吱兒」的一聲，半盅小酒進肚，舉箸夾一筷頭子酸菜血腸，抿著嘴嚼，然後用大手捋一下頜上的鬍鬚，呵呵一笑，那就是神仙。

大冬天，孩子們坐在熱炕頭上，聽二大爺講瞎話、看七大姑剪窗花、瞧八大姨納鞋底。或者這邊糨糊兒作欻嘎拉哈，那邊彈杏核。餓了，娘會在火盆裡烤些土豆、地瓜、豆包一類的吃食。土豆熟了的時候，裡面的熱氣會把上面的浮灰吹出些小洞洞，趕緊扒出來，烤土豆要趁熱吃，涼了回生。饞肉饞急眼了，就在院子裡掃一塊雪地，扣幾隻家雀，或在河面上砸個冰窟窿，用網撈上幾條魚來，烤個「滋滋」冒油，別提多香。

如今的農村，有的人家住上了樓房，大紅磚房裡也都安上了暖氣，昔日的火盆很少見了。然而火盆留給人們的溫暖和歡樂，在歲月裡，卻永遠不會流失。

▲ 別著急，還得等會兒才能烤熟……

大木頭子燃起的醇香 —— 鐵鍋燉大鵝

　　吃過鐵鍋燉大鵝的人都知道它的醇香滋味。而吃過德惠鐵鍋燉大鵝的人，那才叫真正享受了口福。如此美味，它的做法卻很簡單：大鵝一隻，宰殺洗淨，剁成大塊，蔥姜熗鍋，大火燒開，小火慢燉。個把小時後，噴香噴香的鵝肉，便呈現在你的面前。撸起袖子，操起筷子，夾上一大塊塞進嘴裡，會香得你南北難辨，吃得你滿嘴流油。這鐵鍋燉大鵝屬於東北特色菜。燉鵝的鍋，必是大鐵鍋，燉鵝的火，必是大木頭桦子燃出的硬火，燉出的滋味才最香。所以只有在東北，才能把鵝肉的滋味釋放得如此淋漓盡致。

▲ 噴香的鵝肉

　　鵝，大家禽也，若把它細細地分割，沒什麼嚼頭，也破壞了鵝肉大肉厚的特點。只有大火燉大肉，才真正不負鵝肉的內涵。倘若讓四川人來做，火辣的朝天椒，必定會影響鵝肉的香氣。讓吃慣鴨血、湯圓的南京人來做，必定會把大鵝燉得肉淡湯清，體現不出鵝肉所需的一個「醇」字。讓廣東人做，大鵝滋味勢必又膩又甜，而大鵝吃的是醇厚香鹹。

　　鐵鍋燉大鵝是應時之美味。雪越下越厚，大鵝也越來越肥。白雪皚皚的初冬，殺一隻大鵝燉在鍋裡，坐在熱炕頭等待，那等待的時光就是一種享受。鵝肉燉好了，把大鍋蓋一掀，滿屋彌漫的都是鵝肉濃香。瓷碗盛了燒酒，大盆盛了鵝肉，推杯換盞，笑語喧嘩，真正是其樂融融。

　　大鵝哪些部位最好吃？但凡鮮活之物，它特有的美味獨到之處，往往在異於別種動物的部位。大鵝身上，當屬鵝頸與鵝掌。鵝掌的滋味自不必贅述，單說鵝頸。鵝頸是活肉，細滑爽口，不像腿肉、胸肉那樣瓷實。鵝頸和雞脖比起

來，雞脖細而無肉，而鵝頸皮香肉厚。抿一口燒酒再啃一口鵝頸，真是賽過了神仙。

大鵝，吃的是青草，喝的是清水，一點兒葷腥都不沾，肉最是乾淨，是純粹的綠色食品。它體大肉美，肥而不膩，瘦而不柴，實為餐中上品。讀史上愛鵝之人，王羲之當堪稱之最，他老先生在揣摩鵝的舒緩、沉穩、潔淨之餘，若不於數九寒天之際，燉上一隻大鵝，焉能有筆下墨色之香？怪不得老先生寧捨珠玉之字，以換群鵝。

鵝，鵝，鵝，曲項向天歌……只是它們絕不唱鐵鍋燉大鵝。

▲ 曲項向天歌

喇嘛台下炭火紅——德惠燒烤

　　每當夜幕降臨，喇嘛台下的大排檔便熱鬧起來。休閒的人們三三兩兩地來到這裡，圍坐在或圓或方的餐桌前，一飽口福。大排檔裡的燒烤品種多得很，可任意挑選，現烤現吃。喝著啤酒，嘮著家常，該有多麼的愜意。這裡是德惠市眾多大排檔之一。而吃具有德惠特色的燒烤，可以說是德惠人夜生活中的一個重要組成部分。

　　自燧人氏發明鑽木取火之後，燒烤便成了人類最原始的美味佳餚。現代社會，聰明的人們發明了各式各樣的燒烤爐、燒烤架等燒烤器具，於是燒烤方式也變得五花八門。由於地域的不同，風味也有所不同。四川風味、山東風味、廣東風味、新疆大串、歐式風味；韓式燒烤……可以說是烤有其長，各領風騷。而德惠人喜歡的，還是家鄉獨有的——德惠燒烤。

　　說起德惠燒烤，也該有百多年的歷史了。德惠原名張家灣，是個沒有多少人家的小屯子。一八九七年，俄國人修建的東清鐵路，穿越現今的德惠境界並

▲ 誘人的德惠燒烤

設站，站名窯門。隨著東清鐵路的建成，大量俄國人湧入德惠縣境，並在車站前東西兩側，分別建立了東正教堂和一所學校，形成了一個三角地帶。俄國人的文化及生活習俗，也隨之在這裡繁盛起來。

俄國人喜歡吃烤肉，經常在三角地帶架火烤牛肉吃。當地居民覺得新奇有趣，於是也學著烤了起來。當時的老百姓衣不遮體，食不果腹，哪來的肉可烤？也就是逢年過節，家人團聚時，偶爾淺嘗一下兒洋人燒烤的風味罷了，還得說這是少數人家。多數人家的火盆裡，至多也就是烤上幾個土豆聊以充飢。冬天，在院子裡掃一塊雪地，偶爾扣隻麻雀來燒，那可就算是飛來的美味了。

時至今日，隨著太平盛世的來到，德惠的飲食文化也發生了日新月異的變化。尤其是德惠燒烤，竟然發展成為德惠市一道靚麗的風景，令南來的學子、北往的老客高伸拇指，贊嘆不已。用唐山人的話來說：「德惠的燒烤，那可是忒好了！」可聰明的德惠人不敢自滿，還依然在不斷地探索、求新。都說德惠的烤全羊、烤羊腿、烤鴿子、烤鵪鶉外焦裡嫩；都說德惠的鐵板魷魚、醬烤鯽魚、清烤蜆子烤得是別具一格；都說德惠的烤腰子、烤胸口、烤心管、烤板筋、烤肥瘦，是德惠一絕。就連名不見經傳的大蒜、大蔥、圓蔥、芹菜、蒜薹……都烤成了人人喜愛的佳品，讓人情不自禁地為之伸出拇指。然而，德惠人從不自滿。他們在想，如何通過他們手上精湛的技藝，讓所有南來北往的朋友，把兩個拇指都高高地舉起來，這才是他們最大的快樂。

若問德惠燒烤有什麼特點，也就一句話：吃過這回，還想下回。

▲ 別著急，一會兒就好

綠海泛舟——打烏米

德惠有一則酒的廣告，叫作「喝來喝去，還是德惠大麴」。沒說別的酒不好，只說了自己的好，其實也是真好。德惠大麴馳名大江南北長城內外，這話一點兒都不算誇張。說酒的好，不能不讓人想到德惠的紅高粱，德惠的紅高粱也好。

▲ 長成這樣的是烏米

高粱屬於一年生草本植物，又名蜀黍、秫秫、荻子等。二十世紀五六十年代，走進德惠夏季的田野，到處可見大片大片青枝綠葉的高粱。那裡是幽深、靜謐的海洋，蕩漾著無盡的沉思與遐想。人們多會讚美它身材的頎長，枝葉的碧綠，卻往往忽略了眾多姊妹中一個不起眼兒的小兄弟，它的名字叫「烏米」。清代著名植物學家吳其濬曾撰書云：「穟頭，一名灰包，蜀黍之不成實者。」所謂的「穟頭」，即今人所說的烏米也。可見烏米的淵源由來久矣。

烏米也叫烏麥，忽米，烏咪。它在高粱的家族裡長大，但它年輕的時候便在家族中迷失了自己，所以不得不改換了名字，因為它已經不再是高粱家族的成員。烏米的質變，源於其穗被真菌侵染，發生異變。高粱秀穗的時候，會挑出一個個旗葉，打出穗包。與高粱的穗包一樣，「烏米」同樣被苞葉緊緊地包裹起來，搭眼看去與高粱穗並沒有什麼兩樣。所以打「烏米」不是人人都能「慧眼識珠」的。「烏米」是高粱地裡的患者，得的病叫「高粱絲黑穗病」，得病的高粱身材矮小，穗苞緊裹，下部膨大，旗葉直挺，如是者才是烏米。都說打烏米的眼睛往上看，這話與諷刺溜鬚拍馬的小人無關，打烏米的眼睛就得往上看，因為烏米不像玉米長在腰間。且看的時候一定要明察秋毫，不可以魚目

混珠，有半點馬虎，要確保在萬千株高粱中識出它的真相，方可下手。否則扒開一個高粱包，就瞎了一個高粱穗，傷著的無疑是豐收的年成。

剝開烏米的綠衣，露出的是羊毫筆頭也似的玉體，只是比那「筆頭」大了許多。嫩「烏米」一身潔白，有如亭亭玉立的白衣仙子。掰開來時，可見其中縷縷黑紋。咬一口細細地品嚼，脆軟而不失滑嫩，青黑而不失甜潤，來自天然之味，筆下難書其妙。及至烏米漸長漸大，體內黑色素逐漸增多，終有一天，「仙子」老了，烏米伸出苞葉之外，表面被覆的白膜也破裂開來，露出黑絲、黑粉，像一綹黑色鬍鬚。老了的烏米照樣可吃，只是要慢慢地食用，吃急了噎人。

從植物分類的角度看，烏米大致同於茭白。在南方，茭白已是宴席間的名菜。而從二者的質地看，高粱烏米無論口感還是營養，都要勝出茭白多多。據分析，高粱烏米含豐富的蛋白質、脂肪、澱粉及礦物質等營養物質，尤其含維生素、真菌多糖、微量元素硒以及人體必需的氨基酸等功能因子，是理想的天然黑色保健食品。而那時的人們並不知道這些，只知道這東西能吃，挺好吃，不去論烏米的營養價值。也可以說烏米是位難得的貴人。烏米長成的時候，正是青黃不接的時候，荒年時，青青的高粱苞不可食用，烏米卻可以用來充飢，對於艱難時刻的人們，烏米真可謂有捐其身以濟世人之德。

現在種植高粱的越來越少，烏米自然也難得一見了。然而烏米留給人們的記憶卻難以忘懷。也許有一天，烏米以南方茭白的身價重新面世，到那時，定會給關東人帶來一個新的驚喜。

▲ 收穫

請您把錢掏出來——「吃呼」

「吃呼」兩個字中的「呼」字，在字典上找不出更貼切的字來，只能用這個「呼」字代替了。「吃呼」什麼時候在德惠興起又在什麼時候匿跡的，沒有人能說得清楚，但「吃呼」在德惠確曾有過那麼一段時光。

「吃呼」在德惠的釋義是這樣：幾個人在一起，要讓某個人請大家吃一種東西，而這個掏錢請吃的人，要由賣東西的人指定，就叫作「吃呼」。「吃呼」的年代，是在人人兜裡都比較乾淨的年代，兜裡有個十塊八塊的就很了不起了。所以「吃呼」從來不「呼」飯店、酒館什麼的，只「呼」點兒小的吃食，如冰棍兒、糖葫蘆、瓜子一類。那時候集體勞動多，休息的時候大家在一起打哈哈取樂，「吃呼」的機會往往就來了。「吃呼」的季節大多在夏天。在外面幹活的人，正口乾舌燥，賣冰棍兒的來了。於是七八個或十幾個人中，有一個挑頭的說話了：「咱們『吃呼』啊？」眾人就會回應道：「好啊！」眾人中有怕「呼」到自己的，不樂意「吃呼」，但也沒辦法，總得給自己留個面子，於是也只能跟著隨幫唱影。更多的人則是懷著一種僥幸心理，琢磨著「呼」不到自己頭上的概率。於是挑頭的就喊：「賣冰棍兒的，過來！」不管賣冰棍兒的是老太太還是小媳婦，會立馬顛兒顛兒地跑過去，因為知道可算是遇到了一宗「大買賣」。

▲ 慢慢嚼了

挑頭的說：「吃呼！」這時候挑頭的總會站在比較突出的位置，其目的極其明顯，就是要讓賣冰棍兒的看清自己，等於告訴賣冰棍兒的：這宗買賣可是我給你拉來的，「呼」誰你照量著辦吧！「每人兩根！」於是老太太或是小媳婦，就會麻溜打開

▲「冰棒，5 分錢一根……」

暖水瓶給在場的每人發上兩根。吃到第二根的時候，挑頭的說話了：「賣冰棍兒的，『呼』吧，看讓誰掏錢？」這時候吃冰棍兒的人，不是低著頭唆拉那剩下的半截冰棍兒，就是東瞧西看的，只是絕不看賣冰棍兒人的眼睛。怕的是心靈窗口上的火花一旦相撞，會引火燒上身來。這時候是考驗賣冰棍兒人的時候了，有經驗的，會挨個掃上一遍，一般地說是先找幹部，幹部總比普通老百姓錢多點兒嘛！再說覺悟也高。再就是找穿戴好點兒的，穿戴好點兒的總比寒酸的富裕。另外就是看誰面相好了，胖胖的、紅光滿面的就懸了，因為賣冰棍兒的也懂得，讓那些沒錢的「瘦驢拉硬屎」總會有些困難。經過一番掃描，人選確定，用手一指：「就是你了！」於是被指的人就樂了，趕緊掏兜，連說：「好好，我給我給！」好像攤上了多大好事一般，有著十分的榮幸。初涉冰棍兒賣場的新人兒，由於經驗不足，也有的就「呼」到挑頭人的身上了，挑頭人也會樂，大家伙兒更是哈哈地樂，那場面很有意思。其實不管誰被「呼」上，回到家裡都不敢和媳婦言語，盡管一根冰棍兒才五分錢，但二十根也要一塊錢呢，一塊錢當時能買一斤多豬肉，切一盆芥菜絲加上肉絲炒鹹菜，夠一家人吃一個星期了。

　　「吃呼」的年代已經走遠了，然而只要推開記憶的窗口，那朗朗的笑聲，還是嘎嘎的。

炕頭上的療法——擠、揪、刮、拔

二十世紀五六十年代的德惠，天特別冷，冷的程度雖然沒有南方人說的那樣，撒尿時一邊撒一邊拿個小木棒兒緊著敲打，否則尿液就會於瞬間凍成冰棍，但哈氣成霜，滴水成冰，那是一點兒沒假的。盡管穿上大棉襖二棉褲戴上狗皮帽子，人也經常會感冒。

▲ 東北農村的冬天

感冒發燒算不上什麼大病。現在的人感冒了，藥店裡有的是各種各樣的藥。稍微挺不住了，不是往醫院跑，就是往診所蹽，一個大吊瓶不夠就再加一個，點的一滴不剩。

那時候家家都比較困難，別說缺醫少藥，有藥也捨不得買。頭疼腦熱的，只能採取成本最低的方式與疾病做頑強地抗爭。

一是擠。頭疼了，不是媽就是姐，用兩隻手的拇指和食指，捏住額頭上的一處，用力擠兌，於是就會出現一個菱形的紫塊。從額頭的一邊向另一邊挨著個擠，就會形成一行紫紅的菱形塊，然後是第二行、第三行⋯⋯手法好的，擠得勻稱，走在街上也是一道風景。擠得不好的，參差不齊，不好看，姑娘們就會用劉海遮住。這種療法，男的不用，基本上都是女性。

二是揪。頭疼、鼻子不透氣，揪鼻梁子。嗓子疼，揪脖子。這個活自己就能幹。有的往手指上吐點兒唾沫，有的蘸點兒涼水，就那麼「咯噔」「咯噔」地揪，被揪處很快就會由紅變紫，體內的火就算出來了，搖搖頭，就覺得好了許多。

三是刮。孩子發燒起不來炕，這時候當娘的心就有點兒狠了起來，讓孩子脫光衣裳，趴在炕上，一手往孩子背上抹點兒水或者油，一手捏住一枚銅錢，在孩子的背上刮。刮一下兒就是一條紅道子，火大的，會由紅變紫、變黑。一邊刮一邊問：「好點兒了沒有？」這時候孩子大都會大聲地喊道：「好了！好了！」因為誰也忍不住那鑽心的疼。

四是拔。拔火罐是家庭常用的療法。感冒發燒了，火罐就上來了。點著一個棉球或點燃一塊廢紙，投進火罐，用手輕輕地搖搖，將罐裡的冷氣驅出，不待罐裡的火苗熄滅，迅速扣在背上，於是火罐就緊緊地吸住背上的皮肉，吸住後要挺一段時間，為的是把體內的毒火拔出。火大的，往下拔火罐時，不使大力氣都拔不下來。拔下來再看，拔過之處，就是個黑紫的饅頭。

要說風俗，這也是一種風俗吧。有的風俗是沿襲傳承下來的，有的風俗是人們的習性、習慣形成的，有的則是被逼出來的。就說這一擠二揪三刮四拔吧，就是沒有法子的法子。這些土法子也挺管事的，有的至今還在沿用，只是設備有了更新，比如銅錢變成了牛角、玉石等製成的刮痧板，火罐也從以前的雪花膏瓶子變成精緻的真空一類的、很有檔次的器具了。

不管是簡易的「擠刮拔」物理療法，還是高級起來的法子，都是法子，且是藥三分毒，能不吃還是不吃的好。從困苦年代走過來的人，別看現在已白髮蒼蒼，但大都體格硬朗著呢。這便是困苦也會給人們帶來慰藉的見證。

▲ 拔火罐

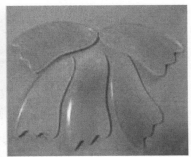
▲ 玉石刮痧板

祛漬褪垢的「老前輩」——胰子

洗，是人類不可或缺的活動，同時也是區別於其他靈長類動物的標誌。所謂洗，簡單地說，就是用水清理污垢。而「洗文化」在時間的推移和演進中，泛起的浪花是風采各異的。

現在的人都知道，洗手洗臉用香皂。洗衣洗被用肥皂、洗衣粉。而洗頭則用的是洗髮精、洗髮露。隨著時代的發展，又湧現出各種品牌的洗手液、洗面奶等等，真是五花八門，應有盡有。

▲ 豬胰子

在早些年間，德惠人可沒有這些洗滌用品。肥皂都很少有，香皂就更看不見了。那時候人們的洗滌方式，是現在的小青年想像不到的。

那時，人們勞作一天歸來，臉上布滿汗漬，手上沾滿灰土，想要清洗一下兒，也只有以水為淨了。因為他們沒有「皂」類的東西。後來，他們根據不同的條件，不同的洗滌對象，逐漸地發現了幾種不同的洗滌去污方式。

那時人們洗手洗臉，用的是自製的「皂」。它的主要原料是豬油，但不是肥肉片子。肥肉是用來油的，一年的葷腥全靠它了。每當殺年豬時，要把豬的胰腺割下，搗碎，邊搗邊放些自製的鹼水。然後團成拳頭大小的橢圓形或長方形，放在陰涼處乾透就可用了。人們管它叫「胰子」。這樣的胰子滑溜、可去油漬，非常好用。但一頭豬只能做出很少的「胰子」，再省也不夠一年用的。即便大戶人家殺兩頭豬所做的胰子，也只有姑娘、媳婦們才能分得一塊。就這樣，平時還捨不得用，只有逢年過節或回娘家時，才拿出來認真梳洗一番。家裡來客了，飯前洗手時，當家的叫：「拿胰子來！」屋裡的便用盤子端來一塊胰子。客人稀罕巴叉地在胰子上狠擦幾把，鉚勁兒地搓洗，然後樂顛顛地將手

擦乾，上炕喝酒去了。

洗頭，是女人們的常事，但也捨不得使胰子。於是她們想出一些別的辦法。冬天用酸菜缸裡的酸菜水洗，夏天用發酵的淘米水洗。洗過後，要反覆多次用清水漂涮，才能將異味祛除。別小看這些「洗髮水」，洗過的頭髮，黝黑晶亮，堪稱滿頭烏絲，一點兒不比現在的洗髮液遜色，還省下錢了，就是有點兒費事。

洗衣服，就更不能動用胰子了，用的是自製的土鹼。把少量的土鹼溶入水盆中，將衣服放入，浸泡一袋煙工夫，然後用棒槌反覆敲打，漂淨擰乾掛在晾衣繩上就行了。自製土鹼辦法簡單，選一處含鹼量高的地塊，鏟一些地表的鹼土回來，放入大鍋中，加水燒開，沉澱後把鍋中的水倒出，這時的水就是鹼水。然後將鍋刷淨，再把鹼水倒入鍋中繼續熬製，熬乾後，鍋裡剩下的就是土鹼了。土鹼呈褐色，便於長期貯存，可隨時用來洗衣洗被。土鹼也可食用，蒸發麵饅頭少不了它，煮大粥放上一小塊，爛爛呼呼的，味道絕佳。

洗被褥也有洗被褥的絕活。莊稼人整天在地裡忙活，一幹一身汗，又沒條件經常洗澡，被子可就遭殃了，新洗的被裡兒沒蓋幾天，就改變了模樣。但聰明的德惠人總會有辦法解決的。女人們每次洗被子，把被裡和被面漂淨擰乾後，放在裝有澱粉漿的盆裡揉搓，然後放在石板上用棒槌猛敲。這樣，澱粉漿就滲透到布紋裡了。晾乾熨平，縫在被套上。這樣的被褥，任你怎樣鋪蓋，都不怕埋汰，因為污漬會被「漿」吃掉，再洗時，污垢就會隨著被溶解的澱粉──「漿」一同拿下。這樣的洗法叫「漿洗」。後來的「漿洗房」即由此而來。只是漿洗過後的布，硬邦邦的，蓋起來不太舒服。冬天不把被窩焐熱了，鑽進去就會嘶嘶哈哈的涼，大有「布衾多年冷似鐵」的感覺。所以有那麼一句古話，叫作──娶個媳婦焐被窩。

▲ 棒槌

無聲的招牌——幌子

吆喝是通過發出的聲音，告訴人們某件事體的所為，文雅一點兒說，謂之「市聲」，其實就是喊出來的廣告，廣而告之嘛。這裡要說的是無聲的廣告——幌子。

幌子在德惠很有些歷史了。新中國成立後的七八十年代，走在德惠街頭，總會有各種各樣的幌子闖入人們

▲ 飯店幌子

的眼簾，具有代表性的，當屬飯店的幌子。飯店的幌子是用紅色彩紙裁成細條做成的。厚厚的、鮮紅的紙條，呈圓柱形，固定在圓柱形的頂蓋上。頂蓋上有一鐵鉤，用來掛在飯店門臉的鐵鉤上。回民飯店的幌子是藍色的，一眼就能讓人們看出民族的區分。

飯店門前掛出幌子，說明飯店正在營業。摘下幌子，就是告訴人們：對不起，這裡已經下班了。飯店的幌子是不可隨意掛出的，它不但是營業與否的告示，還是飯店身價的象徵。飯店門前掛兩個幌子的，說明這個飯店有各種炒菜，並且起碼有餃子、包子一類的主食。當時德惠市面掛兩個幌子的居多，因為到兩個幌子飯店就餐階層的人數較多。如果飯店敢掛出四個幌子，這個飯店在小城來說可就不得了了。敢掛四個幌子的，等於說，這個飯店的等級，大抵相當於都市裡的五星級飯店或香格里拉。四個幌子猶如四只喇叭，向人們炫耀：想吃什麼？這裡要啥有啥，進來吧！當然所指的屬當地的菜餚，設若有誰點南方的「龍虎鬥」「雞屎藤子」一類的吃食，大廚的大馬勺也只能乾瞪眼了。

小吃部也掛幌子，但只敢掛一個，因為這裡沒有炒菜，只有餛飩、燒餅、麵條一類的小吃，告訴人們，要吃炒菜找兩個幌子去。小酒館是連一個幌子也

不敢掛的，因為小酒館還沒有小吃部大呢，只有點花生米、豬皮凍、鹹鴨蛋、芥菜絲一類的下酒小菜。但幌子絕不可無，於是在大紅布上扯下一條，掛在門框上，告訴人們：想喝小酒的進來。

德惠市面也還有別的幌子，只是與飯店的幌子不同。其形態和材質也是不同的。藥店門兩側大都掛楹聯式樣的牌子，牌子上寫「但願人無病，寧可藥生塵」一類的聯語，盡顯的是小城不薄的文化底蘊。膏藥店鋪的招牌，是在方正白底的木板上，塗上一個圓圓的大「黑餅」，酷似膏藥，即便不識字的人，長了瘡子、悶頭也不會找錯了門。

當時的幌子也有懸掛實物的，比如剃頭的幌子，一般的是在門前掛上蕩刀的工具，蕩刀的工具有牛皮做成的皮帶，也有用粗線織就的布帶，長長的一條。剃頭刀子在其上兩面翻轉，蕩來蕩去，刀子就磨快了。看見它，想剃頭的就算找到「正當香主」了。彈棉花的有的掛彈棉花的弓子，也有的掛一個或幾個像倭瓜似的大棉球，一看就知道這家是彈棉花的。「掛羊頭賣狗肉」的是沒有的，因為狗肉和羊肉的味兒根本不一樣，人們都不傻，是糊弄不了的。「掛羊頭賣狗肉」這句話，只能送給壞了良心的人，是拿不到鋪面上來的。

隨著時代的發展，小城發生了很大變化。兒時生長在小城的人，耳聞目睹的是「燈不明，路不平，一個喇叭響全城，摸黑『瞎話』聽」。中年時的小城，變成的是「楊柳綠，酒幌紅，夜來華燈似游龍，歡歌笑語濃」。而今小城已經不再是小城了，耳聞目睹的是「乾坤壯，改革風，夜來到處是霓虹，高樓倚月明」的一片繁榮景象了。

舊時的幌子大都不見了蹤影，然而留在歲月中的影子，將永遠定格在人們的記憶中。

▲ 棉花店幌子

街頭掠影——吆喝聲的變遷

　　凡是有人群的地方，就總會有吆喝聲的存在。不說是此起彼伏，也可以說不絕於耳。走在街頭，不管向南還是向北，都少不了吆喝聲時時傳來。

　　德惠街頭的吆喝聲，沒有做文章那麼複雜，也沒有老北京人的京腔京調，更沒有人家那麼深厚的文化內涵。德惠的吆喝聲大都簡明直白，直奔主題，讓人「一聽了然」。然而吆喝聲又不那麼簡單，因為簡單的吆喝聲中，充滿了鮮明的時代特色。

　　二十世紀五六十年代，德惠收廢品的，大都挑著擔子走街串巷，一邊走一邊吆喝：「銅啊鐵啊鉛啊鋁啊牙膏皮子舊鋪襪啊——破爛換錢！」前面喊的收購名目，發音短促，也不那麼慷慨，待喊道「破爛換錢」這幾個字時，聲音卻變得十分激昂，充滿著喚來哪家「吱扭」一聲門響的希望。「收破爛的，過來，有把破烙鐵賣你！」那時管收廢品的都這麼叫。於是收破爛的得到一把烙鐵，賣烙鐵的主兒換回幾毛買油鹽的錢。

　　那時候經商的人本錢都不很大，不像現在，張老闆李老闆地叫著。成本最低的要數賣涼水的。賣涼水的「老板」大都是小孩。大熱天裡，弄一桶涼水，蹲在馬路牙子的柳蔭下，望著汗巴流水的行人高聲大叫：「涼水呀！一分錢管夠！」然而這無本的買賣也不怎麼好做，因為許多人寧可強忍口中冒煙也似的乾渴，趕回家去「咚咚咚」地喝上一瓢自家大缸裡的涼水，也捨不得花兜裡的那一分錢，因為再加一分，就能買一盒「洋火」了，能點好幾天的灶火。喝了就是糟蹋了錢了。

　　小城過去沒有理髮店，那時候理髮也不叫理髮，叫剃頭，所以有剃頭匠。剃頭匠也不很多，挑著剃頭挑子走門串戶。剃頭匠是不吆喝的，他們有替代吆喝的一種特殊工具，叫「喚頭」。「喚頭」由一鉗形鋼片和鐵棍組成。鋼片一頭燒結成把兒，另一頭微張，一尺多長，一手拿著它，另一只手用一根大長

釘，從鋼片的縫隙中向上挑出，於是會發出「嗡嗡」的聲響。聲音很好聽的，像是鋼琴彈出的一個音符，很是悅耳。可那時剃頭的生意也不怎麼紅火，用得上「剃頭挑子一頭熱」這句話了。因為那時候每個家庭的孩子都挺多，有個三五個小子的算「小菜一碟」，尋常得很。花錢剃頭真整不起。條件好一點兒的人家買把推子給孩子理髮，差一點兒的人家就用做衣的剪子給孩子剪下過長的毛髮，盡管剪得豁牙漏齒，也要省下剃頭的錢來。

在德惠好聽的吆喝聲要數磨剪子的了。磨剪子的吆喝聲是有簡譜的，是唱出來的：「磨剪子來——戧菜刀！」和《紅燈記》裡磨刀人唱的一樣一樣的，好聽。不像「涼水呀，一分錢管夠！」那麼簡單直白。這吆喝聲一直延續了許多年，直到現在偶爾還能聽到一兩聲，從文化傳承的角度而言，也算得上彌足珍貴了。

現在的吆喝比從前多多了。走在大街小巷，吆喝聲隨處可聞。吆喝的方式也有了很大改變。過去賣豆腐的，多喊「豆發（腐）——新出鍋的熱呼大豆發（腐）——」德惠人把「豆腐」的「腐」發音為「發」，一直就這麼喊。也許是時代腳步的加快，影響了吆喝言辭的結構，現在的吆喝變得更加簡潔。許多賣豆腐的人不像過去那麼喊了，而只喊一個字：「發——」於是揀豆腐的老太太就會顛兒顛兒地走來了。收廢品的也不像以前那麼喊了，喊的內容也不一樣了。以前是「銅啊鐵啊鉛啊鋁啊——破爛換錢！」現在是「收——舊電腦舊電視舊冰箱舊洗衣機來——」過去哪有這些，聽都沒聽說過。那時候挑挑穿巷，現在都有了腳力，有的騎著「倒騎驢」，有的開著電動車，敲響的不是銅鈴就是鐵鈴，或者也只喊一聲：「爛——」所有要表述的願望便十分明了了。

說吆喝與時代的發展相關，根據是到處可見的。現代人賣東西根本不用口喊了，一個電喇叭可以不間斷地喊上一天，連那一個「發——」字的力氣都省了。把小車往街口一擺，電源開關一按，吆喝聲就全出來了：「熱呼呼的大碴子粥黃米飯鹹鴨蛋，快來買呀，香掉牙了！」從早上喊到晚上，反正也不累嗓子。只是這喊聲有時候有些擾民，相關部門應該出台些合理的規定，也好歇歇

人們的耳朵。

　　吆喝是一種遍及人世間每個角落的文化現象。維持生計的人們需要它，「採買」快樂與滿足的人們也需要它。這種特有文化的生命力會一直延續下去。

留在心中的記憶——關東垡子房

▲ 割垡子的年輕人

德惠人的祖先很聰明。「闖關東」一路而來，尋到飲馬河這一帶水肥草美的寶地，落腳安家，開墾荒田。落腳安家，首先要有立身之地，也就是必須要有個遮風避雨的安身之所。先人們起初搭建的是簡易的窩棚，用木桿架起幾個「人」字形的架子，上面蓋上樹枝茅草，架子裡鋪些草和樹葉，人就可以在裡面居住了。因為這樣的屋舍形似馬鞍，人們叫它「馬架子」。這便是後來「王家馬架」「李家窩棚」一類村名的由來。

「馬架子」畢竟不是長久居住之所，要常年在此生息，必須要有耐久的房屋才行。他們發現江灣河套一帶的草甸子上的土，因草根盤根錯節，土塊非常結實，於是他們就地取材，割取土塊，也就是後來所說的「垡子」，用它來建造房屋了。取垡子的主要工具是「垡刀」，垡刀的形狀像鐵鍬一樣，刀頭用鐵打造而成，厚厚的，平面齊頭，刃部鋒利無比，刀把堅硬結實。春天，在草甸子上選一平整的地塊，夯實鏟平，一個人將垡刀插入地下，其他拉垡子的人，背上背著拴在垡刀褲上的粗繩，一邊拉，一邊喊著號子：「加把勁兒呀，別跑偏哪，蓋新房啊，娶媳婦哇……」或「大粥哇，黃米飯吶，一壺酒哇，炒雞蛋哪……」就這樣，一邊喊著號子一邊一步步艱難地向前挪去。割垡子的關鍵人物是掌刀的，叫「垡把式」，他兩眼盯著的是前方——別跑偏；雙手摁住的是刀把——別出線。在他的帶領下，眾人齊心協力，刀割出一條深深的、直直的長線來。就這麼縱橫往復，劃出一片方格，這個過程叫「割垡子」。然後把一塊塊一尺見方的土塊取出，這個土塊就是垡子。垡子不怕風吹雨打，結實得很，可露天擺放。

到了農閒時節，人們開始忙活著蓋房子了。選一塊向陽的風水寶地作為房身地，按房的大小把周邊夯平，不用打地基，只立上幾根碗口粗的柱子，叫柱腳，柱子底下墊塊石頭，叫柱腳石。然後沿周邊砌上垡子把柱腳包住，在向陽的一面留出門口和窗口。砌垡子時，每砌一層之後，要撒上一層細土，再鋪上一層鍘成段的穀草，然後再砌下一層。砌到一丈高時，在柱腳的上面架上梁坨。兩個坨之間為一間房，約為一丈寬。在坨與坨之間，每隔三尺橫一根稍細一點兒的圓木，叫檁子，一般用九根或十一根。最後在檁子之間排上再細一些的圓木，叫椽子。間距為一尺，排列要整齊如一，不能有哪一根單獨長出來，不然長出的一截易損，有道是「出頭的椽子先爛」嘛。這個過程叫作「上梁」或「封頂」。上梁是有講究的。首先，用紅布條穿上五個銅錢，掛在梁上，意思是「吉星高照」。還要放一掛鞭，告訴「土地爺」又有一個新居將要落成，算是在那裡登記了。大戶人家還要殺豬宰羊，大擺酒宴慶賀一番。就是小戶人家，也要做上幾桌家常菜，找屯鄰、幫工們吃上一頓。

　　上梁之後，把高粱秸稈捆成拳頭粗的小捆，叫「把子」，將把子密密地鋪在房蓋上，上面再鋪上半尺厚的鹼土，最上面的一層鹼土要抹成弧狀，叫「滾水」。屋裡屋外的牆面上要抹上一層「麻刀泥」，新房就正式落成了，這就是關東垡子房。放幾個「二踢腳」，向屯鄰報喜。門窗上糊兩層紙，再貼上窗花，室內搭上火炕，外屋壘上灶台，一切就緒，就可娶媳婦了。夫妻在這樣的垡子房裡生兒育女，最低可歡樂五十年。

　　別看是土垡子房，老一輩人對其卻有著深厚的感情，即便搬進新居，老屋也捨不得拆掉，說是要給自己也給後人留個念想。

▲ 留在記憶中的垡子房

行進中的風景──「倒騎驢」

　　五〇年代初期，運行在德惠城鄉間的長途汽車，只有一輛大客車。到了六〇年代，增加了幾輛用來載客的解放牌敞篷汽車，但依然是一票難求。那時候進城或者下鄉，靠的是馬車。遠一點兒的農村，坐馬車到德惠街裡，差不多就得用一天時間。隨著經濟的發展，特別是改革開放以後，德惠交通發生了翻天覆地的變化。早年，別說坐，就是在城裡見到一輛小轎車，都會覺得開了天大的眼。現在呢，德惠的私家車都匯成了奔流不息的車流。在交通迅猛發展的日子裡，德惠的大街小巷中，不知從何時起，又注入了一股人力車輛的洪流。

　　也不知道誰起的名，人們管這種人力車叫「倒騎驢」。這個名字叫的實在是不夠科學。因為從視覺上看，根本談不上那個「倒」字。這種人力三輪車，車夫的座位在後，乘客的車廂在前。車夫朝前蹬，乘客朝前看。無遮無攔，視野開闊，夏日裡還有車棚蔽日，行進間涼風習習，很是風光。怎麼著也與那個「倒」字無關。「倒騎驢」，從字面上分析，當是驢首在前，人面朝後的意思。倒騎的人也還有，張果老的驢就倒騎。可凡人不可與之相比，因為人家張果老那是神仙。

　　北京的人力車前些年也還有的，北京人兒管這種人力車叫「三輪車」，名實相符。在北京坐三輪車按里程計，比出租車貴。但也還有人坐，就像吃慣了細糧，偶或吃一頓棒子麵，也是一種不錯的享受。這種車在赤峰一帶叫「祥子車」。「祥子車」極易讓人想到老舍筆下的《駱駝祥子》，那是名人名作，無形中人家的人力車，一下子就潤進了深厚的文化內涵，好！

　　德惠人對德惠的人力車也是喜愛的。小學生坐，幹部坐，「貴婦人」也坐。一邊坐著，一邊和車夫拉話，輕鬆而且快活。德惠的三輪人力車也有女「司機」，但為數較少。胖一點兒的人一般不坐，知道女人的腳力比不上男人。男人不但蹬車，誰家有什麼重物，要往樓上扛，也會找到他們，花上個三

兩塊錢，事情就辦妥了。「倒騎驢」作為一種人力車，不但方便了市民的出行與生活，在特定時期，還在某種程度上解決了人們的就業問題，應該說「倒騎驢」功不可沒。說到人們對德惠人力車的鐘愛，曾有小青年說，等他結婚的時候，不要奔馳，也不要寶馬，就要一百輛這樣的人力三輪車，從南到北，鞭炮齊鳴，鑼鼓喧天，浩浩蕩蕩，那情景該是多麼的亮眼壯觀，定會傾城矚目。不知是小青年改變了主意，還是尚未婚娶，一直以來，還沒有出現這一景觀。

　　由於城裡的機動車越來越多的緣故吧，現在德惠城裡這樣的人力車漸漸地少了。以後這種人力車會不會絕跡，也不好說。但無論怎樣，德惠的人力車，所謂的「倒騎驢」，可以說給德惠人留下了難忘的回憶。

▲ 再回首時是懷念

雪地上的「奔馳」——爬犁

早些年，在關東的農家，爬犁是他們冬季的主要交通工具。誰家有一副好爬犁，不亞於現在的「奔馳」，令人豔羨。而沒有爬犁的，會讓鄰人笑話為不會過日子的人家。

《柳邊紀略》中記載：爬犁「以木為之，犁而有架，車而無輪，軟雪中運走者也。」爬犁的行走，不在於道路的有無，只要有冰雪，便可行於其上。爬犁在冰面或雪地上運行，摩擦力小，所以嗖嗖地快。若「奔馳」開在雪地冰面之上，還真就奔馳不了了。難怪史書上記載，「爬犁，漢語曰法喇，製如凌床，而不施鐵條，屈木為轅，駕二馬，行雪上疾於飛鳥。」

如此神奇之物，製作起來卻並不算麻煩。首先，選幾根上好的柳木桿，因柳木耐磨且具有彈性。先將兩根同等粗細的柳木桿，截成一樣長短，架起火慢慢熏烤，趁其受熱變軟之時，將兩端撇成弧狀，使其翹起，呈半月狀，是為爬犁的雙腿。然後，在上面鑿幾個卯，相對應的連接起來，再穿上幾條橫帶。這樣，一副簡單的爬犁就做成了。這種爬犁輕便靈活，相當於如今的一雙放大了的冰鞋，瘦小的漢子也能拉動。這樣的爬犁，主要用於短途運輸。若要長途旅行，還需要對爬犁深度加工。選用結實的松木，支起個棚子，上面苫上草簾，蓋上席子，用粗麻繩捆牢。底下鋪上木板，再鋪上厚厚的棉被。四周圍上袍子皮，就像一間小屋，在兩側留出窗口，可以用來觀望外面的風景。出發前，套上高頭大馬，「把式」在「駕駛室」裡牽動韁繩，「得」「駕」「喔」「吁」地吆喝，任你風吹雪打，勝似閒庭信步。這才叫雪地上的「奔馳」。

大雪封山之時，趕集下店，走親訪友，全靠它了。講究的關東人不吃獨食。「臘月裡，殺年豬，家家戶戶把肉炸。」這是關東人的習俗。殺年豬前，要有一番操辦，首先就是請客。套上馬爬犁，把七大姑八大姨、三嬸子四大爺統統請來，坐在小熱炕頭上，吃著燴酸菜血腸，嚼著大肥肉片子，喝著燙溫了

的小酒，嘮著家常嗑，哼上幾段二人轉，那真是享受。

關東人嫁女，多在冬季。馬拉爬犁是必不可少的送親工具。自家的不夠用，鄰里便不請自到，一是情理所致，二是要在大庭廣眾之下，顯擺自家爬犁的高雅，若高人一等，受到誇贊，則心裡美滋滋的，舒坦。

送親的爬犁，需要精心打扮，尤其是「頭車」，披上紅綢，掛上紅花。而拉爬犁馬的裝飾更不能含糊，馬背要披上紅毯，馬脖要掛上串鈴，兩耳還要繫上彩布。馬走起來，蹄下雪花紛飛，馬頭一抑一揚，鈴聲嘩嘩作響，那真叫氣派！

英國皇家馬術隊表演的馬術「盛裝舞步」與德惠的馬爬犁相比，也會相形見絀。迎親的婆家自然不甘示弱，五彩繽紛的爬犁隊伍前，新郎騎著高頭大馬，與送親的爬犁隊伍匯合一處，也可稱為浩浩蕩蕩。新郎伴著新娘的爬犁，一路吹吹打打，喜悅飛到天上，而留在雪地上的，則是幸福的轍跡了。

拉爬犁，不是馬的專利，其動力還有其他。《吉林地志》載，沿松花江兩岸居住的黑斤人，冬季「以數犬駕舟，形如橇，長十一二尺，寬尺餘，高如之。雪後則加板於下，鋪以獸皮，以釘固之，令可乘人，持篙刺地，上下如飛。」這裡說的是一種既可用狗牽引，又可以人持具支地而行的雙驅動方式的「爬犁」。

如今，人們有了「奔馳」「奧迪」，早已不用爬犁載物接人了，爬犁成為一種時尚的冬季戶外運動。南方的客人，外國的友人，大老遠地來到東北，也不怕被凍得嘶嘶哈哈的，吃完豬肉燉粉條、小雞燉蘑菇，再坐上馬拉爬犁兜上一圈，樂毀了。

▲ 狗拉扒犁

往事留痕──美麗的民間傳說

江邊沙灘上的往事──捉龜

　　早些年間的松花江，魚多蝦多龜也多，於是在德惠沿江一帶便留下了許多關於龜的故事。那時候人們對龜還沒有真正的認識，更談不上什麼龜在營養學上的研究了，所以不捕不捉也不吃。甚或認為龜乃晦氣之物，漁民張網捕魚時，若網住了烏龜，便立馬將其撒進江裡，收網回家，因為憑他們的經驗，這一天即便撒上百網千網，也會是網網皆空。人們都不愛這龜郎，偶爾在岸邊的沙灘上遇到，大都不予理睬。有狠者，會一腳將其踹進水裡。

　　江邊有個趙姓莊稼漢，一年秋天，割完稻子回家。走到江邊想洗洗手上的泥巴，於是把鐮刀掛在脖子上。剛一蹲下，便看見一隻烏龜游來，心想：真晦氣，怎麼遇見了這玩意兒，倒黴！看看烏龜游近了，便用鐮刀把，狠狠地朝烏

▲ 烏龜曾經出沒的沙灘

龜的頭部鑿去。但聽「媽呀」一聲，烏龜游走了，莊稼漢的脖後卻被鐮刀深深地割了一道大口子，有人問他：「咋整的？」他哭笑不得地說：「都是王八造的孽！」

其實這是人們的偏見和誤解。江邊上的人或不是江邊上的人，大都不管龜叫龜，而叫「王八」，是心目中名聲很壞的一種兩棲爬行動物。其實王八曾有過相當長的輝煌歷史。秦漢以前，烏龜一直被視為「靈物」或吉祥之物，與龍、鳳、麟合稱「四靈」。唐武則天時，人們對龜的崇拜發展到極致，期間好多人的名字都帶有「龜」字。如宮廷音樂家李龜年、詩人王龜等。《史記龜策略傳》載：「能得龜名者，財物歸之，家必大富於千萬。」所以當時的人們愛龜至極。到了唐朝後期，烏龜才逐漸喪失了原有的至尊之位，成為人們潑向不尊之人頭上的污水，稱其為：王八，王八蛋，烏龜王八蛋等。

然而村民們不知這些，只是固執地認為，「王八」不是什麼好玩意兒。隨著時間的推移，人們才逐漸認識到王八乃強身健體的大補之物，且行情漸呈強勢，能換回好多錢來，於是張網捕魚的同時，開始大肆捕捉王八。

江邊上的人捉龜，有籠捕、網捕、鋼叉叉、魚鉤釣等多種手段。採用哪種方法，會因人而異，因為這也是一門技藝。比如會使叉的，會在烏龜出沒的水域，一下一下地將叉插入水底，插到沒插到，憑的是經驗：硬的是石，軟的是沙，不軟不硬才是它。也有飛叉捕龜的，持叉人巡於岸邊，觀水面上的波紋或氣泡，判斷龜的有無、深淺、遠近，一叉擲去，必定是叉至龜翻。但這是高手所為，非常人能及。

在德惠地境，買王八、賣王八也有說道。其實「王八」二字原本並沒有惡意，是人們發現烏龜腹甲的紋理上有個「王」字和前後兩個「八」字，故稱其為「王八」。只是後來人們在它們的身上摻進了許多不雅的內容，這才變成了人們聞之生厭的惡名。諸如女人與其他男人發生了不該發生的故事，便稱女人的男人是「王八」。其實這和人家老王有什麼關係？純屬天大的冤枉。

因為有這些歷史內涵的緣由，人們便十分忌諱「王八」二字。所以無論在

集市上或江邊、河畔，買王八的人不能這樣問賣王八的：「王八多少錢一斤？」你看，有人問賣豆角的：「豆角多少錢一斤？」這行，不會有人生氣。唯獨買王八這宗事不能這麼問。因為你這麼問，賣王八的會以為你在罵他。過去的人說，買王八的人問價時得這麼說：「喂，我多少錢一斤？」賣者就會心平氣和地告訴你「我」多少多少錢一斤了。這不過是過去的一種說法，未見有人這麼問過。至多是買王八的人不提「王八」二字，只說「這家伙」或「這東西」多少錢一斤也就是了。

現在，江邊和河裡的烏龜越來越少了，有關王八的逸聞趣事，也漸漸變成古老的話題了。

遠去的玉龍 —— 霧開河的傳說

很久以前，飲馬河一帶荒無人煙。玉帝派北海龍王的外甥玉龍前來管理飲馬河。玉龍年輕好勝，聰明能幹，不多久，便把飲馬河沿岸治理得水草豐盛。人們紛紛來此放牧、漁獵、開荒種植。因風調雨順，連年豐收，真是「棒打獐子瓢舀魚，野雞飛進飯鍋裡」。人們非常感激玉龍，

▲ 霧開河

玉龍也就此驕傲起來。有一年的六月，玉帝降旨，要玉龍在飲馬河一帶下三個時辰的小雨。玉龍誤聽為兩個時辰，雖無大礙，卻也犯了天條。判了四百年，壓在飲馬河遠處的一座小山下。時至清朝乾隆六年六月，刑期已滿。玉帝念其治理飲馬河有功，服刑期間又能思過，準備將其召回天庭。便派北海龍王到小山一帶行雲布霧，為玉龍升天創造條件。於是這個地方連降大雨，大霧數日不散，天地混為一色，對面不見人影。玉龍就在這大霧之中升天而去。過了幾天

之後，霧散天晴。人們發現，小土山和草地被犁了長長的一條深溝，像是有巨蟒爬過，有人說，這是玉龍升天時留下的。這條溝由於長年流水不斷，形成了河流。因是在霧後所成，所以就叫「霧開河」了。

留在浪花裡的流年——飲馬河的故事

飲馬河是德惠的母親河。飲馬河有著數不清的故事，就像飲馬河的河水一樣源遠流長。

傳說，有一天，乾隆皇帝忽然心血來潮，想到下面訪一訪他推行的政策是否得到落實，查一查各級官吏作風怎樣，看一看老百姓的生活狀況如何，遂決定攜

▲ 飲馬河

眾官員赴塞北微服私訪。輾轉千里，這一日到得一處，突然皇帝座下御馬仰天長嘯，嘶鳴不止，臣子們怕皇帝受驚，趕緊將乾隆扶下馬來。剎那間御馬脫韁而去，隨從沿蹄印尋之，見那馬正在一條闊大的河邊飲水。從人問當地一老者此河何名？老者說此河叫南北河。乾隆聞言，揮手一指道：什麼南北河，分明是飲馬河嘛！皇帝乃金口玉牙，此言一出，此河便叫飲馬河了。

乾隆皇帝是否駕臨德惠境地無據可查，只能視為傳說。傳記《宋美齡》中卻有這樣一段記載：一九四八年秋，宋美齡來長春，曾到過飲馬河邊。宋美齡與鄭洞國等人沿著河岸前行，突然宋美齡指著河中飲水的幾匹馬道：快看，好漂亮的野馬！別驚動它們！眾人皆笑。宋美齡莫名其妙，待穿過叢林，踏過草地，近前一看，方知竟是幾匹石馬。宋美齡抱著石馬的脖子笑著說：真乃巧奪天工，難怪這個地方叫飲馬河啊！宋美齡是否造訪德惠境地亦無據可查，然而飲馬河的悠久歷史，留下許多動人的故事為後人傳說，卻毫無疑義。

飲馬河，飲馬河……你是奔流在德惠沃土上的一首——永遠唱不完的歌……

吉林文庫 A0703A31

文化吉林：德惠卷

主　　編	莊　嚴	
版權策畫	李　鋒	
責任編輯	林以邠	
發 行 人	陳滿銘	
總 經 理	梁錦興	
總 編 輯	陳滿銘	
副總編輯	張晏瑞	
編 輯 所	萬卷樓圖書股份有限公司	
排　　版	菩薩蠻數位文化有限公司	
印　　刷	維中科技有限公司	
封面設計	菩薩蠻數位文化有限公司	

出　　版　昌明文化有限公司

桃園市龜山區中原街 32 號

電話　(02)23216565

發　　行　萬卷樓圖書股份有限公司

臺北市羅斯福路二段 41 號 6 樓之 3

電話　(02)23216565

傳真　(02)23218698

電郵　SERVICE@WANJUAN.COM.TW

大陸經銷　廈門外圖臺灣書店有限公司

　　　電郵　JKB188@188.COM

ISBN 978-986-496-291-4

2018 年 1 月初版

定價：新臺幣 480 元

如何購買本書：

1. 轉帳購書，請透過以下帳戶

　　合作金庫銀行　古亭分行

　　戶名：萬卷樓圖書股份有限公司

　　帳號：0877717092596

2. 網路購書，請透過萬卷樓網站

　　網址　WWW.WANJUAN.COM.TW

大量購書，請直接聯繫我們，將有專人為您

服務。客服：(02)23216565　分機 610

如有缺頁、破損或裝訂錯誤，請寄回更換

版權所有·翻印必究

Copyright©2016 by WanJuanLou Books CO., Ltd.

All Right Reserved　　　　　　Printed in Taiwan

國家圖書館出版品預行編目資料

文化吉林. 德惠卷 / 莊嚴主編.-- 初版.-- 桃
園市：昌明文化出版；臺北市：萬卷樓發
行, 2018.01

　冊；　　公分

ISBN 978-986-496-291-4(平裝). --

1.文化史 2.人文地理 3.吉林省

674.2408　　　　　　　　　　107002191